全国电力职业教育规划教材

职业教育电力技术类专业培训用书

中低压配电网施工技术

主编　钟建伟　郑建俊

编写　许子武　袁中祥　杨秀朝

　　　李祯维　谭　辉

主审　王清葵

中国电力出版社

CHINA ELECTRIC POWER PRESS

内 容 提 要

本书主要介绍中低压配电网标准化施工工艺流程，以此推进配电网建设工程达到"一模一样"的工艺标准。全书分 6 章，主要内容包括配电线路施工概述、10kV 及以下架空配电线路施工、电缆线路施工、10kV 配电变压器台区施工、配电室施工及接户线施工。

本书可作为中低压配电网施工相关培训用书，还可作为职业院校输配电线路、供用电技术等相关专业教材，同时可供电力系统工程技术人员参考。

图书在版编目（CIP）数据

中低压配电网施工技术/钟建伟主编 . —北京：中国电力出版社，2019.4
全国电力职业教育规划教材
ISBN 978 - 7 - 5198 - 1460 - 1

Ⅰ.①中… Ⅱ.①钟… Ⅲ.①配电系统—电力工程—工程施工—高等学校—教材 Ⅳ.①TM727

中国版本图书馆 CIP 数据核字（2019）第 026057 号

出版发行：中国电力出版社
地　　址：北京市东城区北京站西街 19 号（邮政编码 100005）
网　　址：http://www.cepp.sgcc.com.cn
责任编辑：雷　锦（010 - 63412530）
责任校对：王小鹏
装帧设计：王英磊　王红柳
责任印制：钱兴根

印　　刷：北京天宇星印刷厂
版　　次：2019 年 4 月第一版
印　　次：2019 年 4 月北京第一次印刷
开　　本：787 毫米×1092 毫米　16 开本
印　　张：12.25
字　　数：300 千字
定　　价：49.00 元

前　言

　　为全面落实国家电网有限公司配电网标准化建设创建活动"四个一"工作要求，依据《国家电网公司配电网工程典型设计（2016 版）》的要求，并结合中低压配电网现场施工的特点，编写了本书。本书对 10kV 及以下架空配电线路施工、电缆线路施工、配电变压器台区施工、配电室施工及接户线施工等方面进行了阐述，有利于工程建设人员对照标准化流程进行施工，规范了施工流程，为中低压配电网施工提供了一定的参考。

　　本书根据一线工程人员的经验总结整理而成，紧贴实际工程案例，手把手教授施工经验，对于从事配电线路施工的相关专业的学生及新员工快速了解和适应工程实际操作有很大的帮助。

　　本书由湖北民族学院钟建伟和国网湖北省电力有限公司恩施供电公司郑建俊、许子武、袁中祥、杨秀朝、李祯维、谭辉编写。具体编写分工如下：钟建伟编写第 1 章，郑建俊编写第 2 章，许子武编写第 3 章，袁中祥编写第 4 章，杨秀朝编写第 5 章，李祯维、谭辉编写第 6 章。全书由钟建伟、郑建俊统稿。

　　由于编者水平有限，书中难免有疏漏和不妥之处，恳请读者提出宝贵的意见和建议（E-mail：zhjwei163@163.com）。

编　者
2018 年 12 月

目　　录

第1章 配电线路施工概述

1.1 配电线路基本知识

1.1.1 电力线路的作用

电能是现代社会必不可少的二次能源，可由水力、风力等机械能，煤炭、石油等燃烧产生的化学能，太阳的光能和原子核裂变时产生的原子能等多种一次能源转化而来。受资源或环境条件的制约，发电厂和负荷中心有些相距很远，必须用输电线路把电能从发电厂输送到电力负荷中心。另一方面，为了保证安全可靠、经济合理地供电，需将使用不同能源的孤立运行的发电厂用输电线路连接起来，组成统一的电力系统，如图1-1所示。要把电能送达电力用户的用电设备，还需要建设配电线路。简单来说，电力线路在电力系统中起着输送和分配电能的作用。

发电厂 → 升压变电站 → 高压输电线路 → 降压变电站 → 配电网 → 用户

图1-1 电力系统结构图

1.1.2 电力线路的分类

（1）电力线路按输送电能的性质分为交流输电线路和直流输电线路。

直流输电是指将发电厂发出的交流电，经整流器变换成直流电输送至受电端，再用逆变器将直流电变换成交流电送到受端交流电网的一种输电方式。交流输电是指以交流形式输送电能的方式。直流输电与交流输电相比的优点是线路建设费用较低，没有稳定性的问题，可将非同期或不同频率的电网联系起来，不增大电力系统的短路容量。目前，发电设备和用电设备主要用交流电，而由交流电变为直流电及其逆变所需的换流设备造价较高，故直流输电仅用于高电压长距离输电线路。

（2）电力线路按电压等级分为输电线路和配电线路。

从发电厂将电能输送到变电站的高压电力线路叫作输（送）电线路，电压等级一般为35kV及以上，分为高压输电线路、超高压输电线路和特高压输电线路。在我国，通常称35～220kV的线路为高压输电线路，330～750kV的线路为超高压输电线路，750kV以上的线路为特高压输电线路。电压等级越高，输送能量越大，输送距离越远。

担负分配电能任务的电力线路称为配电线路。通常，将额定电压为35、110kV的线路称为高压配电线路，用于从变电站将电能送至配电变压器，电压等级一般为20kV和10kV。额定电压10kV及以下的线路称为中低压配电线路，用于将电能从配电变压器送至各用电点，按我国标准，其电压等级一般为10kV、0.38kV、0.22kV。

（3）电力线路按结构可分为架空线路和电缆。

架空线路指用绝缘子和杆塔将导线架设于地面上的线路，架空线路也可以分为裸导线架空线路和绝缘线路两种。裸导线架空线路与绝缘线路相比，具有结构简单，加工制造容易，施工简便，建设速度快，投资少、经济效益高，散热条件好，输送容量大，容易发现运行线路中的故障并易于修复等优点。其缺点：一是在发生断线事故时，未跳闸前电线的电压对外界有很大的危险性；二是在短路时，可能因电动力造成混线；三是在穿越树林时，易引起短路或接地故障。

绝缘线路采用绝缘导线或电缆建设。与架空明线相比，采用绝缘线路的显著优点：一是在发生断线事故时，仅在电线断头处有电，线路其他部分对外无电，从而降低了对外界的危险性；二是使用架空绝缘导线即可避免架空明线可能因电动力造成混线，在穿越树林时易引起短路或接地故障之类的事故。因此，采用绝缘线路有利于降低线路事故率，提高城市供电网的安全可靠性。在城市中采用地下电缆线路不占地面空间，同一地下电缆通道可以容纳多回线路，供电可靠性高，运行维护费用也比较小，且有利于市容美观。绝缘线路的缺点：一是散热条件差、输送容量较小；二是建设成本较高，电压越高，绝缘部分所占成本的比例越大；三是地下电缆线路不易检修。

1.1.3　配电线路

1. 概念

配电网通常指电力系统中二次降压变压器低压侧直接或降压后向用户供电的网络。从地区变电站到用户变电站或城乡电力变压器之间的线路是用于分配电能的，称为配电线路。

2. 基本要求

（1）供电可靠。要保证对用户可靠地、不间断地供电，就要求保证线路架设的质量，加强运行维护、管理和检修工作，防止发生事故。线路供电的安全程度，一般以每年每百公里线路平均发生事故的次数（即事故频率）来表示。

（2）电压质量。电压的好坏直接影响用电设备的安全、经济运行，电压过低不仅使电动机的功率和效率降低，而且常常造成电动机过热烧毁。所以 GB/T 12325—2003《电能质量 供电电压允许偏差》规定：供电电压 10kV 及以下高压供电和低压电力用户的电压变动范围为±7%，低压照明用户为−10%、+5%；仅就电力线路本身的电压损耗来讲，高压配电线路的电压损耗为+5%，低压配电线路的为+4%。

（3）经济供电。配电过程中，架空线路上必定有电能损失，线路损失在全部输送的电能中所占的百分数称为损失率（线路损耗率），它是衡量供电经济性的重要指标。配电线路应在现有基础上不断采取各种措施降低线路损耗，提高输电效率，降低输电成本，提高供电经济性。

3. 分类

（1）架空配电线路。架空配电线路主要指架空明线线路，架设在地面之上，是用绝缘子将配电导线固定在直立于地面的杆塔上以传输电能的配电线路。架空配电线路造价低、机动性强，便于检修。但是架空配电线路妨碍交通和建设，易受空气中杂质的污染。架空配电线路可能碰撞或过分接近树木及其他高大设施或物体，导致电击、短路等事故。

（2）电缆线路。电缆线路的特点是造价高，不便分支，施工和维修难度大。与架空配电线路相比，电缆线路主要优点是供电可靠，不受外界影响，不易发生因雷击、风害、冰雪等自然灾害造成的故障。因此，电缆线路得到了广泛的应用，特别是在有腐蚀性气体或蒸气，或易燃、易爆的场所应用较多。

1.2　配电线路的主要部件

　　配电线路主要由导线、避雷线、绝缘子、金具、拉线、杆塔、杆塔基础及接地装置等部件组成，图 1-2 为其现场架设图。

　　1. 导线

　　（1）作用及要求。导线的主要作用是输送电能。线路导线应具有良好的导电性能、足够的机械强度，耐振动疲劳和抵抗空气中化学杂质腐蚀的能力。线路导线目前常采用钢芯铝绞线或钢芯铝合金绞线。超高压输电线路为抑制电晕放电和减少线路电抗常采用分裂导线，即每相导线由几根直径较小的分导线组成（分裂导线数般不超过 4 根），各分导线间隔一定距离并按对称多角形排列。

图 1-2　配电线路现场架设图

　　（2）材料。架空裸导线的材料有铜、铝、钢、铝合金等。

　　铜是导电性能很好的金属，能抗腐蚀，但密度大，价格高，且机械强度不能满足大档距的强度要求，现在的架空输电线路一般不采用。

　　铝的电导率比铜的低，质量小，价格低，在电阻值相等的条件下，铝线的质量只有铜线的 $\frac{1}{2}$ 左右，但缺点是机械强度较低，运行中表面形成氧化铝薄膜后，导电性能降低，抗腐蚀性差，故在高压配电线路用得较多。

　　钢的机械强度虽高，但导电性能差，抗腐蚀性也差，易生锈，一般只用作地线或拉线，不用作导线。

　　利用钢的机械强度高，铝的导电性能好，构成钢芯铝线。导线的内部有几股是钢线，以承受拉力；外部为多股铝线，以传导电流。由于交流电的趋肤效应，电流主要在导体外层通过，这就充分利用了铝的导电能力和钢的机械强度。目前，架空输电线路导线几乎全部使用钢芯铝线。作为良导体地线和载波通道用的地线也采用钢芯铝线。

　　（3）分类、型号、规格。

　　1）分类。导线分为单股导线、多股绞线和复合材料多股绞线及绝缘导线 4 大类。

　　单股导线因为制造工艺上的原因，当截面积增加时，机械强度下降，所以以单股导线的截面积一般在 10mm^2 以下，目前常用的单股导线的截面积为 6mm^2。

　　股绞线由多股细导线绞合而成，多层绞线相邻层的绞向相反，防止放线时打卷扭花，其优点是机械强度较高、柔韧、适于弯曲；电阻较相同截面单股导线略有减小。多股绞线的性能优于单股线，所以架空线路一般采用多股钢芯铝绞线。

　　复合材料多股绞线指两种材料的多股绞线，常见的是钢芯铝绞线，其线芯部位由钢线绞合而成，外部再绞合铝线，综合了钢的力学性能和铝的电气性能，成为目前广泛应用的架空导线。

近年来 10kV 架空配电线路逐步改用架空绝缘导线，运行证明其优点较多，线路故障明显降低，一定程度上解决了线路与树木间的矛盾，降低了维护工作量，线路的安全可靠性明显提高。

2）规格与型号。

a. 铝绞线（LJ）。该导线的导电性能较好，质量小，对风雨作用的抵抗力较强，但对化学腐蚀作用的抵抗力较差，多用于 6～10kV 的线路，其受力不大，杆距不超过 125m。

b. 钢芯铝绞线（LGJ）。该导线的外围为铝线，芯子采用钢线，这就解决了铝绞线机械强度差的问题。而交流电具有趋肤效应，所以导体中通过电流时，电流实际只从铝线经过，这样确定钢芯铝绞线的截面积时只需考虑铝线部分的面积。钢芯铝绞线在机械强度要求较高的场合和 35kV 及以上的架空线路上多被采用。钢芯铝绞线结构图如图 1-3 所示。

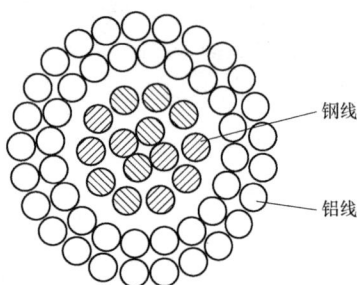

图 1-3　钢芯铝绞线结构图

c. 铜绞线（TJ）。该导线导电性能好，机械强度高，对风雨和化学腐蚀作用的抵抗力都较强，但价格较高，是否选用需根据实际需要而定。

d. 防腐钢芯铝绞线（LGJF）。该导线具有钢芯铝绞线的特点，同时防腐性好，一般用在沿海地区、咸水湖及化工工业地区等周围有腐蚀性物质的高压和超高压架空线路上。

（4）选择。

1）架空线路适用的导线种类。从 10kV 线路到配电变压器高压侧套管的高压引下线应用绝缘导线，不能用裸导线。

由配电变压器低压配电箱（盘）引到低压架空线路上的低压引上线采用绝缘导线。低压进户、接户线也必须采用硬绝缘导线。

2）配电线路中导线的最小允许截面积。配电线路导线运行中，除受自身重力的载荷之外，还承受温度变化及覆冰、风压等产生的载荷。这些载荷可能使导线承受的拉力大大增加，甚至造成断线事故。导线截面积越小，承受外载荷的能力越低。为了保证安全，使导线有一定的抗拉强度，在大风、覆冰或低温等不利气象条件下不致发生断线事故，需要规定各种情况下架空导线的最小允许截面积。

我国规定，架空导线按机械强度要求的最小截面积见表 1-1。

表 1-1　　　　　　　　架空导线按机械强度要求的最小截面积　　　　　　　　（mm²）

导线种类	高压配电线路		低压配电线路
	居民区	非居民区	
铝绞线及铝合金线	35	25	16
铜芯铝线	25	16	16
铜线	16	16	3.2

3）导线截面积选择的条件。

a. 发热条件：导线中通过电流时，导线的电阻消耗能量并使导线发热。导线中流过的电流越大，温升越高。导线温度过高可能造成导线绝缘的损坏，裸导线机械强度降低，甚至烧断导线造成事故。为在最高环境温度和最大负荷情况下，保证导线不被烧坏，导线中通过的电流始终不应超过允许电流（安全电流）。

b. 电压损失条件：用户受电端的电压变动幅度应不超过额定电压的百分数。

c. 机械强度条件：架空导线在运行中承受的拉力过大可能造成断线事故。为保证架空导线在大风、覆冰或低温等不利气候条件下不致发生断线事故，规定了使用导线的最小截面积，以满足机械强度的要求。

d. 保护条件：保证自动开关或熔断器能对导线起到保护作用。

根据以上 4 个条件选择出的截面积即为最合适的导线截面积。除此之外，也可根据投资和运行费用，综合经济性最好的条件选择导线截面积，或者按经济电流密度选择导线截面积。

4）导线截面积的选择计算。

a. 根据允许电流选择导线截面积。导线中通过电流时，导线的电阻消耗能量并使导线发热，导线温度过高可能造成导线绝缘的损坏，裸导线机械强度降低，甚至烧断导线造成事故。为在最高环境温度和最大负荷情况下，保证导线不被烧坏，导线中通过的电流始终不应超过允许电流 I_y（安全电流），裸导线的最高允许温度为 70℃。

导线和电缆通过正常最大负荷时产生的发热温度不应超过导线正常运行时的最高允许温度。按发热条件选择导线截面时，应使其允许截流量不小于通过的计算电流，即

$$I_{ux} \geqslant I_{max} \tag{1-1}$$

式中：I_{ux} 为对应于某一周围环境温度时，导线允许的长期工作电流（A）；I_{max} 为线路最大长期工作电流（A）。

若导线敷设点的环境温度与导线允许载流量采用的温度不同，则导线的允许载流量应乘以校正系数 K_θ，K_θ 的计算公式为

$$K_\theta = \sqrt{(\theta_{al} - \theta_0')/(\theta_{al} - \theta_0)} \tag{1-2}$$

式中：θ_{al} 为导线正常工作时的最高允许温度；θ_0 为导线允许载流量所采用的环境温度；θ_0' 为导线敷设地点的实际环境温度。

必须注意：按发热条件选择的导线和电缆截面积还必须与保护装置（熔断器及断路器等）配合，若配合不当，可能导致导线或电缆因过电流而发热起燃，但保护装置不动作的情况。

b. 选择导线截面积时电压损失百分数的计算公式。线路的电压损失指配电线路始、末两端电压的有效值之差。导线在通过正常最大负荷电流时产生的电压损失不应超过正常运行时允许的电压损失。在实际应用中，用电压损失百分数更容易判断电源损失大小，电压损失百分数的计算公式为

$$\Delta U\% = \frac{R_0 + X_0 \tan\varphi}{10U^2} \tag{1-3}$$

式中：$\Delta U\%$ 为电压损失；R_0、X_0 为单位长度线路的电阻值、电抗值；φ 为阻抗角。

2. 避雷线（架空地线）

避雷线的主要作用是防雷，一般装设在导线上方（见图1-4、图1-5），且直接接地，以减少雷击导线的机会，提高线路的耐雷水平，降低雷击跳闸率，保证线路安全送电。

图1-4　单回避雷线实物图　　　　　　　图1-5　双回避雷线实物图

避雷线对导线的遮蔽，以及导线、避雷间的耦合作用，可以减少雷电直击导线的机会。当雷击杆塔时，雷电流可以通过避雷线分流一部分，从而降低塔顶电位，提高耐雷水平。避雷线以前常采用镀锌钢绞线，目前常采用钢芯铝绞线、铝包钢绞线等良导体，可以降低不对称短路时的工频过电压，减少潜供电流；兼具通信功能的避雷线采用光缆复合架空地线。装设避雷线的一般规定见表1-2。

表1-2　　　　　　　　　　　　装设避雷线的一般规定　　　　　　　　　　（kV）

线路的电压等级	避雷线的敷设情况
1～10	一般不架设
35	仅在变电站进线段装设
60	负荷重要且所经地段年平均雷电日在30天以上时，沿全线架设；否则仅在变电站进线段架设
110及以上	沿全线架设

在雷击不严重的110kV及较低电压的线路上，通常仅在靠近变电站2km左右范围内装设避雷线，作为变电站进线的防雷措施。

避雷线一般使用镀锌钢绞线架设，常用的截面积是25mm²、35mm²、50mm²、70mm²。导线的截面积越大，使用的避雷线截面积也越大。

避雷线的保护范围通常以避雷线和外侧导线间连线与垂直线的夹角（即保护角）表示。保护角越小，避雷线就能更可靠地保护导线免受雷击。

单回避雷线的保护角一般为20°～30°；220～330kV双回避雷线的保护角一般为20°；500kV避雷线的保护角一般不大于15°；山区避雷线宜采用较小的保护角。

3. 绝缘子

（1）作用。绝缘子用于固定导线并使导线和电杆绝缘。因此，绝缘子应有足够的电气绝缘强度和机械强度，对雨、雪、雾、风、冰、气温骤变及大气中有害物质的侵蚀也应具有较强的抗御能力。线路绝缘子有高压线路绝缘子和低压线路绝缘子两类。

（2）类型。

1）针式绝缘子。针式绝缘子主要用于直线杆塔或角度较小的转角杆塔上，也可用在耐张杆塔上以固定导线、跳线。导线一般采用扎线绑扎，使其固定在针式绝缘子顶部的槽中。

针式绝缘子为内胶装结构，制造简易、价格便宜，但能承受的导线张力不大，耐雷水平不高，较易闪络，在 35kV 以下线路上应用较多，如图 1-6 所示。

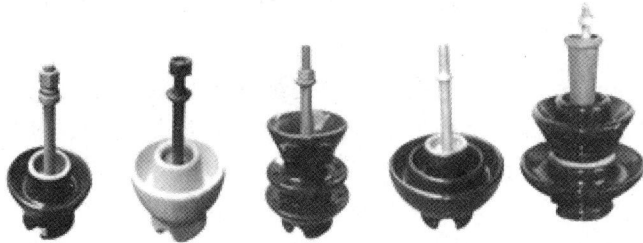

图 1-6　针式绝缘子实物图

2）柱式绝缘子。柱式绝缘子的用途与针式绝缘子的大致相同。柱式绝缘子的浅槽裙边使其自洁性能良好，抗污闪能力要比针式绝缘子强，因此柱式绝缘子在 10kV 及以下电压等级配电线路上的应用非常广泛。柱式绝缘子外形如图 1-7 所示。

柱式绝缘子是外胶装结构，温度骤变等原因不会使绝缘子内部击穿、爆裂。

3）瓷横担绝缘子。瓷横担绝缘子为外浇装结构实心瓷体，其一端装有金属附件，能起到绝缘子和横担的双重作用。当断线时，不平衡张力使瓷横担转动到顺线路位置，由抗弯变成承受拉力，起到缓冲作用，并可限制事故范围。瓷横担绝缘子外形如图 1-8 所示。

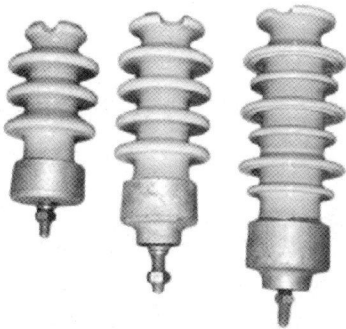

图 1-7　柱式绝缘子实物图

图 1-8　瓷横担绝缘子实物图

瓷横担绝缘子的实心结构使其不易老化、被击穿，自洁性能良好，抗污闪能力强，因此广泛应用在 10kV 配电线路直线杆上。

4）悬式绝缘子。悬式绝缘子具有良好的电气性能和较高的机械强度，一般安装在高压架空线路的耐张杆塔、终端杆塔或分支杆塔上，作为耐张或终端绝缘子串使用；也可用于直线杆塔，作为直线绝缘子串使用。其外形如图 1-9 所示。

图 1-9　悬式绝缘子实物图

5）棒式绝缘子。棒式绝缘子为外胶装结构的实心磁体，可以代替悬式绝缘子串或蝶式绝缘子用于架空配电线路的耐张杆塔、终端杆塔或分支杆塔，作为耐张绝缘子使用。其外形如图1-10所示。

6）蝶式绝缘子。蝶式绝缘子常用于低压配电线路上，作为直线或耐张绝缘子，也可同悬式绝缘子配套，用于10kV配电线路的耐张杆塔、终端杆塔或分支杆塔上。其外形如图1-11所示。

（3）材料。早期绝缘子材料一般有电瓷和玻璃两种。配电线路常用的绝缘子有盘形瓷质绝缘子、盘形玻璃绝缘子、棒形悬式复合绝缘子。

近年来，我国成功研制了500kV及以下各电压等级的合成绝缘子和合成横担，并已在电网中运行，使用效果良好。合成

图1-10　棒式绝缘子实物图

绝缘子具有体积小、质量小、机械强度高、抗污闪性能强等优点。

（4）维护。在潮湿天气情况下，脏污的绝缘子易发生闪络放电，所以必须清扫干净，恢复原有绝缘水平。一般地区1年清扫1次，污秽区每年清扫2次（雾季前进行1次）。

1）停电清扫。停电清扫就是在线路停电以后工人登杆用抹布擦拭。如果擦拭不干净，可用湿布擦，也可以用洗涤剂擦洗，如果还擦拭不干净，则应更换绝缘子。

2）不停电清扫。一般是利用装有毛刷或绑以棉纱的绝缘杆，在运行线路上擦拭绝缘子。所使用绝缘杆的电气性能及有效长度、人与带电部分的距离都应符合相应电压等级的规定，操作时必须有专人监护。

图1-11　蝶式绝缘子实物图

3）带电水冲洗。带电水冲洗有大水冲和小水冲两种方法。冲洗用水、操作杆的有效长度、人与带电部分的距离等必须符合作业规程的要求。

4. 金具

（1）作用。在架空线路上用于悬挂、固定、保护、连接，接续架空线或绝缘子，以及在拉线杆塔的拉线结构上用于连接拉线的金属器件。

（2）基本要求。电力金具一般由铸钢和可锻铸铁制成。架空线路金具应具有足够的机械强度，连接导电体的部分金具要具有良好的电气性能。架空线路金具配件应做到规格适合、不缺件、无锈蚀，螺杆、螺母应配合良好，线夹船体连接片与导线接触面应光滑，制造质量和尺寸应符合国家标准、规范。

（3）种类。架空线路金具按其主要性能和用途可分为线夹类、连接金具类、接续金具类、防护金具类、拉线金具类几大类。

1）线夹类。线夹有悬式线夹、耐张线夹。

a. 悬式线夹。悬式线夹用于将导线固定在直线杆塔的悬垂绝缘子串上或将避雷线悬挂在直线杆塔的避雷线支架上。悬垂线夹的悬垂角不小于25°，曲率半径不小于被安装导线的8倍。悬式线夹如图1-12所示。

　　b.耐张线夹。耐张线夹可将导线或避雷线固定在耐张绝缘子串上，起锚固作用。耐张线夹有 3 大类，即螺栓式耐张线夹、压缩型耐张线夹、楔型线夹。

　　螺栓式耐张线夹是借 U 型螺栓的垂直压力与线夹的波浪形线槽所产生的摩擦效应来固定导线的。架设缠绕铝包带的铝绞线、钢芯铝绞线一般用螺栓式耐张线夹。螺栓式耐张线夹如图 1-13 所示。

图 1-12　悬式线夹实物图　　　　　　图 1-13　螺栓式耐张线夹实物图

　　压缩型耐张线夹由铝管与钢锚组成。钢锚用来接续和锚固钢芯铝绞线的钢芯，然后套上铝管本体，以压力使金属产生塑性变形，从而使线夹与导线结合为一个整体，采用液压时，应用相应规格的钢模以液压机进行压缩；采用爆压（即爆炸压接）时，可采用一次爆压或二次爆压的方式，将线夹和导线（避雷线）压成一个整体。架设大截面的钢芯铝绞线、铝合金绞线、扩径导线、耐热导线等一般用压缩型耐张线夹。压缩型耐张线夹实物图如图 1-14 所示。

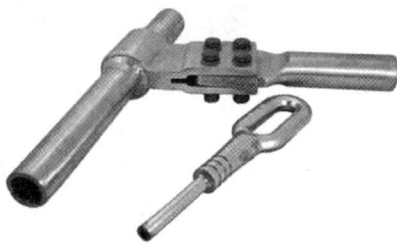

图 1-14　压缩型耐张线夹实物图

　　楔型耐张线夹用来安装钢绞线，紧固避雷线及拉线杆塔的拉线。它利用楔的劈力作用，使钢绞线锁紧在线夹内。避雷线、拉线的架设一般用楔型耐张线夹。楔型线夹实物图及结构图如图 1-15 所示。

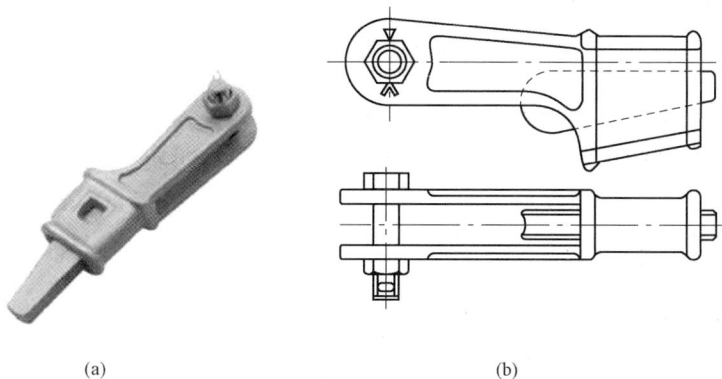

（a）　　　　　　　　　　（b）

图 1-15　楔型耐张线夹实物图及结构图
（a）实物图；（b）结构图

　　2）连接金具类。连接金具是用来将绝缘子串与杆塔，线夹与绝缘子串，避雷线线夹与杆塔进行连接的金具。常用的连接金具有球头挂环、碗头挂板、U型挂环、直角挂板等，如图1-16～图1-19所示。

图1-16   球头挂环实物图

图1-17   碗头挂板实物图

图1-18   U型挂环实物图

图1-19   直角挂板实物图

3）接续金具类。接续金具用于导线的接续、避雷线的接续及耐张杆塔跳线的接续。定型的接续金具有钳压接续金具、液压接续金具、爆压接续金具、螺栓接续金具。

a. 钳压接续金具。钳压接续是将导线端头搭接在薄壁的椭圆形管内，以液压钳或机动钳进行钳压。钳压接续金具实物图如图1-20所示。

图1-20   钳压接续金具实物图

接续钢芯铝绞线用的接续管内附有衬垫。铝绞线用钳压接续管是一个单独的椭圆形管，线与线之间不加衬垫，钳压时从接续管的一端依次交错顺序钳压至另一端。铜绞线用钳压接续管在输电线路上用得极少，仅在沿海或易遭受严重腐蚀的地区有用，其结构、形状与铝绞线用钳压接续管基本相同。

b. 液压接续金具。液压接续是以液压接续方法接续导线及避雷线时，用一定吨位的液压机和规定尺寸的压缩钢模将接续管与导线压接成为整体的施工方法。

液压接续金具按接续管形状分有两种：接续管压缩前为椭圆形，压缩后为圆形；接续管压缩前为圆形，压缩后为正六角形。

液压接续金具按接续管的接续方式分钢芯对接、钢芯搭接两种。钢芯对接液压接续方法有缩短接续管的长度与减少压缩工作量的优点。钢芯搭接液压接续方法是将钢芯端头搭接于薄壁无缝钢管中，搭接时必须散股，搭接后全部填充钢丝。

c. 爆压接续金具。爆压接续，就是利用炸药爆炸产生的巨大能量，将导、地线与各种规格的爆压接续管压成一整体，使其具有一定的机械强度和电气性能。爆压接续分椭圆形、大截面钢芯铝绞线圆形和避雷线用接续管。

椭圆形爆压焊接管，用于中小截面的铝绞线和钢芯铝绞线，爆压时导线搭接于管中。

大截面钢芯铝绞线圆形爆压管，采用薄壁短钢管，钢芯散股搭接，钢芯铝绞线的内层铝线剥落 10mm 插入钢管内，套上铝管后一次爆压，以防止钢芯烧伤。铝管长度比常规对接压接接续管减少约 30%，有利于放线施工。避雷线用钢绞线圆形爆压接续管。

d. 螺栓接续金具。导线和避雷线用螺栓接续金具用于不承受张力的部位，螺栓接续的电气性能是依靠螺栓预紧时产生压力，因此，接续质量取决于安装质量，并需加强定期的检查维护。

配电线路上的导线和避雷线常采用的螺栓接续金具有并沟线夹、线夹子等。

4）防护金具类。防护金具有用于防护导线、避雷线振动的防振锤、护线条、阻尼线，用于抑制次档距振动的间隔棒，用于防护绝缘子串产生电晕的屏蔽环及均压环等。

5）拉线金具类。拉线金具主要用于固定拉线杆塔，包括从杆塔顶端引至地面拉线之间的所有零件。根据使用条件，拉线金具可分为紧线零件、调节零件及联结零件 3 类。紧线零件用于紧固拉线端部，与拉线直接接触，必须有足够的握着力；调节零件用于调节拉线的松紧；联结零件用于拉线组装。

楔型线夹：拉线上端与杆塔连接，也可用作避雷线耐张线夹。

UT 型线夹：分可调式和不可调式两种。可调式用于拉线下端，以便调整拉线的松紧；不可调式用于拉线上端。拉线用 U 型环与楔型线夹配套使用，装于杆塔拉线抱箍上。

钢线卡子：用于固定拉线尾线及作为其他临时夹头和辅助夹头，其握着力较小，不宜用作紧固拉线的主要金具。

双拉线联板：用于将两根小截面型号的钢绞线组装起来代替一个大截面型号的钢绞线，使两根拉线受力平衡。

（4）维护。每月进行配电线路的巡视，发现支持金具出现问题，需根据问题的严重情况，采取立即联系处理或记录观察。每 5 年逐级登杆检修线路，紧固各部螺栓一次。

检查支持金具的内容主要如下：

1）横担与头铁是否保持规定的距离，无松脱、下落。

2）金具应无严重锈蚀、变形、腐朽。铁横担、金具锈蚀不应起皮和出现严重麻点，或锈蚀面积不应超过 $\frac{1}{2}$。

3）横担上下倾斜和左右歪斜不应大于横担长度的 2%。

5. 拉线

（1）作用。拉线的作用是使拉线产生的力矩平衡杆塔承受的不平衡力矩，增加杆塔的稳定性。凡承受固定性不平衡载荷比较显著的电杆，如终端杆、角度杆、跨越杆等均应装设拉线。为了避免线路受强大风力载荷的破坏，或在土质松软的地区为了增加电杆的稳定性，也应装设拉线。

（2）分类。

1）普通拉线。普通拉线就是常见的一般拉线，应用在终端杆、角度杆、分支杆及耐张

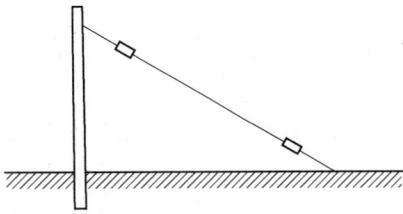

图 1-21　普通拉线示意图

杆等处，主要作用是平衡固定性不平衡载荷。普通拉线示意图如图 1-21 所示。

　　2）人字拉线（抗风拉线）。人字拉线由两条普通拉线组成，装在线路垂直方向电杆的两侧，用于直线杆防风时，垂直于线路方向；用于耐张杆时，顺线路方向。线路直线耐张段较长时，一般每隔 7～10 基电杆安装一个人字拉线，如图 1-22 所示。

　　3）十字拉线。十字拉线又称四方拉线，一般在耐张杆处装设，为了加强耐张杆的稳定性，安装顺线路人字拉线和横线路人字拉线，总称十字拉线，如图 1-23 所示。

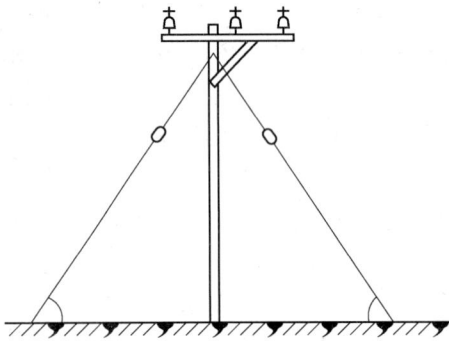

图 1-22　人字拉线图

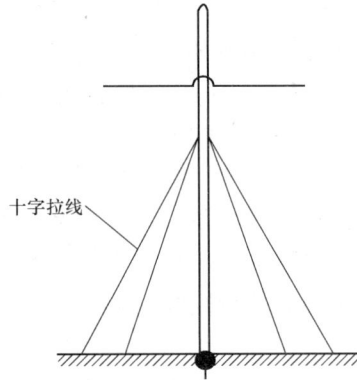

图 1-23　十字拉线图

　　4）水平拉线。水平拉线又称为高桩拉线，在不能直接做普通拉线的地方，如跨越道路等地方，则可做水平拉线，如图 1-24 所示。水平拉线通过高桩将拉线升高一定高度，不会妨碍车辆的通行。

　　5）弓形拉线。弓形拉线又称自身拉线，受地形或周围自然环境的限制不能安装普通拉线时，一般可安装弓形拉线，如图 1-25 所示。弓形拉线的效果会有一定折扣，必要时可采用撑杆，撑杆可以看成特殊形式的拉线。

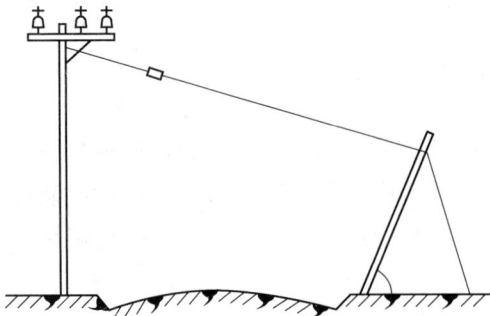

图 1-24　水平拉线图

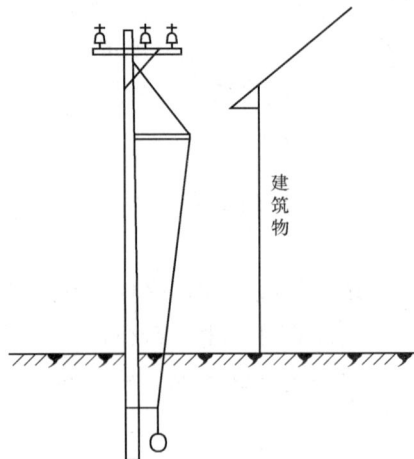

图 1-25　弓形拉线图

6）Y 形拉线。Y 形拉线主要应用在高度较高、多层横担的电杆。Y 形拉线不仅防止电杆倾覆，而且可防止电杆承受过大的弯矩，装设时可以在不平衡作用力合成点上、下两处安装。

7）X 形拉线。X 形拉线常用于门型双杆，既能防止杆塔顺线路、横线路倾倒，又能减少线路占地宽度。

（3）结构。配电线路大多采用钢绞线、楔型线夹、拉线盘等新材料，使拉线的承受力得到进一步改善，也使安装、调整过程简单化。拉线结构图如图 1-26 所示。

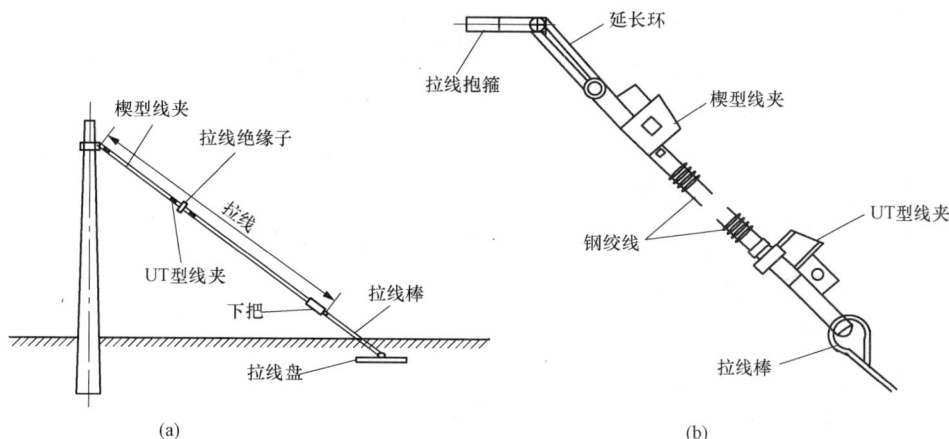

图 1-26　拉线结构图

（a）拉线杆的基本结构图；（b）拉线部件的组装图

从上到下，配电线路杆塔的拉线一般由下列部件构成：拉线抱箍、延长环、楔型线夹（俗称上把）、钢绞线、拉线绝缘子、钢绞线、UT 型线夹（俗称下把、底把）、拉线棒和拉线盘（过去采用地横木）。

6. 杆塔

（1）作用。杆塔是支撑架空配电线路导线和避雷线，并使导线和导线之间，导线和避雷线之间，导线和杆塔之间，以及导线对大地和交叉跨越物之间有足够的安全距离。

（2）分类。

1）杆塔按材料分类。

a. 木杆。木杆的优点是绝缘性能好、质量轻、运输及施工方便，缺点是机械强度低、易腐朽、使用年限短、维护工作量大。

b. 环形截面钢筋混凝土电杆。环形截面钢筋混凝土电杆具有自身重力小、承载力强、施工方便、工程造价低、耐久性好、维修成本低等突出优点。

c. 金属杆。金属杆有铁塔、钢管杆和型钢杆等。

金属杆的优点是机械强度高，搬运、组装方便，使用年限长。金属杆的缺点是耗用钢材多、投资大、维修中除锈及刷漆工作量大。

d. 钢管塔。钢管塔的主要部件是钢管，其他部件是用钢管或型钢等组成的格构式塔架。

钢管塔的优点：一是可以减小塔身风压（构件体型系数，圆管比角钢几乎小一半）；二是在截面积相等的情况下，圆管的回转半径比角钢大 20%左右；三是提高了结构承载能力，一般来讲，钢管比角钢用量低 10%～20%。同时，还可减少杆件数量，缩短建塔周期，易于结构多样化。但钢管的使用也存在钢管型材的规格、品种有限，钢管间连接的节点构造复杂，价格高，且钢管、法兰、高强螺栓等零部件质量离散性较大。

2）杆塔按用途分类。杆塔按用途可分为直线杆塔、耐张杆塔、转角杆塔、终端杆塔、跨越杆塔、分支杆塔和换位杆塔。其示意图如图 1-27 所示。

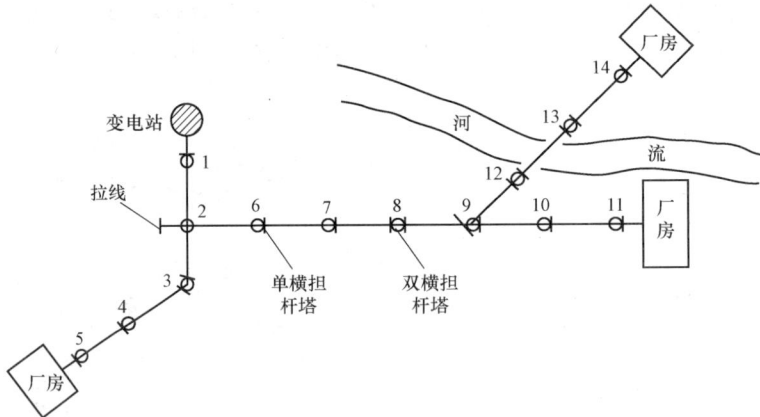

图 1-27　杆塔示意图

1、5、11、14—终端杆塔；2、9—分歧杆塔；3—转角杆塔；

4、6、7、10—直线杆塔（中间杆塔）；8—分段杆塔（耐张杆塔）；12、13—跨越杆塔

a. 直线杆塔。直线杆塔用于线路直线段时，用悬垂绝缘子或 V 型绝缘子支持导线，只承受导线自身重力和风压、覆冰载荷。直线杆塔也称中间杆塔，即两个耐张杆之间的电杆。

直线杆塔一般位于线路的直线段上，仅作支持导线、绝缘子及金具用，不承受顺线路方向的导线的拉力，机械强度要求不高，造价低，一般不设拉线，线路很长时设置与线路方向垂直的人字拉线、防风拉线。直线杆约占全部电杆数的 80%。

b. 耐张杆塔。为了防止倒杆事故范围的扩大，减少倒杆数量，在一定距离装设强度比较大、能够承受导线不平衡拉力的杆塔，称为耐张杆塔。耐张杆塔的使用使得施工中分段进行紧线带来很多方便。

在配电线路正常运行时，耐张杆塔所承受的载荷与直线杆塔的相同，但在断线事故情况下，则要承受一侧导线的拉力。所以，耐张杆塔上的导线一般用悬式绝缘子加耐张线夹或蝶式绝缘子固定，其杆顶结构要比直线杆的杆顶结构复杂得多。两个耐张杆塔之间的距离称为耐张段，一般为 1～2km。

c. 转角杆塔。转角杆塔主要用于线路转角处，线路转向内角的补角称为线路转角。

转角杆塔除承受导线等的垂直载荷和风压力外，还承受导线的转角合力，合力的大小取决于转角的大小和导线的张力。由于转角杆塔两侧的导线拉力不在一条直线上，一般用拉线来平衡转角处的不平衡张力。

转角杆塔的角度指原有线路方向风的延长线和转角后线路方向之间的夹角，有转角 30°、60°、90°之分。

d. 终端杆塔。终端杆塔是一种能承受单侧导线等的垂直载荷、风压力及单侧导线张力的杆塔。终端杆塔位于线路首、末段端，发电厂或变电站出线的第一基杆塔是终端杆塔，线

路最末端一基杆塔也是终端杆塔。

e. 跨越杆塔。跨越杆塔一般用于线路跨越公路、铁路、河流、山谷、电力线、通信线等情况。

f. 分歧杆塔。分歧杆塔一般用于当架空配电线路中间需设置分支线时。

g. 换位杆塔。用来改变线路中三相导线排列位置的杆塔。通过杆塔换位，能减少电力系统正常运行时电流和电压的不对称，并限制送电电路对通信线路的影响。

7. 杆塔基础

（1）作用。杆塔基础的作用主要是稳定杆塔，防止杆塔因承受导线、风、冰、断线张力等垂直载荷、水平载荷和其他外力的作用而产生的上拔、下压或倾覆。

（2）种类。杆塔基础主要有钢筋混凝土电杆基础和铁塔基础。电杆及拉线宜采用预制装配式基础。铁塔宜采用现浇钢筋混凝土基础或混凝土基础。

1）钢筋混凝土电杆。

a. 底盘。底盘起稳定钢筋混凝土电杆，防止电杆下沉。底盘一般是钢筋混凝土预制构件，根据上部承受载荷和土质的地耐力选用。底盘如图 1-28 所示。

b. 拉线基础。拉线基础用于带有拉线的杆塔，起着稳定杆塔和平衡导线张力的作用。拉线基础分为拉线盘基础、重力式拉线基础和锚杆（岩石）拉线基础 3 种，分别如图 1-29～图 1-31 所示。

图 1-28 底盘实物图

图 1-29 拉线盘基础实物图

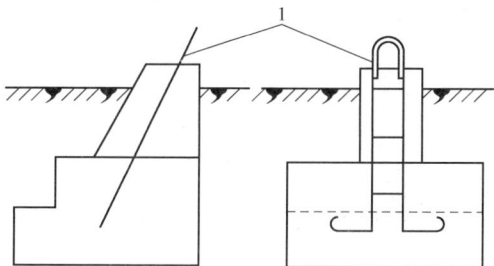

图 1-30 重力式拉线基础结构图

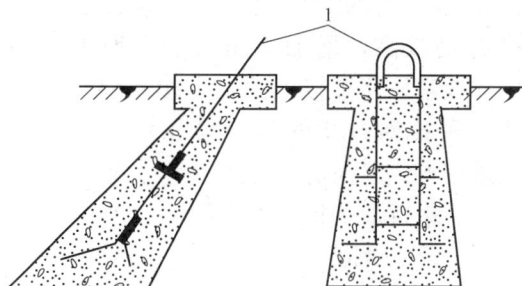

图 1-31 锚杆（岩石）拉线基础结构图

c. 卡盘。卡盘起着稳定杆塔的作用，一般用于 35～110kV 不带拉线的混凝土杆塔基础上。其实物图如图 1-32 所示。

图 1-32　卡盘实物图

2）铁塔基础。铁塔基础类型较多，根据铁塔类型、地形地质、承受的外载荷及施工条件的不同，分为不同种类。

a. 钻孔灌注桩基础类。钻孔灌注桩基础类铁塔基础指用专用的机具钻（冲）成较深的孔，以水头压力或水头压力加泥浆护壁，放入钢筋骨架和水下浇筑混凝土的桩基。它是一种深型的基础型式，适用于地下水位高的黏性土和砂土等地基，特别是跨河塔位。

b. 倾覆基础类。倾覆基础类铁塔基础指埋置于经夯实的回填土内的，承受较大倾覆力矩的电杆基础、窄基铁塔的单独基础和宽基铁塔的联合基础。

c. 预制类装配式基础。预制类装配式基础指将基础在工厂预先制作好，然后运至现场安装在基坑中的一种基础。预制类装配式基础单件质量不宜过大，否则运输比较困难。预制类装配式基础适合缺少砂石、水或冬季不宜现场浇制混凝土时使用，一般有预制混凝土基础、板条基础、金属基础等。

8. 接地装置

接地装置主要由连接避雷线的接地引下线及埋入杆塔地里的接地体（极）组成。接地装置的主要作用是，能迅速将雷电流在大地中扩散泄导，以保持线路有一定的耐雷水平。杆塔的接地电阻值越小，其耐雷水平就越高。

1.3　架空配电线路架设基本要求

架空配电线路的架设应严格遵循施工技术规范的要求，做到经济、合理、安全、适用。

1.3.1　架空配电线路的排列方式

架空配电线路在杆塔上的位置称为导线在杆塔上的排列方式。导线的排列方式有多种，常见的有 3 种：垂直排列方式、水平排列方式和三角形排列方式。

1. 垂直排列方式

垂直排列方式用于双回路配电线路，两个回路的导线分别悬挂于杆塔两侧。这种排列方式的结构紧凑，节省投资，但是杆塔较高，增加雷击机会，而上、下层导线容易相互接近而发生相间闪络，因此这种排列方式的运行可靠性较低。垂直排列方式又可分为正六边形、伞形、倒伞形、平行形等排列方式。

2. 水平排列方式

水平排列方式有两种布置方式，如图 1-33 所示。对于 10kV 架空配电线路中的跨越杆、跨越直线杆等，应用两根杆与横担组成门型结构，导线使用悬式

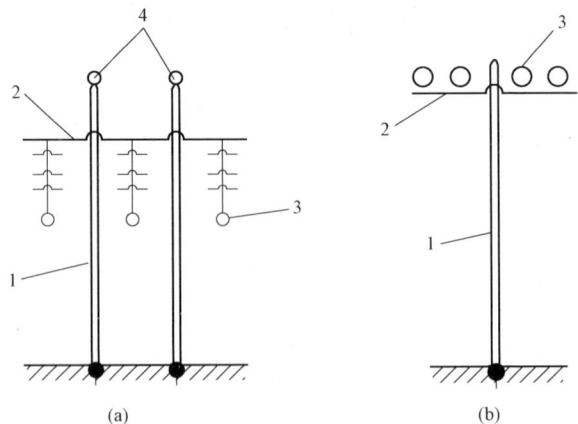

图 1-33　导线在电杆上的排列方式
（a）门型结构水平布置方式；（b）"一"字水平布置方式
1—电杆；2—横担；3—导线；4—避雷线

绝缘子固定于横担上，杆顶可以设置两根避雷线。这种杆塔能承受较大的负载。

三相四线制低压配电线路的导线一般采用水平排列。

3. 三角形排列方式

10kV 单回配电线路宜采用三角形排列方式，对于特殊地形，需要使用交叉跨越线路时，可采用扁三角或水平排列方式。

三角形排列方式一般用于单回配电线路（或者双回配电线路），用于单回配电线路时，杆顶一相，横担上电杆两侧各一相；用于双回配电线路时，距杆顶的横担每侧为一回线路的中相，下层横担电杆两侧各两相。电杆每一侧为一回线路。双回线路采用三角形排列方式的好处是，电杆高度可以适当降低些，电杆高度相同时，三角形排列方式距地面的安全距离比垂直布线的大些；缺点是，下层横担较长些，因为布置 4 根导线。

1.3.2　配电线路的线间距离及档距

1. 线间距离

导线与杆塔间必须保证有足够的绝缘间距，包括导线应用悬式绝缘子水平排列在最大风偏时与杆塔间的绝缘距离。

对于 10kV 架空配电线路的线间距离，可按下式确定

$$D = 0.16 + 0.003U_N + 0.008l \tag{1-4}$$

式中：D 为导线间距（m）；l 为线路档距（m）；U_N 为线路额定电压（kV）。

10kV 及以下不同电压等级的配电线路同杆架设时，导线悬挂点间（横担之间）的最小垂直距离应符合表 1-3 的规定。

表 1-3　　　　　　　　　　　导线悬挂点间的最小垂直距离　　　　　　　　　　　（m）

电压等级	直线杆	分歧杆或转角杆
10kV 与 10kV	0.80	0.45/0.6
10kV 与 0.38kV	1.20	1.00
0.38kV 与 0.38kV	0.60	0.30

2. 档距

相邻两基杆塔之间的水平直线距离称为档距（跨距），一般用 L 表示。架空配电线路的档距和弧垂如图 1-34 所示。10kV 及以下架空配电线路耐张段的长度不宜大于 2km。档距包括水平档距、垂直档距和代表档距。

（1）水平档距。相邻两档距之和的 $\frac{1}{2}$ 称为水平档距。

（2）垂直档距。相邻两档距间导线最低点之间的水平距离称为垂直档距，如图 1-35 所示。

（3）代表档距。一个耐张段里除孤立档外，通常有多个档距。由于导线跨越的地形、地貌不同，各档距的大小不相等，导线的悬挂点标高也不一样，各档距的导线受力情况也不同。而导线的应力和弧垂跟档距的关系非常密切，档距变化，导线的应力和弧垂也变化，如果对每个档距进行计算，会给导线力学计算带来困难。但一个耐张段里的同一相导线，在施工时是一起收紧的，因此导线的水平拉力在整个耐张段里是相等的，即各档距弧垂最低点的导线应力是相等的。把大小不等的一个多档距的耐张段，用一个等效的假想档距来代替它，

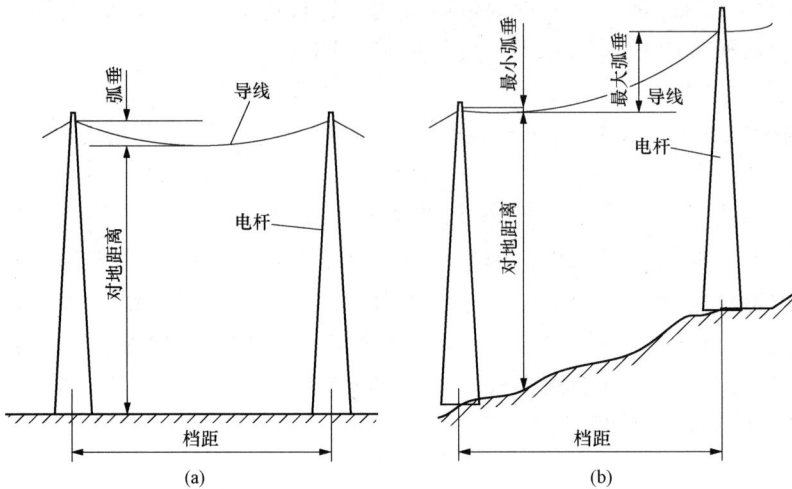

图 1-34　架空配电线路的档距和弧垂结构图

（a）平地上；（b）坡地上

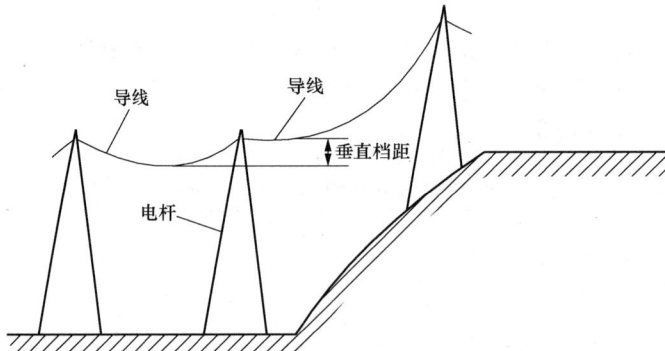

图 1-35　架空配电线路的垂直档距

这个能够表达整个耐张力学规律的假想档距称为代表档距或称为规律档距，用 L_0 表示。

10kV 单回路架空配电导线线间水平距离为 1.4m，当横担距顶相固定处为 0.5m 时，导线最小间距为 0.97m，其最大允许档距为 90m；当横担距顶相固定处为 0.8m 时，导线最小间距为 1.28m，其最大允许档距为 120m。

0.4kV 架空配电线路的档距一般为 30～50m，同档距内的各相弧垂应一致，水平排列方式的导线弧垂相差不应大于 50mm。

3. 相关概念

（1）杆塔高度。杆塔最高点至地面的垂直距离称为杆塔高度，一般用 H_1 表示。

（2）杆塔呼称高度。杆塔最下层横担至地面的垂直距离称为杆塔呼称高度，简称呼称高，一般用 H_2 表示。

（3）悬挂点高度。导线悬挂点至地面的垂直距离称为导线悬挂点高度，一般用 H_3 表示。

（4）根开。两电杆根部或塔脚之间的水平距离称为根开。

　　（5）避雷线保护角。避雷线和边导线的外侧连线与避雷线铅垂线之间的夹角称为避雷线保护角。

　　（6）杆塔埋深。电杆（塔基）埋入土壤中的深度称为杆塔埋深。

　　（7）跳线。连接承力杆塔（耐张、转角、终端杆塔）两侧导线的引线称为跳线，也称引流线或弓子线。

　　（8）导线的初伸长。导线初次受到外加拉力而引起的永久性变形（延着导线轴线伸长）称为导线初伸长。

　　（9）分裂导线。由多根（2 根、3 根、4 根）导线组成的一相导线称为分裂导线。它相当于加粗了导线的"等效直径"，可以改善导线附近的电场强度，减少电晕损失，降低了对无线电的干扰，并且提高输电线路的输送能力。

　　（10）导线换位。输电线路的导线排列方式除正三角形排列方式外，3 根导线的线间距离是不相等的。而导线的电抗值取决于线间距离及导线半径，因此导线如不进行换位，三相阻抗值是不平衡的，线路越长，这种不平衡越严重，从而产生不平衡电压和电流，对发电机的运行及无线电通信产生不良的影响。《架空送电线路基础设计技术规定》DLT 5219—2005 规定"在中性点直接接地的电力网中，长度超过 100km 的送电线路均应换位"。一般在换位塔进行导线换位。

　　（11）架空线振动。在线路档距中，当架空线受到垂直于线路方向的风力作用时，就会在其背风面形成按一定频率上下交替的稳定涡流，在涡流升力分量的作用下，使架空线在其垂直面内产生周期性振荡，称为架空线振动。

1.3.3　架空配电线路的安全净距

　　终端杆不应向受力方向倾斜，带电部位在各种条件下的安全距离应符合表 1-4、表 1-5 的要求。

表 1 - 4　　　　　　　　　　　导线与地面的最小距离　　　　　　　　　　　（m）

线路经过地区	裸绞线及绝缘线	
	低压	中压
居民区	6	6.5
非居民区	5	5.5
交通困难地区	4	4.5
铁路轨道	7.5	7.5

表 1 - 5　　　　　　　　　导线与山坡、岩石、峭壁的最小距离　　　　　　　　　（m）

线路经过地区	裸绞线		绝缘线	
	中压	低压	中压	低压
步行可以达到的山坡、岩石、峭壁	4.5	3.0	3.5	—
步行不能达到的山坡、岩石、峭壁	1.5	1.0	1.5	—

　　配电线路不应跨越建筑物，因地形所限必须跨越建筑物时，应与有关单位协商或取得当

地政府的同意，在导线最大弧垂时与房顶的垂直距离不应小于表 1-6 所列要求。配电线路导线在最大风偏（边相）情况下，与建筑物的距离也不应小于表 1-6 所列要求。

表 1-6　　　　　　中、低压配电线路上导线与建筑物的最小距离　　　　　（m）

类别	裸绞线		绝缘线	
	中压	低压	中压	低压
垂直距离	3.0	2.5	2.5	2.0
水平距离	1.5	1.0	0.75	0.2

配电线路通过林区时，应砍伐出通道；通过公园、绿化区和防护林带时，导线与树木的净距在最大风偏时不应小于 3.0m；通过果林、经济作物以及城市灌木林时，不应砍伐通道，但导线至树梢的距离不应小于 1.5m。配电线路的导线与街道、行道树之间的距离不应小于表 1-7 的规定。

表 1-7　　　　　　　导线与街道、行道树等的最小距离　　　　　　（m）

类别		裸绞线		绝缘线	
		中压	低压	中压	低压
公园、绿化区、防护林带	垂直	3.0		3.0	
	水平			1.0	
果林、经济作物、城市灌木林		1.5		—	
街道、行道树	垂直	1.5	1.0	0.8	0.2
	水平	2.0	1.0	1.0	0.5

配电线路一般应架设在弱电线路的上方，最大弧垂时，10kV 架空配电线路与弱电线路的垂直距离不应小于 2m，0.4kV 及以下架空配电线路与弱电线路的垂直距离不应小于 1m。配电线路与弱电线路呈水平排列时，10kV 架空配电线路与弱电线路在上方水平方向的距离不应小于 2m，0.4kV 及以下架空配电线路与弱电线路的距离不应小于 1m。

0.4kV 线路不得同杆架设弱电线路，不同电源的配电线路严禁同杆架设。

配电线路与各种架空电力线路交叉跨越时的最小垂直距离在最大弧垂时不应小于表 1-8、表 1-9 的规定，且电压等级低的线路应架设在下方。

表 1-8　　　　　配电线路与各种架空电力线路交叉跨越的最小垂直距离

项目	线路电压（kV）	≤1	10	35~110	220	500
最小垂直距离（m）	中压	2	2	3	4	6
	低压	1	2	3	4	6
最小水平距离（m）	中压	2.5	2.5	5.0	7.0	—
	低压	2.5	2.5	5.0	7.0	—

表 1 - 9　　　　　　　　中、低压绝缘线之间的交叉跨越的最小垂直距离　　　　　　　　（m）

线路电压	中压	低压
中压	1	1
低压	1	0.5

配电线路导线在最大风偏（边相）情况下与建筑物的距离不应小于表 1 - 9 的规定，配电线路一般不允许跨越建筑物，因地形所限必须跨越建筑物时，在导线最大弧垂时与房顶的垂直距离也不应小于表 1 - 10 的规定。

表 1 - 10　　　　　　　中、低压配电线路上导线与建筑物的最小距离　　　　　　　（m）

类别	裸绞线		绝缘线	
	中压	低压	中压	低压
垂直距离	3.0	2.5	2.5	2.0
水平距离	1.5	1.0	0.75	0.2

1.3.4　配电线路接地

1. 接地的作用

架空配电线路接地装置的作用是防止因绝缘损坏危及人身和设备的安全，向大地泄放雷电流，泄放各种绝缘闪络引起的工频续流，并保证设备热稳定满足要求，防止感应电引起的杆塔电位升高，牵制杆塔电位为零电位。

接地装置为接地极和接地引下线的总和。接地极是埋入地中并直接与大地接触的金属导体，接地线是电气装置、设施的接地端子与接地极连接用的金属导电部分。

2. 接地装置的安装要求

（1）对接地极和接地引下线的材料要求。接地极的截面积及断面形状对接地电阻值的影响不大，因此接地极材料规格的选择主要考虑腐蚀和机械强度的需要，一般采用钢材。水平敷设的人工接地极可采用圆钢、扁钢，垂直敷设的人工接地极可采用角钢、钢管、圆钢等。

接地装置（包括接地极和接地引下线）的导体截面应符合热稳定与均压的要求。敷设在腐蚀性较强场所的接地装置，应根据腐蚀的性质采用热镀锡、热镀锌等防腐措施或适当加大截面。其中，钢接地体和接地引下线的最小规格见表 1 - 11。

表 1 - 11　　　　　　　　　　钢接地极和接地引下线的最小规格

种类	规格及单位	地上	地下
圆钢	直径（mm）	12	12
扁钢	截面积（mm²）	50	50
	厚度（mm）	5	4
角钢	厚度（mm）	2.5	4
钢管	管壁厚度（mm）	2.5	3.5

注　架空配电线路杆塔的接地引出线应热镀锌。

（2）接地极的敷设要求。接地极不得有明显弯曲、裂纹等缺陷。为了避免接地极受到机械损伤，以及减少气象条件对接地电阻值的影响，人工接地极应埋设在冻土层以下。打入式垂直接地极应尽量垂直打入并防止晃动，以保证接地极与土壤接触良好。为减少相邻接地极的屏蔽作用，垂直接地极的间距不应小于其长度的两倍，水平接地极的间距可视具体情况确定，但不宜小于 5m。

在接地极敷设完毕回填土时，需每 200mm 夯实一次，山区的回填应清除石块，并更换好土回填。回填土应高出地面 200mm，高出的部分作为防沉层。

（3）接地装置的连接要求。接地装置至少应保证有两处与塔腿可靠连接，且应为双螺栓连接。接地装置的连接除必须断开处以螺栓连接外，均需焊接。焊接应采用搭接焊，其搭接长度如下：圆钢之间的搭接长度应大于圆钢直径的 6 倍，圆钢与扁钢连接的搭接长度为圆钢直径的 6 倍。

接地装置采用接地模块或接地极（线）为铜与铜或铜与钢的连接工艺应采用热剂焊，连接的导体必须完全包在接头内，并且连接部位的金属完全熔化，连接牢固，表面应平滑且无贯穿性的气孔。

接地体引出线的垂直部分和接地装置连接（焊接）部位的外侧 100mm 范围内应进行防腐处理，在进行防腐处理前，表面必须除锈，并去掉焊接处残留的焊药。

3. 接地电阻值

接地电阻值是接地极的对地电阻值和接地线电阻值的总和，数值等于接地装置对地电压与通过接地极流入地中电流的比值。通常所说的接地电阻，均指工频接地电阻值。

对于接地装置来说，要求其接地电阻值越小越好，因为接地电阻值越小，散流越快，跨步电压、接触电压也越小。而影响接地电阻值的主要因素有土壤电阻率，接地体的尺寸、形状及埋置深度（以下简称埋深），接地线与接地体的连接等。其中，土壤电阻率对接地电阻值的大小起着决定性作用。

4. 10kV 架空配电线路的接地要求

10kV 架空配电线路的钢管杆、铁塔均设接地装置，居民区、交叉跨越及变电站出线段的钢筋混凝土杆宜接地，接地体与铁塔接地孔或混凝土杆横担连接。接地体以水平敷设为主，垂直敷设为辅，水平接地体采用 $\phi12$ 圆钢，接地引上线采用 $\phi16$ 热镀锌圆钢，垂直接地体采用 L50×5 角钢，接地装置的接地电阻值不应大于表 1-12 中规定的数据，接地电阻值不应大于 30Ω。线路与高压电力线、低压电力线或其他弱电线路交叉时，应按《交流电气装置的过电压保护和绝缘配合》（DL/T 620—1997）的要求接地；在居民区，应按《10kV 及以下架空配电线路设计技术规程》（DL/T 5220—2005）的要求接地。

表 1-12   接地装置的接地电阻最大值

土壤电阻率 ρ（Ω·m）	$\rho \leqslant 100$ 及以下	$100 < \rho \leqslant 500$	$500 < \rho \leqslant 1000$	$1000 < \rho \leqslant 2000$	$\rho > 2000$
工频接地电阻值（Ω）	10	15	20	25	30

若土壤电阻率较高，接地电阻值很难降到 30Ω，可采用 6～8 根总长不超过 500m 的放射形接地体或连续伸长接地体，其接地电阻值不限制；或采用降阻剂降低接地电阻值。

保护配电柱上断路器及负荷开关处须装设避雷器，避雷器的接地线应与设备外壳相连，其接地电阻值不应大于 10Ω。

1.3.5　配电线路验电接地环的安装

1. 要求

根据《额定电压 10kV 架空绝缘电缆》（GB/T 14049—2008）、DL/T 5220—2005、《架空绝缘配电线路设计技术规程》（DL/T 601—1996）的规定，10kV 架空配电线路各相验电接地环的安装点距离绝缘导线固定点的距离应一致。验电接地环的颜色应与线路相色一致，且安装后接地挂环应垂直向下，验电接地环与导线连接点应装设绝缘防护罩，如图 1 - 36 所示。

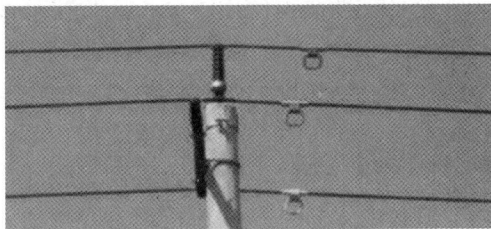

图 1 - 36　验电接地环安装图

2. 位置

主干线：变电站每根出线杆和终端杆都需装设接地环，满足全线停电检修工作。

分支线：每条分支线隔离开关的下一根杆需装设接地环；在终端杆也需装设验电接地环，满足支线停电检修工作。

线路 T 接点：在线路 T 接点两端装设验电接地环，满足支线隔离开关的检修工作。

终端配电变压器台架：在配电变压器台架电杆向线路侧装设验电接地环，满足该配电变压器的检修工作。

线路上配电变压器台架：接地环应装设在靠配电变压器台架两端的电杆上，满足该配电变压器的检修工作。

耐张段处：在耐张杆前一根杆及下一根杆上都需装设验电接地环。

无 T 接点线路：架空绝缘线路连续超过 5 根杆的，应每 5 根杆（第 6 根杆）装设一组验电接地环。

主干线电缆线路：主干线电缆下地，应在电缆两端的电杆上装设验电接地环，满足主干线停电电缆的检修工作。

联络真空开关装设杆：在真空开关两端电杆上装设接地环，满足真空开关及联络隔离开关的检修工作。

路程跨越较远，档距长：在易遭雷击或大档距跨越的局部线路应采用钢芯铝绞线。在档距较长的门型杆（或铁塔）两端装设验电接地环，满足该档距两端的线路检修时，挂接地线工作。

1.4　电缆线路架设基本要求

在配电线路中，电缆所占比例正逐渐增加，常用于城市地下电网、发电站引出线路、工矿企业内部供电及过江、海水下输电线。

1.4.1　电缆的分类

1. 按电压等级分类

（1）低压电缆：适用于固定敷设在交流 50Hz、额定电压 380/220V 及以下的输、配电线路上作输送电能用。

（2）中压电缆：指 6～35kV 的电缆为中压电缆。

（3）高压电缆：指 110kV 及以上的聚乙烯电缆和交联聚乙烯绝缘电缆等。

（4）超高压电缆：指 275～800kV 的电缆。

2.按绝缘材料分类

（1）油浸纸绝缘电力电缆。油浸纸绝缘电力电缆是以油浸纸为绝缘材料，其应用历史最长，安全可靠性高，使用寿命长，价格低廉。其主要缺点是敷设受落差限制。自从研发出不滴流浸纸绝缘技术后，解决了落差限制问题，使油浸纸绝缘电缆得以继续应用。

（2）塑料绝缘电力电缆。塑料绝缘电力电缆是绝缘层为挤压塑料的电力电缆。常用的塑料有聚氯乙烯、聚乙烯、交联聚乙烯。塑料绝缘电缆的结构简单，制造加工方便，质量小，敷设安装方便，不受敷设落差限制，因此广泛用作中低压电缆，并有取代油浸纸绝缘电缆的趋势。其最大缺点是存在树枝化击穿现象，这限制了它在更高电压线路上的使用。

（3）橡皮绝缘电力电缆（低压电力电缆）。橡皮绝缘电力电缆的绝缘层为橡胶加上各种配合剂，充分混炼后挤包在导电线芯上，加温硫化而成。它柔软，富有弹性，适用于移动频繁、敷设弯曲半径小的场合。

常用作绝缘的胶料有天然胶－丁苯胶混合物、乙丙胶、丁基胶等。

1.4.2　电缆的基本结构

电力电缆基本结构由线芯（导体）、绝缘层、屏蔽层和保护层 4 部分组成。交联聚乙烯绝缘电缆的基本结构图如图 1-37 所示。

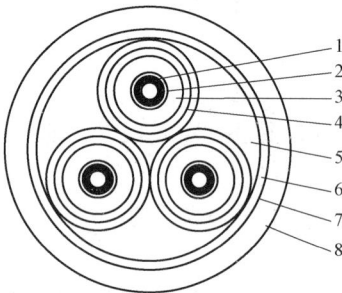

图 1-37　交联聚乙烯绝缘电缆的
基本结构图

1—导体；2—导体屏蔽；3—交联聚乙烯绝缘；
4—绝缘屏蔽；5—金属屏蔽；6—填充（阻燃材料）；
7—内护层；8—阻燃聚氯乙烯护套

1. 线芯（导体）

线芯（导体）是电力电缆的导电部分，线芯作用就是传输电能，一般由具有高电导率和加工性能好的技术材料（如钢、铝）制成。电导率可以减少线芯损耗，使线芯的加工性能更好，便于线芯拉制和绞合等加工。

电缆在生产和敷设过程中，经常需要弯曲，为满足电缆的柔软性和可曲度的要求，较大截面的电缆线芯由多根较小直径的线芯绞合而成。10kV 及以上的交联聚乙烯电缆均采用圆形规则绞合导体结构。

线芯的大小按照截面积计算，如高压 XLPE 绝缘电缆，常用的线芯截面积有 $300 mm^2$、$400 mm^2$、$630 mm^2$、$1000 mm^2$、$1200 mm^2$、$1600 mm^2$、$2000 mm^2$ 等。对于大截面线芯，为了减小趋肤效应的影响，应采用分割线芯结构。

2. 绝缘层

绝缘层是使线芯与大地及不同相的线芯间在电气上彼此隔离，保证电能输送，是电力电缆结构中不可缺少的组成部分。

绝缘材料应具备的主要性能包括高的击穿场强（脉冲、工频、操作波），低的介质损耗因数，相当高的绝缘电阻值，优良的耐树枝（移滑）放电、局部放电性能，具有一定的柔软性和机械强度，绝缘性能长期稳定等。

3. 屏蔽层

电屏蔽层是电阻率很低且较薄的半导电层，它是改善电缆绝缘内电力线分布的一项措施，内屏蔽也称为导体屏蔽，外屏蔽称为绝缘屏蔽。导体屏蔽是包覆在导体上的非金属或金属电气屏蔽，它与被屏蔽的导体等电位，并与绝缘层良好接触，使导体和绝缘界面表面光滑，消除界面处空隙对电性能的影响，避免在导体与绝缘层之间发生局部放电。

4. 保护层

保护层的作用是保护电力电缆免受外界杂质和水分的侵入，以及防止外力直接损坏电力电缆。

1.4.3　电力电缆型号及产品的表示方法

（1）导体材料、绝缘材料、内护层材料用大写的汉语拼音表示。

导体材料：T 表示铜（一般省略），L 表示铝。绝缘材料、内护层材料：V 表示聚氯乙烯，Y 表示聚乙烯，YJ 表示交联聚乙烯，X 表示橡胶。

例如，YJV 表示交联聚乙烯绝缘（YJ），聚氯乙烯护套（V），铜芯电缆（T 表示铜芯，省略）。

（2）外护层用两位数字表示。第一位表示铠装材料，第二位表示外护层材料。

第一位数字：2 表示钢带铠装，3 表示钢丝铠装。

第二位数字：2 表示聚氯乙烯，3 表示聚乙烯。

例如，YJLV22 表示交联聚乙烯绝缘（YJ），聚氯乙烯护套（V 和第二个 2），钢带铠装（第一个 2）铝芯电缆（L）。

（3）电缆型号一般按电缆结构"绝缘材料、导体材料、内护层、外护层"的顺序排列。

（4）一般电缆产品用型号、额定电压、规格完整地表示出来。

例如，YJV32－0.6/1kV－3×150＋70 表示铜芯、交联聚乙烯绝缘、钢丝铠装、聚氯乙烯护套、额定电压 1kV、标称截面积为 3 个 150mm^2 和 1 个 70mm^2 的 4 芯电力电缆。

1.4.4　建筑工程在配电线路施工前应具备的条件

（1）预埋件符合设计，安置牢固。

（2）电缆沟、隧道、竖井及人孔等处的地坪及抹面工作结束。

（3）电缆层、电缆沟。隧道等处的施工临时设施、模板及建筑废料等清理干净，施工用道路畅通，盖板齐全。

（4）电缆线路敷设后，不能再进行的建筑工程工作应结束。

1.4.5　电缆敷设对温度的要求

因为电缆的绝缘在低温时会变脆，所以施放电缆时应注意温度的限制。最低环境温度：固定敷设时为－40℃，非固定敷设时为－15℃。电缆在安装敷设时，环境温度应不低于 0℃。

1.4.6　电缆敷设路径的选择

（1）电缆敷设路径的选择应符合下列规定。

1）应避免电缆遭受机械性外力、过热、腐蚀等危害。

2）满足安全要求的条件下，应保证电缆路径最短。

3）应便于敷设、维护，避开将要挖掘施工的地方。

4）充油电缆线路通过起伏地形时，应保证供油装置合理配置。

5）电缆在任何敷设方式及其全部路径条件的上、下、左、右改变部位，均应满足电缆允许弯曲半径的要求。电缆的允许弯曲半径应符合电缆绝缘及其构造特性的要求。对自容式铅包充油电缆,其允许弯曲半径可按电缆外径的20倍计算。

(2)同一通道内的电缆数量较多时,若在同一侧的多层支架上敷设,应符合下列规定。

1)应按电压等级由高至低的电力电缆、强电至弱电的控制和信号电缆、通信电缆以由上而下的顺序排列。

在同一工程中或电缆通道延伸不同工程的情况,均应按相同的上下排列顺序配置。

2)支架层数受通道空间限制时,10kV及以下的相邻电压等级的电力电缆可排列于同一层支架上,1kV及以下的电力电缆也可与强电控制和信号电缆配置在同一层支架上。

3)同一重要回路的工作与备用电缆实行耐火分隔时,应配置在不同层的支架上。

(3)同一层支架上电缆排列的配置应符合下列规定。

1)控制和信号电缆可紧靠或多层叠置。

2)除交流系统用单芯电力电缆的同一回路可采取品字形(三叶形)配置外,对重要的同一回路的多根电力电缆不宜叠置。

3)除交流系统用单芯电缆的特殊情况外,电力电缆相互间宜有1倍电缆外径的空隙。

(4)交流系统用单芯电力电缆的使用原则。

1)交流系统用单芯电力电缆的相序配置及其相间距离,应满足电缆金属护层的正常感应电压不超过允许值,并应保证按持续工作电流选择小截面电缆的原则确定。

未呈品字形配置的单芯电力电缆,有两回及以上电缆配置在同一通路时,应计入相互影响。

2)交流系统用单芯电力电缆与公用通信线路相距较近时,宜维持在技术经济上有利的电缆路径,必要时可采取下列抑制感应电动势的措施。

a.使电缆支架形成电气通路,且计入其他并行电缆抑制因素的影响。

b.对电缆隧道的钢筋混凝土结构实行钢筋网焊接连通。

c.沿电缆线路适当附加并行的金属屏蔽线或罩盒等。

(5)明敷的电缆不宜平行敷设在热力管道的上部。电缆与管道之间无隔板防护时的允许距离,除城市公共场所应按《城市工程管线综合规划规范》(GB 50289—2016)执行外,其他情况下还应符合表1-13的规定。

表1-13   电缆与管道之间无隔板防护时的允许距离   (mm)

电缆与管道之间的走向		电力电缆	控制和信号电缆
热力管道	平行	1000	500
	交叉	500	250
其他管道	平行	150	100

(6)抑制电气干扰强度的弱电回路控制和信号电缆,需要时可采取下列措施。

1)与电力电缆并行敷设时的距离在可能范围内宜远一些,与电压高、电流大的电力电缆的距离宜更远。

2)敷设于配电装置内的控制和信号电缆与耦合电容器或电容式电压互感、避雷器或避雷针接地处的距离,宜在可能范围内远一些。

3）沿控制和信号电缆可平行敷设屏蔽线，也可将电缆敷设于钢制管或钢制盒中。

（7）在有爆炸性气体的危险场所敷设电缆应符合下列规定。

1）在可能范围内应保证电缆距爆炸释放源较远，敷设在爆炸危险性较小的场所，并应符合下列规定。

a. 易燃气体比空气重时，电缆应埋地或在较高处架空敷设，且对非铠装电缆采取穿管或置于托盘、槽盒中等机械性保护。

b. 易燃气体比空气轻时，电缆应敷设在较低处的管、沟内，沟内非铠装电缆应埋砂。

c. 在隧道、沟、浅槽、竖井、夹层等封闭式电缆通道中，不得布置热力管道，严禁有易燃气体或易燃液体的管道穿越。

2）电缆在空气中沿输送易燃气体的管道敷设时，应配置在危险程度较低的管道一侧，并应符合下列规定。

a. 易燃气体比空气重时，电缆宜配置在管道上方。

b. 易燃气体比空气轻时，电缆宜配置在管道下方。

3）电缆及其管、沟穿过不同区域之间的墙、板孔洞处时，应采用非燃性材料严密堵塞。

4）电缆线路中不应有接头，若采用接头，必须具有防爆性。

（8）用于下列场所、部位的非铠装电缆，应采用具有机械强度的管或罩加以保护：

1）非电气人员经常活动场所的地坪以上 2m 内、地中引出的地坪以下 0.3m 深电缆区段。

2）可能有载重设备移经电缆上面的区段。

3）除架空绝缘型电缆外的非户外型电缆，户外使用时，宜采取罩、盖等遮阳措施。

（9）电缆敷设在有周期性振动的场所，应采取下列措施。

1）在支持电缆部位设置由橡胶等弹性材料制成的衬垫。

2）使电缆敷设成波浪状且留有伸缩节。

（10）在有行人通过的地坪、堤坝、桥面、地下商业设施的路面，以及通行的隧洞中，电缆不得敞露敷设于地坪或楼梯走道上。在工厂的风道、建筑物的风道、煤矿里机械提升的除运输机通行的斜井通风巷道或木支架的竖井井筒中，严禁敷设敞露式电缆。

（11）1kV 及以上电源直接接地且配置独立分开的中性线和保护地线构成的系统，采用独立于相芯线和中性线以外的电缆做保护地线时，同一回路的这两部分电缆的敷设方式应符合下列规定。

1）在爆炸性气体环境中，应敷设在同一路径的同一结构的管、沟或盒中。

2）除上述情况外，宜敷设在同一路径的同一构筑物中。

（12）电缆的计算长度与订货长度。

1）电缆的计算长度。

a. 电缆敷设路径、地形等的高差变化、伸缩节或迂回备用裕量。

b. 终端或接头制作所需剥截电缆的预留段、电缆引至设备或装置所需的长度。10kV 及以下电缆敷设度量时的附加长度。

2）电缆的订货长度。

a. 将 10kV 及以下电缆用于非长距离时，宜计及整盘电缆中截取后不能利用其剩余段的因素，按计算长度计入 5%～10% 的裕量，作为同型号规格电缆的订货长度。

b. 水下敷设电缆每盘的长度不宜小于水下段的敷设长度。有困难时，可利用工厂制的软接头。

1.4.7　电缆敷设方式的选择

1. 地下直埋敷设方式

（1）地下直埋敷设方式的特点和选择的原则。

1）直埋敷设是电缆敷设安装办法中最简单、费用最少的一种，施工方便，不需要大量的前期土建工程，施工周期短，散热好，能有效地防火和预防可燃气体造成的损伤，其敷设方式如图 1-38 所示。其缺点是不能有效防止外来机械损伤和土壤中的酸碱腐蚀、白蚁和鼠害；电缆故障恢复和更换电缆需重新开挖路面，不便于检修和扩容。

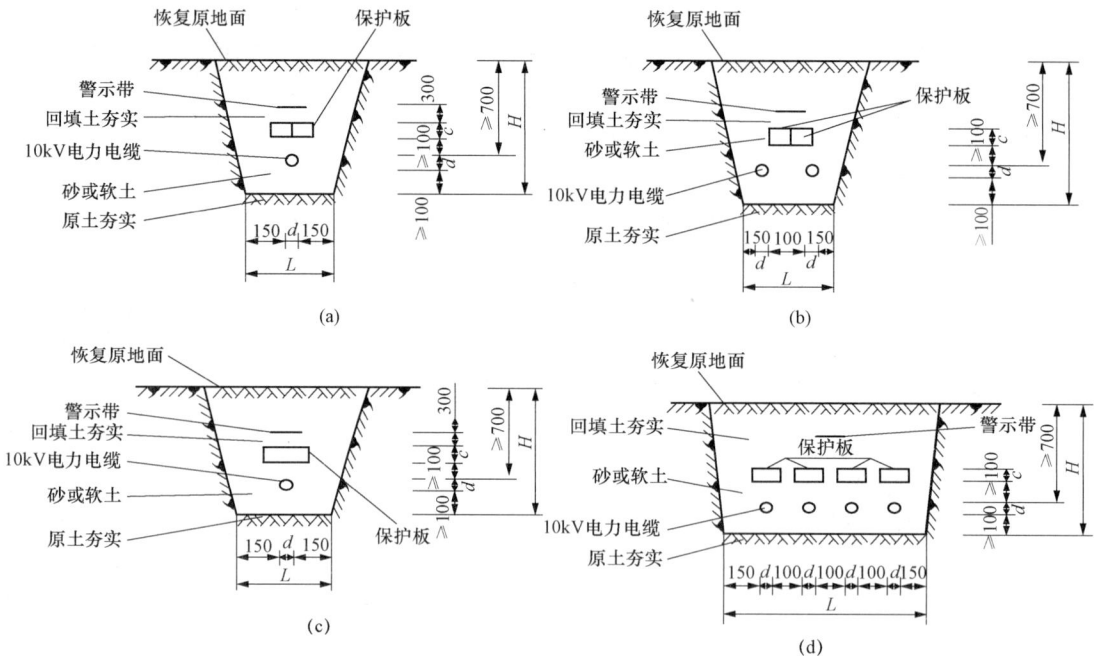

图 1-38　电缆地下直埋敷设图

（a）电缆地下直埋敷设断面图（一）；（b）电缆地下直埋敷设断面图（二）；
（c）电缆地下直埋敷设断面图（三）；（d）电缆地下直埋敷设断面图（四）

图 1-38 中，L、H 分别为电缆壕沟的宽度和深度，应根据电缆根数和外径确定；d 为电缆外径；c 为保护板厚度。电缆穿越农田时的最小埋深为 1000mm。

2）地下直埋敷设方式的选择一般遵循以下原则。

a. 同一通路少于 6 根的 35kV 及以下的电力电缆，在厂区通往远距离辅助设施或城郊等不易有经常性开挖的地段，宜采用直埋；在城镇人行道下较易翻修的场所或道路边缘，也可采用直埋。

b. 厂区内地下管网较多的地段，可能有熔化金属、高温液体溢出的场所，待开发、有较频繁开挖的地方，不宜用直埋。

c. 在被化学腐蚀或杂散电流腐蚀的土壤范围内，不得采用直埋。

（2）地下直埋敷设方式的路径选择。

1）路径应避开含有酸、碱强腐蚀或杂散电流电化学腐蚀严重影响的地段。

2）无防护措施时，路径宜避开白蚁危害地带、热源影响和易遭外力损伤的区段。

（3）地下直埋敷设方式应符合下列规定。

1）电缆应敷设于壕沟里，并应沿电缆全长的上、下两侧各铺以厚度不少于 100mm 的软土或砂层。

2）沿电缆全长应覆盖宽度不小于电缆两侧各 50mm 的保护板，保护板宜采用混凝土。

3）城镇电缆直埋敷设时，宜在保护板上层铺设醒目标志带。

4）在城郊或空旷地带，沿电缆路径的直线间隔 100m、转弯处或接头部位应竖立明显的方位标志或标桩。

5）当采用电缆穿波纹管敷设于壕沟时，应沿波纹管顶全长浇筑厚度不小于 100mm 的素混凝土，宽度不应小于管外侧 50mm，电缆可不含铠装。

（4）电缆直埋敷设于非冻土地区时，其埋深应符合下列规定。

1）电缆外皮至地下构筑物基础的深度不得小于 0.3m。

2）电缆外皮至地面的深度不得小于 0.7m；当电缆位于行车道或耕地下时，埋深应适当加深，且不宜小于 1.0m。

（5）地下直埋敷设电缆的容许最小距离。地下直埋敷设的电缆严禁位于地下管道的正上方或正下方。电缆与电缆、管道、道路、构筑物等之间的容许最小距离应符合表 1 - 14 的规定。

表 1 - 14　　　　　　　电缆与电缆、管道、道路、构筑物等之间的容许最小距离　　　　（m）

电缆地下直埋敷设时的配置情况		平行	交叉
控制电缆之间		—	0.5*
电力电缆之间或电力电缆与控制电缆之间	10kV 及以下的电力电缆	0.1	0.5*
	10kV 及以上的电力电缆	0.25**	0.5*
不同部门使用的电缆之间		0.5**	0.5*
电缆与地下管沟之间	热力管沟	2***	0.5*
	油管或易（可）燃气管道	1	0.5*
	其他管道	0.5	0.5*
电缆与铁路之间	非直流电气化铁路路轨	3	1.0
	直流电气化铁路路轨	10	1.0
电缆与建筑物基础之间		0.6***	—
电缆与公路边之间		1.0***	
电缆与排水沟之间		1.0***	
电缆与树木的主干之间		0.7	
电缆与 1kV 以下的架空线电杆之间		1.0***	
电缆与 1kV 以上的架空线杆塔基础之间		4.0***	

*　　用隔板分隔或电缆穿管时不得小于 0.25m。

**　　用隔板分隔或电缆穿管时不得小于 0.1m。

***　　特殊情况时，减小值不得小于 50%。

（6）地下直埋敷设电缆的接头配置应符合下列规定。

1）接头与邻近电缆的净距不得小于 0.25m。

2）并列电缆的接头位置宜相互错开，且净距不宜小于 0.5m。

3）斜坡地形处的接头安置应呈水平状。

4）重要回路的电缆接头，宜在其两侧约 1.0m 开始的局部段按留有备用量的方式敷设电缆。

2. 保护管敷设方式

（1）电缆保护管。电缆保护管又名电缆管、电力电缆管、水泥电缆管、电力排管、电力电缆保护管等。电缆保护管主要安装在通信电缆与电力线交叉的地段，防止电力线发生断线造成短路事故，引起通信电缆和钢丝绳带电，以保护电缆、交换机、机芯板，防止整机不被烧坏，对电力线的磁场干扰也起到一定的隔离作用。电缆保护管选择的原则如下：

1）电缆保护管内壁应光滑无毛刺，且满足所需的机械强度和耐久性。

2）需采用穿管方式抑制对控制电缆的电气干扰时，应采用钢管。

3）防火或机械性要求高的场所宜采用钢质管，并应采取涂漆或镀锌包塑等适合环境耐久要求的防腐处理方式。

4）交流单芯电缆以单根穿管时，不得采用未分隔磁路的钢管。

5）为达到工程条件的自熄性要求，可采用阻燃型塑料管。部分埋入混凝土中等耐冲击的使用场所，塑料管应具备相应的承压能力，且宜采用可挠性的塑料管。

6）地中埋设的保护管应满足埋深下的抗压要求和耐环境腐蚀性的要求。管枕配置跨距，宜按管路底部未均匀夯实时需满足的抗弯矩条件确定。在通过不均匀沉降的回填土地段或地震活动频发的地区时，管路纵向连接应采用可挠式管接头。

7）同一通道的电缆数量较多时，宜采用排管。

（2）保护管管径与穿过电缆数量的选择应符合下列规定。

1）每根保护管只穿 1 根电缆。除发电厂、变电站等重要性场所外，对一台电动机的所有回路或同一设备的低压电动机的所有回路，可在每管合穿不多于 3 根的电力电缆或多根控制电缆。

2）管的内径不宜小于电缆外径或多根电缆包络外径的 1.5 倍。排管的管孔内径不宜小于 75mm。

（3）使用单根保护管时，应符合下列规定。

1）每根电缆保护管的弯头不宜超过 3 个，直角弯不宜超过 2 个。

2）地中埋管距地面深度不宜小于 0.5m，与铁路交叉处距路基不宜小于 1.0m，距排水沟底不宜小于 0.3m。

3）并列保护管的相互间宜留有不小于 20mm 的空隙。

（4）使用排管时，应符合下列规定。

1）宜预留适当数量的管孔，以备发展之用。

2）导体工作温度相差大的电缆宜分别配置于适当间距的不同排管组中。

3）管路顶部的土壤覆盖厚度不宜小于 0.5m。

4）管路应置于经整平、夯实的土层，且有足以保持连续平直的垫块上，纵向排水坡度不宜小于 0.2%。

5）管路纵向连接处的弯曲度应符合牵引电缆时不致损伤的要求。

6）管孔端口应采取防止损伤电缆的处理措施。

（5）较长电缆管路中的下列部位应设置工作井。

1）电缆牵引张力限制的间距处。

2）电缆分支、接头处。

3）管路方向改变较大或电缆从排管转入直埋处。

4）管路坡度较大，且需防止电缆滑落的必要加强固定处。

3．电缆构筑物敷设方式

（1）电缆构筑物。电缆构筑物指专供敷设电缆或安置附件的电缆沟、浅槽、排管、隧道、夹层、竖（斜）井和工作井等构筑物，电缆构筑物的要求如下：

1）电缆构筑物的尺寸应按容纳的全部电缆确定，电缆的配置应无碍安全运行，满足敷设施工作业与维护、巡视活动所需空间。

2）隧道内的通道净高不宜小于 1900mm；在较短的隧道中与其他沟道交叉的局部段，净高可降低，但不应小于 1400mm。

3）封闭式工作井的净高不宜小于 1900mm。

4）电缆夹层室的净高不得小于 2000mm，且不宜大于 3000mm。民用建筑电缆夹层的净高可稍降低，但在电缆配置上供人员活动的短距离空间不得小于 1400mm。

5）电缆沟、隧道或工作井内通道的净宽最小允许值为表 1-15 所列数值。

表 1-15　　　　　　电缆沟、隧道或工作井内通道的最小允许净宽　　　　　　（mm）

电缆支架的配置方式	具有下列沟深的电缆沟			开挖式隧道或封闭式工作井	非开挖式隧道
	<600	600～1000	>1000		
两侧	300	500	700	1000	800
单侧	300	450	600	900	800

注　浅沟内可不设置支架，无须有通道。

（2）电缆支架。电缆支架通常用于架设公用事业和工业电缆。电缆支架一般有金属支架和复合材料支架。金属之间通常是把钢材或铝合金材轧制成所需型材后，经焊接或用紧固件拼装而成。但在许多恶劣环境条件下，使用金属支架极易锈蚀，设施的维护费用高。而使用复合材料（FRP）作为电缆、管道等的支撑材料，具有耐腐蚀特性，符合防火、低烟、无毒的安全标准，因而该材料得到了广泛应用。

电缆支架、梯架或托盘的层间距离应满足能方便地敷设电缆及固定、安置接头的要求，且在多根电缆同置于一层的情况下，可更换或增设任意一根电缆及其接头。

在所采用的电缆截面或接头外径还不是很大的情况下，符合上述要求的电缆支架、梯架或托盘的层间距离的最小值可取表 1-16 中所列数值。

表 1-16　　　　　　电缆支架、梯架或托盘的层间距离的最小值　　　　　　（mm）

电缆的电压级别、类型和敷设特征	支架、托盘层间距离的最小值	梯架层间距离的最小值
控制电缆明敷	120	200

续表

电缆的电压级别、类型和敷设特征		支架、托盘层间距离的最小值	梯架层间距离的最小值
电力电缆明敷	6kV 及以下	150	250
	6~10kV 交联聚乙烯	200	300
	35kV 单芯	250	300
	35kV 三芯	300	350
	110~220kV，每层 1 根以上		
	330kV、500kV	350	400
电缆敷设于槽盒中		$h+80$	$h+100$

注 h 为槽盒外壳高度。

（3）水平敷设时，电缆支架的最上层、最下层布置尺寸。

1）最上层支架距构筑物顶板或梁底的净距允许最小值，应满足电缆引接至上侧柜盘时的允许弯曲半径要求，且不宜小于表 1-17 中所列数值再加 80~150mm 的和值。

2）最上层支架距其他设备的净距不应小于 300mm，当无法满足时，应设置防护板。

3）最下层支架距地坪、沟道底部的最小净距不宜小于表 1-17 中所列数值。

表 1-17　　　　最下层支架距地坪、沟道底部的最小净距　　　　（mm）

电缆敷设场所及其特征		垂直净距
电缆沟		50
隧道		100
电缆夹层	非通道处	200
	至少在一侧不小于 800mm 宽通道处	1400
公共廊道中电缆支架无围栏防护		1500
厂房内		2000
厂房外	无车辆通过	2500
	有车辆通过	4500

（4）电缆构筑物应满足防止外部进水、渗水的要求。

1）对电缆沟或隧道底部低于地下水位、电缆沟与工业水管沟并行邻近、隧道与工业水管沟交叉处，宜加强电缆构筑物的防水处理。

2）电缆沟与工业水管沟交叉时，电缆沟宜位于工业水管沟的上方。

3）在不影响厂区排水情况下，厂区户外电缆沟的沟壁宜稍高出地坪。

（5）电缆构筑物的排水要求。

1）电缆沟、隧道的纵向排水坡度不得小于 0.5%。

2）沿排水方向适当距离宜设置集水井及其泄水系统，必要时应实施机械排水。

3）隧道底部宜沿纵向设置泄水边沟。

（6）电缆隧道、封闭式工作井安全孔的设置要求。

1）沿隧道纵长不应少于 2 个。在工业性厂区或变电站内隧道的安全孔间距不宜大于 75m。在城镇公共区域开挖式隧道的安全孔间距不宜大于 200m；非开挖式隧道的安全孔间距可适当增大，且宜根据隧道埋深和结合电缆敷设、通风、消防等综合确定。

隧道首、末端无安全门时，宜在一定距离（不大于 5m）处设置安全孔。

2）对封闭式工作井，应在顶盖板处设置 2 个安全孔。位于公共区域的工作井，安全孔井盖的设置宜使非专业人员难以启动。

3）安全孔至少应有 1 处适合安装机具和安置设备的搬运，供人出入的安全孔的直径不得小于 700mm。

4）安全孔内应设置爬梯，通向安全门时应设置步道或楼梯等设施。

5）在公共区域露出地面的安全孔设置部位宜避开公路、轻轨，其外观宜与周围环境景观相协调。

1.4.8　电缆防火措施

（1）为防止电缆着火后使整条线路延燃和蔓延到其他重要部门，在电缆穿过竖井、墙壁、楼板或进入电气盘、柜的引洞处，用防火堵料密实堵封。

（2）在重要的电缆沟和隧道中，要求分段（一般为 200m）或用软质耐火材料设置防火墙，竖井中每隔 7m 设置防火隔层。

（3）重要回路的电缆可单独敷设于专门的沟道中或耐火封闭槽盒内，或对其施加防火涂料及防火包带。

（4）在电缆接头两侧及相邻电缆 2～3m 长区段，增加防火涂料或防火包带。

（5）对于在外部火势作用一定时间内维持通电的电缆，应选用耐火性材料。

除此之外，电缆隧道内还可施放灭火装置和报警器。

1.4.9　电缆附件

电缆终端和电缆接头统称为电缆附件，它们是电缆线路中必不可少的组成部分。电缆终端是安装在电缆线路末端，具有一定的绝缘和密封性能，用于将电缆与其他电气设备相连接的电缆附件。电缆接头是安装在电缆与电缆之间，使两根及以上的电缆导体连通，并具有一定绝缘、密封性能的附件。

1. 电缆附件的基本要求

电缆附件的基本要求：导体连接良好、绝缘可靠、密封良好、足够的机械强度。除了上述基本要求之外，还要尽可能考虑到结构简单、体积小、材料省、安装维护简便，并且兼顾到造型美观。

2. 电缆附件制作对作业环境的要求

（1）作业环境温度在 0℃以上，相对湿度 80％以下，严禁在雨、雪、暴风天气施工。

（2）有合适的操作场地，施工现场干净，附件不能沾染尘土。

（3）夜间施工要求有足够的照明和警示路人光亮标志。

（4）高空作业应搭好平台，施工部位上方搭设好帐篷。

1.5　接户线架设基本要求

1.5.1　接线方式

接户线指从低压电力线路到用户室外第一支持物的一段线路，或由一个用户接到另一个用户的一段线路，一般采用架空方式接入，4 种接线方式如图 1-39~图 1-42 所示。

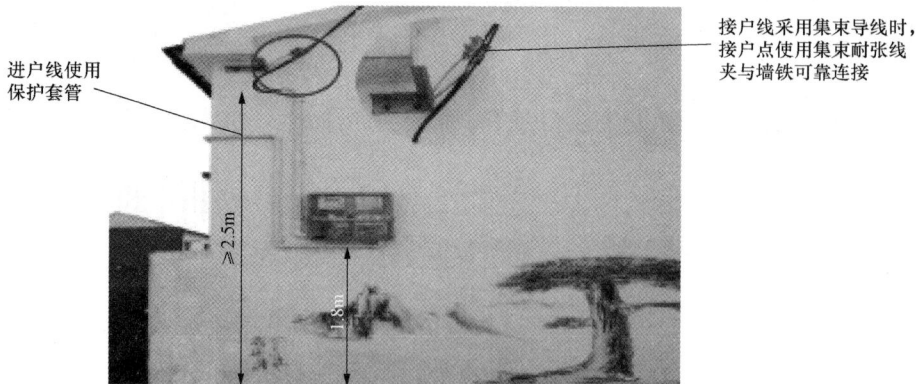

图 1-39　低压单相用户接户线接线图

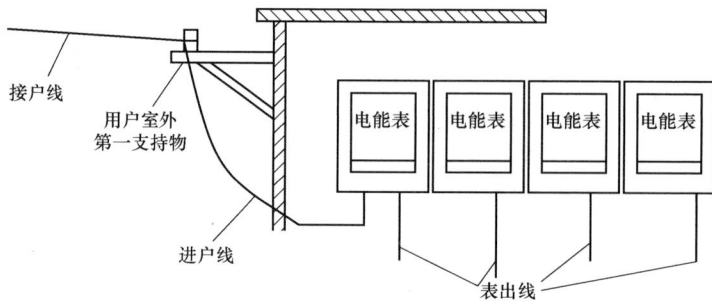

图 1-40　低压单相单体表箱集中安装的用户接户线接线图

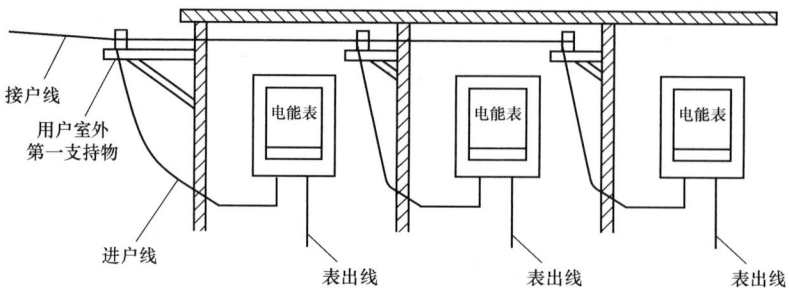

图 1-41　低压单相单独安装的用户接户线接线图

1.5.2　要求

（1）低压接户线的相线和中性线应从同一基电杆引下，其档距不应大于 25m，超过时应安装接户杆。沿墙敷设的接户线，两支点的距离不应大于 6m。

（2）跨越街道的低压绝缘接户线至路面中心的垂直距离不应小于 6m，通车困难的街道及人行道的低压绝缘接户线至路面中心的垂直距离不应小于 3.5m，胡同（里、弄、巷）里的低压绝缘接户线至路面中心的垂直距离不应小于 3m。

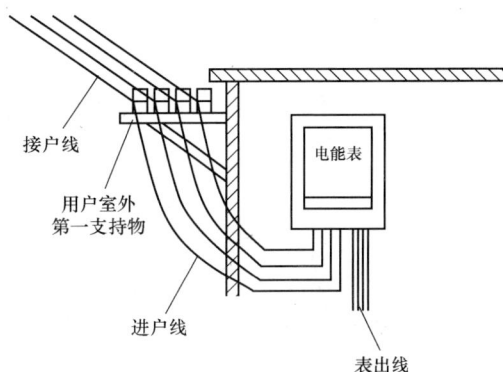

图 1-42　低压三相用户接户线接线图

（3）繁华市区的中压绝缘接户线至地面的垂直距离不小于 6.5m，一般城区的中压绝缘接户线至地面的垂直距离不小于 5.5m，交通困难地区的中压绝缘接户线至地面的垂直距离不小于 4.5m。

（4）分散架设的低压绝缘接户线与建筑物有关部分的距离。与接户线下方窗户的垂直距离不小于 0.3m；与接户线上方阳台或窗户的垂直距离不小于 0.8m；与阳台或窗户的水平距离不小于 0.75m；与墙壁、构架的水平距离不小于 0.05m。

（5）接户线、套户线在上方时，接户线、套户线与通信线、广播线交叉时，其垂直距离不小于 0.6m；接户线、套户线在下方时，接户线、套户线与通信线、广播线交叉时，其垂直距离不小于 0.3m。

（6）进户线穿墙时，应套装硬质绝缘管，电线在室外应做滴水弯，穿墙绝缘管应内高外低，露出墙壁部分的两端不应小于 10mm。

（7）低压接户线不应从高压线间穿过。

（8）进户线与通信线、广播线必须分开进户。

（9）在多雷区，为防止雷电波沿低压配电线路进入户内，接户线上的绝缘子铁脚宜接地，其接地电阻值不宜大于 30Ω。

（10）进户线接线按"进户线－熔断器式隔离开关－电能表－漏电保护装置－负载"方式安装。

第 2 章 10kV 及以下架空配电线路施工

10kV 及以下架空配电线路施工包括线路复测、分坑定位、基坑开挖、底盘卡盘设置、电杆组立、金具绝缘子及螺栓组装、拉线与拉线盘组装、放线及紧线、导线固定、避雷器安装、验电接地环安装、标志牌安装等环节。

2.1 线 路 复 测

2.1.1 基本要求

设计单位在架空配电线路设计完成后，在施工时要向施工单位进行技术交底，除向施工单位移交图纸资料外，还要将架空配电线路的走径方向、杆塔位置等现场资料以桩位的形式移交，以便施工单位施工。施工单位在施工前，要根据设计资料对现场再进行一次测量，这就是复测。

配电线路复测是按照设计图纸对整条线路进行复核测量，目的是核实设计图纸有没有误差，与现场是否符合，同时为施工图会审及施工提供依据。

（1）应对照设计图纸，对杆位中心桩和线路路径、交叉跨越及危险断面进行复测。当有下列情况之一时，应该反复核查：

1）以设计人员勘测钉立的两个相邻直线桩为基准，其横线路方向偏差大于 50mm。

2）顺线路方向两相邻塔位中心桩间的距离与设计值的偏差大于设计档距的 1%。

3）转角桩的角度值，用方向法复测时实际测量值对设计值的偏差大于 $1'30''$。

4）两相邻塔位桩间的相对高差与设计偏差大于 500mm。

（2）在复测中应根据地形情况打设相应的辅助桩。辅助桩与塔位中心桩应有明显的区别标志，并做好相关记录。

（3）复测过程中保留设计人员钉立的原桩，当原桩的测量数值偏差超过规定范围时，应按断面图和明细表数据进行认真核对，确认无误并做好记录、标识后，再用新桩钉立新的塔位桩。

（4）相邻标段、施工队（组）的复测范围必须延伸到对方控制段的两基以上；与其他标段相邻的施工队（组）则应延伸到对方标段至少两基，且必须形成记录。

（5）复测过程中应校核断面图（定位图）和明细表中所列的跨越物位置，并做好记录。对位置有出入或图纸中未注明的跨越物应及时上报技术部。

（6）配电线路复测结束后，应及时整理复测记录，经施工队负责人、驻队监理工程师签名后报项目部。

2.1.2 复测的方法

1. 直线测量

（1）已知两个以上相邻塔位桩的直线塔位桩补桩方法。将经纬仪在已知塔位中心桩 O 点架好，用盘左照准后视已知塔位中心桩 A 点，倒镜后进行档距、高差校核及直线定线测

量钉出 B_1 点，然后仪器镜头旋转 180°用盘右照准后视塔位 A 点，倒镜后钉出 B_2 点，若 B_1、B_2 两点不重合，则采用取中法在两点的中心位置钉出 B 点并进行复核，B 点即为要补的塔位桩。这种直线定线测量方法的示意图如图 2‑1 所示。

（2）已知两个及以上不相邻塔位中心桩的塔位桩补桩方法。

1）用普通经纬仪进行直线塔位桩补桩的方法。已知塔位中心桩 A、B 时，可用正倒镜投点法钉出塔位中心桩 O，其方法如下：在 A、B 连线的某一位置 O_1（用肉眼估计）处架好经纬仪，后视 A 点，

图 2‑1　直线定线测量方法示意图（一）

然后再倒镜钉出 B_1 点，量出 B 点与 B_1 点间的水平距离，计算求得 OO_1 间的水平距离，将经纬仪移至 O 点架好，再进行测量。此项工作必须反复进行，直到 A、O、B 三点在同一条直线上为止，最后通过测量档距、高差定出塔位中心桩 C。这种直线定线测量方法的示意图如图 2‑2 所示。

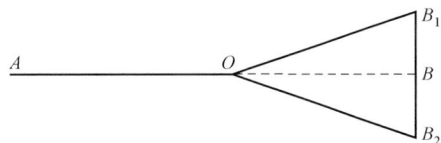

2）当使用全站仪进行测量时，除用正倒镜投点法外，还可用辐射法进行直线定线补桩测量。当已知塔位中心桩 A、B 时，可以建立一个坐标系将 A、B、C、D、E 等塔位中心桩所在位置的坐标求出，在 A、B 连线一侧的 O 点架好全站仪，分别照准 A、B 点，进行测量后可求出 O 点的坐标，然后根据各点的坐标值测量钉出其他塔位中心桩的位置。这种直线测量方法的示意图如图 2‑3 所示。

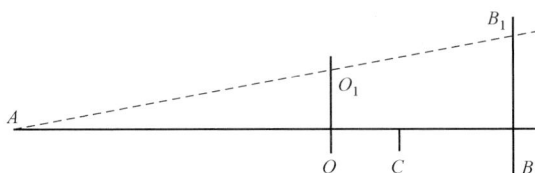

图 2‑2　直线定线测量方法示意图（二）

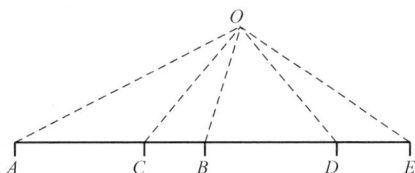

图 2‑3　直线定线测量方法示意图（三）

2. 转角测量

（1）转角塔塔位中心桩的补桩测量方法示意图。如图 2‑4 所示。在 N_2 点架好经纬仪，用正倒镜分中法钉出 A、B 两点，再将经纬仪在 N_3 点架好，用正倒镜分中法钉出 C、D 两点，则 AB、CD 两连线的交点 J_1 即为转角塔塔位中心桩。

（2）转角度数测量。将经纬仪在转角中心桩 J_1 点架好，用盘左位置照准 N_1 点，将度盘归零，打倒镜测出 $<N_1'J_1N_2$ 为 θ_1，然后用盘右位置照准 N_1 点，将度盘归零，打倒镜测出 $<N_1'J_1N_2$ 为 θ_2，θ_1 与 θ_2 的平均值即为该转角的转角度数 θ。转角度数测量方法示意图如图 2‑5 所示。

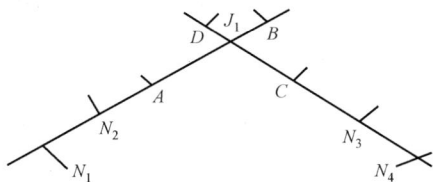

图 2‑4　转角塔塔位中桩的补桩的测量方法示意图

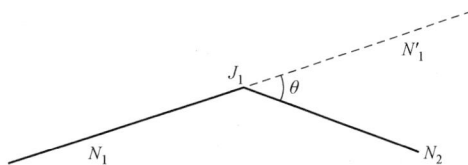

图 2‑5　转角度数测量方法示意图

3. 高差及档距测量。

用经纬仪在塔尺上读出三丝读数及竖直角，用式（2-1）求得所测桩号间的档距及高差。

高差的计算公式为

$$H = \frac{1}{2}(Kd\sin2\alpha) + i - h \tag{2-1}$$

档距的计算公式为

$$D = Kd\cos2\alpha \tag{2-2}$$

式中：K 为视距常数，取为 100；d 为上、下丝读数之差（m）；α 为竖直角；i 为仪器高（m）；h 为中丝读数（m）；H 为高差（m）；D 为档距（m）。

为了保证配电线路复测数据的准确性，应至少进行两个测回（正、倒镜各一次）的测量，并且要保证塔尺垂直于水平面（水平面并非地形平面）。

2.2　分　坑　定　位

根据定位的中心桩位及基础类型，依照设计图纸规定的尺寸进行坑口放样工作，即确定各塔杆腿基础混凝土中心及设计基准面高（包括基础尺寸）。称为分坑定位。分坑定位具体分为带拉线的直线杆塔（含单杆电杆和双杆电杆）分坑定位、直线双杆分坑定位、带拉线双杆（转角双杆）的分坑定位、方形塔基础分坑定位、矩形塔基础分坑定位、不等高塔腿基础分坑定位和中心点位移的转角塔分坑定位。

2.2.1　基本要求

（1）采用全站仪、经纬仪进行线路勘察，双根电杆的开度为 3.0m，两杆中心的根开误差不应超过 ±30mm，迈步小于 30mm，两杆坑深度差偏差不应超过 20mm。电杆垂直线路方向的偏差不超过 50mm。

（2）直线杆顺线路方向的位移不应超过设计档距的 3%，直线杆横线路方向的位移不应超过 50mm。

（3）转角杆、分支杆的横线路、顺线路方向的位移均不应超过 50mm。

（4）门型杆的双杆中心与中心桩之间的横向位移小于 50mm，迈步小于 30mm，两杆高差小于 20mm，根开误差小于 ±30mm。

2.2.2　分坑定位的方法

1. 直线杆塔分坑测量

（1）直线双杆分坑测量。目前这种方式在配电线路上用得较少，主要是将全站仪操平置于杆位中心桩 O 上，前视相邻杆塔中心桩，置零后，钉出顺线路方向的前后辅助桩（应量取中心桩到辅助桩的距离，以便中心桩丢失后找回中心桩）。将照准部旋转 90°，在线路左、右两侧钉辅助桩 A、B 以供底盘找正用（辅助桩钉立位置以不被基坑挖出的泥土埋深为准）。

沿 AB 方向量取 $OM = 0.5(L-a)$、$ON = 0.5(L+a)$ 得到 M 点和 N 点（其中 a 为基坑边长，L 为电杆根开），然后在皮尺上取 $1.62a$ 长度，将零点置于 M 点，$1.62a$ 置于 N 点，在 $0.5a$ 处拉紧皮尺得到点 1，反方向拉紧皮尺得到点 2，再在 $1.12a$ 处拉紧皮尺得到点 3，反方向拉紧皮尺得到点 4。取石灰粉沿 1、2、3、4、1 各点在地面上画白线，即为杆坑开挖

线。用同样的方法钉出另一杆坑。直线双杆
分坑示意图如图 2-6 所示。

（2）直线矩形塔基础分坑测量。

1）将全站仪操平置于塔位的中心桩 O
上，照准顺线路的辅助桩，在视线方向上量
取 $OA = \frac{1}{2}(x+y)$ 钉出 A 桩，倒镜用同样的
长度钉出 B 桩，再将照准部旋转 $90°$，在正、
倒镜上分别钉出 C、D 桩，且使 $OC = OD = \frac{1}{2}(x+y)$。

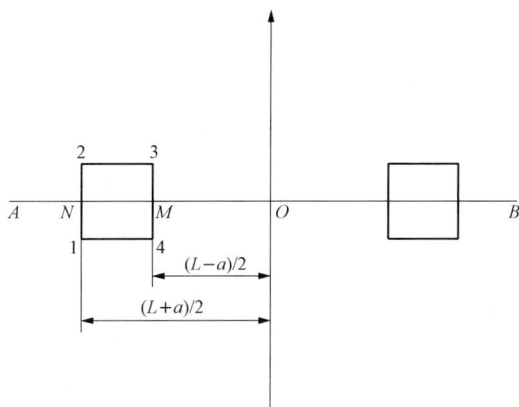

图 2-6　直线双杆分坑示意图

2）将皮尺的零指标线固定在 C 桩上，并
将皮尺拉紧在 A 桩上，在 CA 上量出 $CP = 0.707（y+a）$，$CQ = 0.707（y-a）$，得 P、Q
点，其中 a 得为基坑边长，自 C 点或 D 点起截取线段 L_1 和 L_2，得出点 1 和点 3。

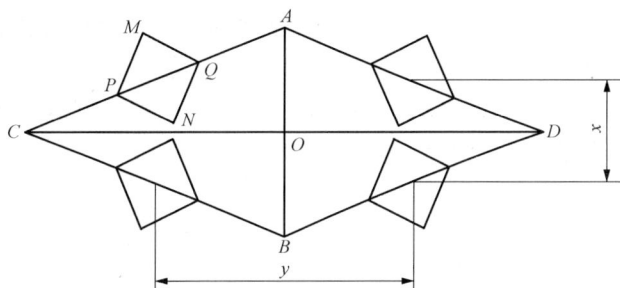

图 2-7　直线矩形塔基础分坑示意图

3）在皮尺上取 $2a$ 长度，将两端
分别置于 1、3 两点，拉紧线段中心
点即得 M 点，反方向拉紧线段中心即
得 N 点。取石灰粉沿 P、M、Q、N、
1 各点在地面上画白线，即为基坑开
挖线。其他 3 个基坑的分坑方法依上
述操作进行。

4）直线矩形塔基础分坑示意图
如图 2-7 所示。

2. 转角杆塔基础分坑测量

（1）将全站仪操平安置于中心桩
O 点，照准线路前方（或后方）的方向桩，转 $\frac{1}{2}（180°-\theta）$ 钉出 A 桩，固定水平制动螺钉
并置零，倒转镜筒钉出 B 桩。

（2）将仪器对准 A 点或 B 点，旋转 $90°$ 钉出 C 桩，倒镜钉出 D 桩。

（3）根据转角杆塔的类型按照直线杆塔分坑的方法分坑。

（4）转角杆塔基础分坑示意图如图 2-8 所示。

3. 水泥杆拉线坑位测量

假设，拉线点 B 距地面的高度为 H，拉线与地面的
夹角为 α，电杆根部 A 与拉线棒出土点 N 的高差为 h，拉
线埋深为 h'，则拉线棒出土点 N 距电杆根部 A 的水平距
离为 $L =（H±h）\cdot \tan（90°-\alpha）$，拉线坑中心桩 M 距
杆坑中心的水平距离 $D =（H+h'±h）\cdot \tan（90°-\alpha）$（当
A 点高于 N 点时，"±" 取 "+"；反之则取 "-"）。分
坑时，将全站仪安置在杆位的中心，根据施工图要求定
出拉线方向，然后将棱镜立于拉线方向的一点上，测出

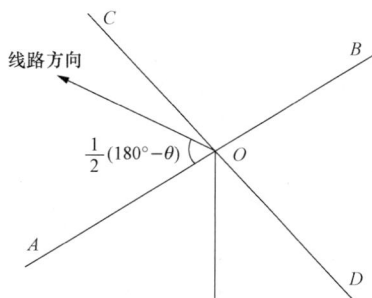

图 2-8　转角杆塔基础分坑示意图

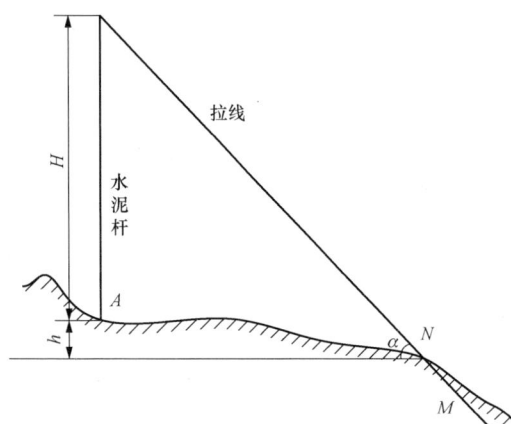

图 2-9　水泥杆拉线坑位测量方法示意图

其高差和平距,将测得的数据代入上式计算,如果计算出的 L 值与测出的平距相等,则棱镜点就是拉线的出土点 N,否则移动棱镜重测,直到计算出的 L 值与测出的平距相等。测出 N 点后,在拉线方向量取 $MN = h'\tan(90° - \alpha)$,则得到拉线坑中心点 M。水泥杆拉线坑位测量方法示意图如图 2-9 所示。

2.2.3　注意事项

(1)一般情况下,分坑定位必须在复测结束后进行。在工期紧急的情况下,允许若干段同时复测,但必须坚持一个耐张段复测无误后,方可对该段内的杆塔位分坑,此时不宜挖坑。

(2)分坑定位时,应根据杆塔的中心桩位置钉出必要的辅助桩,其测量精度应能满足施工精度的要求。对施工中保留不住的杆塔位中心桩,必须钉立可靠的辅助桩并对其位置做记录,以便恢复该中心桩。

(3)无位移的塔位以塔位桩作为中心桩进行分坑定位,有位移的塔位以设计图纸提供的位移值,用钢卷尺量取位移值,定上位移桩,再以位移桩为中心桩进行分坑定位。用钢卷尺量尺寸时,一定要将卷尺拉紧。

(4)对山坡上的塔位基面,其靠山里的一侧要有符合安全规程规定的安全坡度,同时靠山里的一侧的基面宽度要保证比内侧坑口尺寸大 0.6～1.0m。

2.3　基　坑　开　挖

2.3.1　普通混凝土杆基坑

1. 基本要求

(1)普通混凝土杆基坑基础一般属于浅埋式电杆坑,应依据地形、地质及现场情况确定开挖方式,实际开挖如图 2-10 所示。普通杆开挖坑深为电杆长度的 1/6～1/5,一般不允许在地平面以上做墩至电杆坑深,要求全部挖、凿至电杆要求坑深。

(2)在杆坑定位标记处进行开挖,坑口边沿的 1m 范围内,不得堆放余土、材料、工器具等物品。在超过 1.5m 深的坑基内作业时,向坑外抛土石应防止土石回落坑内。自上向下开挖圆形直坑或方形直坑,发现土质松散时,应及时采取护壁安全措施,以免坑壁坍塌。

(3)坑底夯实平整后,测量杆坑的深度及坑底水平,电杆基坑开挖总深度为电杆埋深加底盘高度,电杆基坑深度的允许偏差为 +100mm、-50mm。

图 2-10　普通混凝土杆基坑开挖图

2. 技术措施

（1）土质为黏土、强风化砂页岩的采用人工开挖；一般黏土可自上而下分层开挖；碎石类土先用钢钎等翻松，翻松的土层应清底和出土，然后逐步挖掘。

当基坑内出现部分是岩石，部分是黏土时，应将开挖基坑后的碎石回填在黏土层作为垫层，以防地基受压时出现不均匀沉陷。

（2）无法开挖或无法开挖至规定深度的电杆坑、拉线坑，施工队长需报上级部门核实、拟准后，方能进行爆破作业。

3. 防护措施

（1）施工前的安全措施。

1）穿越行政道路、国道处必须事先与交通、路政部门协调，办理施工许可手续后方可施工。开挖交通要道，必要时请交警部门安排专人指挥。

2）道路开挖施工前，离施工路段 50m 处必须专设"前面施工，车辆慢行"警示牌，并在施工区域附近专设可靠的安全围栏，并有交通防护标志。所设安全防护措施必须经监理、交通、路政管理相关部门检查，符合要求后方可施工。

3）道路开挖必须分段进行，及时回填，以保障车辆和行人通行。特殊情况无法及时恢复的，必须装设可靠的安全围栏，并做好防护标志，围栏周围装设红色警示灯，以防夜间车辆、人跌落。

4）10kV 架空配电线路带电运行且负荷转接点多，防止人身触电是其安全工作重点。

5）未及时回填的坑洞必须设置临时盖板，并有安全警示围栏。

6）道路中间的坑洞不得妨碍交通，及时盖好手井盖板，未回填或盖盖板的必须设置警示围栏，夜间挂红色警示灯。

7）坑洞开挖前，必须与相关的自来水管、煤气管道、通信光缆等对应的主管部门联系，确认无危险后方可开挖。机械开挖时，必须由有经验的专人指挥，机械操作员必须是操作熟练并有经验者，挖掘时应格外小心。

8）与地下油管、煤气管、国防光缆等交叉区域的开挖严禁使用机械，必须人工用砂铲小心施工，施工过程中严禁使用明火，使用金属工具避免产生火花。

9）施工前，必须由运行部门技术负责人在现场进行交底，交代明显带电区域或带电相邻的危险区域。

10）安全距离不够或转接负荷需停电者，必须到相关部门办理电气工作票，并严格按照工作票上所列的安全措施实施、检查验电，得到许可后方可施工。

（2）施工过程中的安全措施。

1）加强临时施工用电管理，接拆临时电源必须由有经验的持证上岗电工作业人员进行，并由专人负责定期进行检查，及时更换不合格元件。

2）带电区域附近必须装设可靠的安全围栏，并悬挂"止步，高压危险！"警示牌，必要时设专人监护。

3）为保障劳动者的人身安全，规定凡进入施工现场的人员必须正确佩戴安全帽，树立醒目警示标牌，与施工无关的人员不许到爆破地点活动。爆破前，应提前预警通知周围群众，让他们远离爆破危险区，对于放牧人员，应通知人和牲畜同时撤出危险区。

4）已交底的措施，未经技术负责人同意，不得擅自变更。

5）施工人员严禁违章作业，不得影响他人安全作业，有权制止他人违章作业。

6）对无安全措施或未经安全技术交底的施工项目，施工人员有权拒绝施工。

（3）人工开挖的注意事项。

1）在松软的土地挖坑，应有防止相应的措施，如加挡板、撑木等，禁止由下部掏挖土层。

2）进行石坑开挖时，应检查锤把、锤头及钢钎，用锤时，人应站在扶钢钎人侧面，严禁站在对面，并不得戴手套，扶钢钎人应戴安全帽，钎头有火花时，应更换修理。

3）挖坑时，作业人员应注意清除上山坡侧的土石，防止滚石伤人。

4）在超过 1.5m 深的坑内工作时，抛土要注意防止土石回落。

5）在开挖坑边弃土时，抛于坑边的土方应距坑边缘 0.8m 以外，高度不宜超过 1.5m。弃土按条件选择堆放位置，保证弃土稳定、不流失。

6）开挖好的电杆坑和拉线坑应做好防护措施。在居民区及交通要道附近挖的基坑，应设坑盖或可靠围栏，必要时需进行回填处理，避免任何安全事故的发生。

4. 环保措施

（1）认真执行国家环境保护法及防尘防噪排放标准有关规定严禁随意砍伐草木，在施工过程中接受环境保护部门的监督。

（2）在施工现场内不得随便抛扔杂物，每天施工完毕后，必须把施工场地内的杂物清理干净，不挖掘动、植物标本，尽量维护生态环境。

2.3.2 钢管杆基坑

1. 钢管杆基坑开挖

钢管杆一般要求开挖 1.5m×1.5m×［埋深＋0.3m（垫层）］的基坑。坑深应以施工基石为基准，尽量减少偏差，坑底平整，尺寸满足要求，各层模板应牢固，支顶应能保证模板不变形，尺寸准确。其中钢管杆基坑开挖图如图 2-11 所示。

挖坑时应注意适当放坡，以保证土坑的稳定性。

2. 钢管杆基础浇筑

浇筑前，必须按照施工图对钢筋笼的钢筋型号进行检查、核对。钢筋笼放入基坑内后，要牢固可靠，防止侧翻或滚动。立柱主筋上端的地脚螺栓应采取措施，以确保主筋的保护层厚度、地脚螺栓的外露高度、对中心的偏移应符合设计要求。地脚螺栓应保持垂直并固定可靠，且留下影像资料。

图 2-11 钢管杆基坑开挖图

模板表面应采取有效脱模措施，以保证混凝土的表面质量。模板的支撑应稳固。支模板后，复核地脚螺栓的规格、间距、标高、钢筋规格及保护层厚度。浇筑前，地脚螺栓的外露部分应采取防污措施。用 C20 混凝土浇筑，混凝土浇筑过程不得产生离析现象。混凝土振捣宜采用插入式振捣器。使用振捣器时，应快插慢拔，插点均匀，逐点移动。移动间距不大于振捣器作用半径的 1.5 倍。振捣器应避免碰撞钢筋、模板、地脚螺栓。混凝土振捣应以混凝土表面呈现浮浆，不再出现气泡和显著沉降为宜。对于同一杆基，基础混凝土应连续浇筑。混凝土浇筑过程中，应设专人监视模板、钢筋螺栓，保证其位置不移动。

基础浇筑完成后，根据季节温度，做好养护措施，应在 12h 内开始浇水养护。对普通硅酸盐和矿渣硅酸盐水泥拌制的混凝土的浇水养护不得少于 7 天，对有添加剂的混凝土的浇水养护不得少于 14 天。日平均温度低于 5℃时，不得浇水养护（应保温养护）。

模板拆除时，应注意地脚螺栓的保护，清除地脚螺栓上的残余混凝土和防污措施，检查基础外观质量。

钢管杆的接地装置及引下线应注意不得浇制在混凝土中。

2.3.3　无拉线转角水泥杆基础

1. 套筒无筋式基础开挖

采用人工开挖方式，基础开挖后先用混凝土浇制套筒基础，待基础养护达到混凝土强度的 70% 后，将水泥杆插入后进行第二次混凝土浇筑，使水泥杆和基础连接牢固。直径 350mm、杆长 12m 的混凝土基础结构图如图 2 - 12 所示。

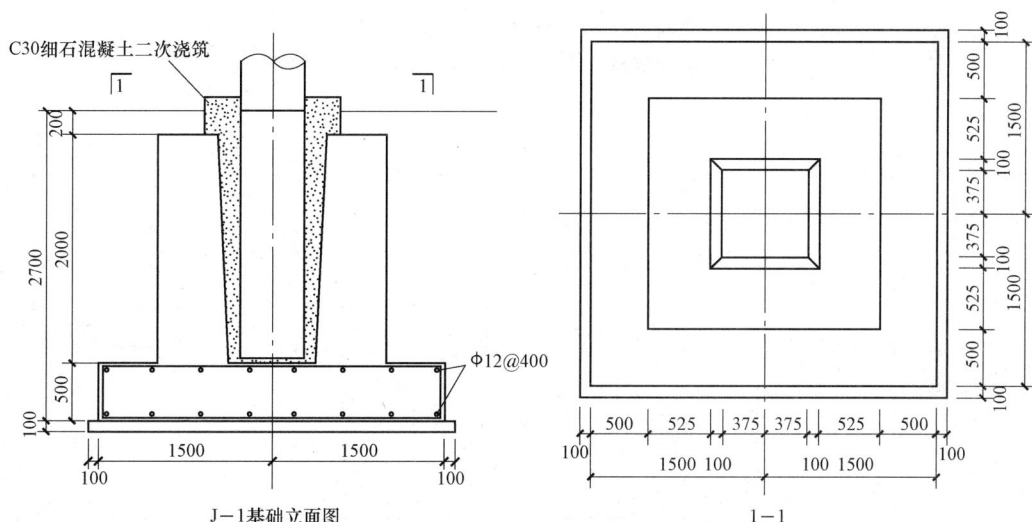

图 2 - 12　直径 350mm、杆长 12m 的混凝土基础结构图

注意事项如下：

（1）在开挖施工中，对渗水速度较快或较大、较深的泥水、流沙坑，采用机动水泵抽水。

（2）当坑深超过 1.5m 时，须用挡土板支挡坑壁。

（3）基础坑深的允许偏差为 +100mm、-50mm，坑底应平整。

2. 套筒式基础浇筑

套筒式基础类似于灌注桩基础，施工采用人工开挖或机械钻孔，成孔后在孔内放置钢筋笼，按图 2 - 13、图 2 - 14 的尺寸分两次浇筑。

套筒式基础开挖尺寸可参照无筋式基础，同时，应在基础浇筑前放置适量的基础主筋与基础箍筋。

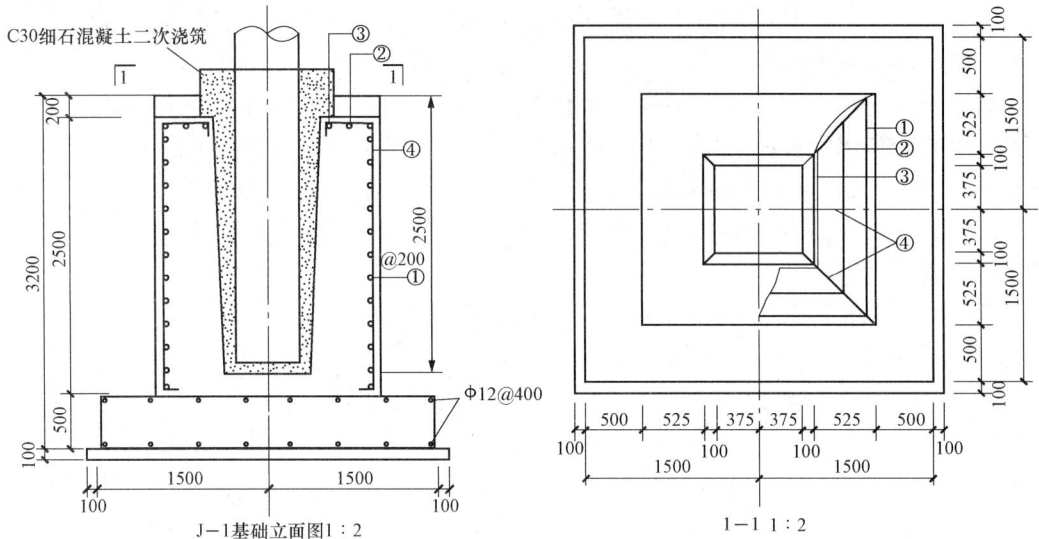

图 2-13　直径 350mm、杆长 15m 混凝土基础结构图
①，②，③—外层钢筋型号为 Φ 12；④—外层钢筋型号为 Φ 16

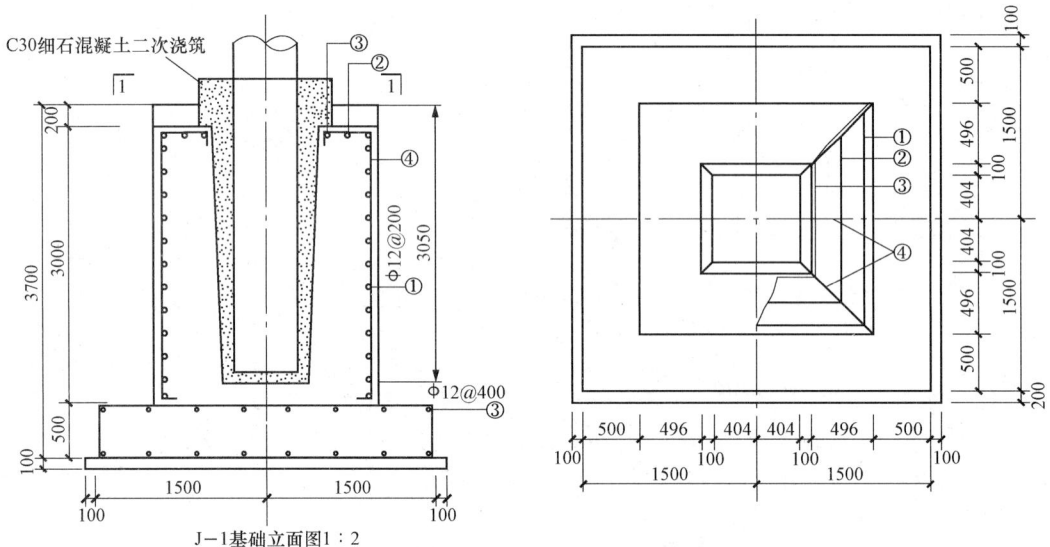

图 2-14　直径 350mm、杆长 18m 混凝土基础结构图
①，②，③—外层钢筋型号为 Φ 12；④—外层钢筋型号为 Φ 16

3. 台阶式基础

台阶式基础基坑的开挖尺寸为 1.5m×1.5m×［埋深＋0.3m（垫层）］，主柱应配置钢筋，台阶宽高比在满足刚性要求的基础上，一般底板不配筋，必要时采用基础垫层。基础施工时，混凝土必须一次浇筑完成。回填土应分层夯实。

4. 无拉线转角水泥杆基础浇筑

大梢径电杆基础浇筑按钢管杆基础浇筑执行。根据电杆的杆型选择预留涵管孔径的大小，其尺寸按相关规定执行。安放涵管时，涵管应垂直于地面。

2.3.4　拉线坑开挖

（1）开挖按照普通混凝土杆基坑的开挖方式执行。

（2）拉线坑的深度可按受力大小决定，拉线坑的深度一般应与被拉电杆的埋深一致，一般深度为 1.7～2m。

（3）拉线坑应有滑坡（马道），滑坡方向与拉线方向在同一直线上，回填土应有防沉土台。

2.4　底 盘 卡 盘 设 置

架空配电线路中的底盘和卡盘是跟电杆配套的，底盘放在最下面，用于电杆支撑（防止底下泥土太松，电杆下沉）；卡盘是抱住电杆的，用于增加周围泥土对电杆的挤压面积，保证电杆垂直，是增加电杆抗倾覆能力的。拉线盘则是用于固定拉线的。底盘、卡盘、拉线盘都可用于增加电缆的各种承载力。

2.4.1　底盘装设

根据现场的地质情况（如松土、软土）增设底盘。增设底盘时，杆坑深度按底盘厚度增加。安装底盘时应注意：

（1）底盘中心点用记号笔做标记。吊装时，底盘稍一离地应检查悬吊及捆绑情况，确认可靠后方可继续起吊。

（2）使用水准仪对基坑底部进行找平，将辅助桩用细线连接，并在细线中心点做标记。调整底盘的放置位置，使线坠、细线标记点、底盘中心点在一条直线上，确定底盘的安装位置。

（3）底盘校正后，填土夯实至底盘上表面等高，并清理表面余土。底盘安装应平整，其横向位移不应大于 50mm。

2.4.2　卡盘的装设

卡盘是用钢筋混凝土制作而成，其标号不宜低于 C20 级，是为防止电杆在正常运行中发生倾斜甚至倾覆而设置的。卡盘数、方向和位置要视基础稳定程度确定。增设卡盘时，卡盘埋设在受力侧，卡盘上口距地面不应小于 500mm，允许偏差为 ±50mm。卡盘安装在线路上时，应与线路平行，并应在线路电杆两侧交替埋设，承力杆上的卡盘应安装在承力侧。

1. 单卡盘安装

在安装单卡盘时，应将卡盘下面的土壤分层回填夯实，卡盘与电杆固定牢固。卡盘上平面距地面不小于 500mm，允许偏差为 ±50mm，继续回填土，松软土质应采用增加夯实次数的加固措施。在安装单卡盘时，应与线路方向一致，左右交替安装，如图 2 - 15 所示。

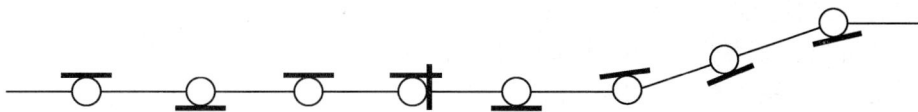

图 2 - 15　单卡盘安装图

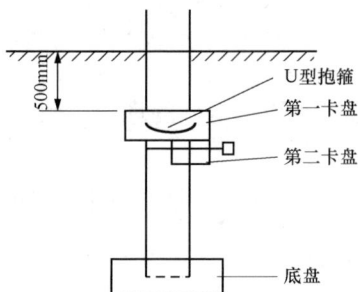

图 2-16　双卡盘安装图

2. 双卡盘安装

第二卡盘应紧贴第一卡盘的下面并与第一卡盘垂直安装，如图 2-16 所示。对 10°及以上的转角杆，卡盘安装于电杆角分线的内侧。

卡盘与杆身之间用弧度与长度适当的 U 型抱箍相连。

使用足够强度的双根圆木杆横放在两侧坑口，把卡盘抬上木杆，使卡盘的弧形凹面贴于电杆，将卡盘抱箍插入卡盘双孔，垫上带双帽的垫铁，螺母暂时不要拧紧，按电杆的锥度留出裕度，木杆撤离后将卡盘滑至坑内所需位置，拧紧螺母即可。

2.5　电杆组立

2.5.1　电杆选择及检验

1. 电杆选择

架空配电线路所用的电杆结构类型有直线杆、转角杆、耐张杆、终端杆、跨越杆、分支杆等。通常一条完整的架空配电线路都存在转角、跨越等情况。因此，在对电杆杆型进行选择时，通常考虑以下几个方面。

（1）既要考虑安全可靠，又不能影响车、船的行驶，还要考虑节省材料。

（2）根据档距、导线弧垂、导线与地面和各种设施之间的最小垂直距离，以及横担的安装位置来选择杆型。

（3）根据安装地点的具体情况来选择杆型。直线杆为架空线路直线部分的支撑点，耐张杆为分段结构的支撑点，转角杆是用于改变方向的支撑点，终端杆为始端或终端的支撑点，分支杆是用于分出支线的支撑点，跨越杆是在跨越某处时使用。

（4）城区、集镇选用 Pφ190-15m 及以上混凝土杆、13m 及以上的钢管杆，农村地区选用 Pφ190-12m 及以上的混凝土杆。

2. 电杆检验

（1）预应力混凝土电杆表面光洁平整，壁厚均匀，无露筋、跑浆、裂纹等现象，电杆顶端应封堵良好，杆身弯曲不应超过杆长的 1‰。平放地面检查时，预应力混凝土杆不得有纵向、横向裂缝且应标明有埋深标识，埋深标识宽度为 100mm。

（2）普通钢筋混凝土杆标顶应封堵严实，不得有纵向裂缝，横向裂缝宽度不应超过 0.1mm，长度不超过 1/3 周长。

（3）法兰盘电杆组装后，分段连接处的弯曲度不得超过整杆长度的 2‰。钢管杆应焊接良好，无裂纹，无锈蚀，螺栓紧固，附件应热镀锌，且锌层均匀。

电杆必须有永久标志及临时标记，如图 2-17 所示。永

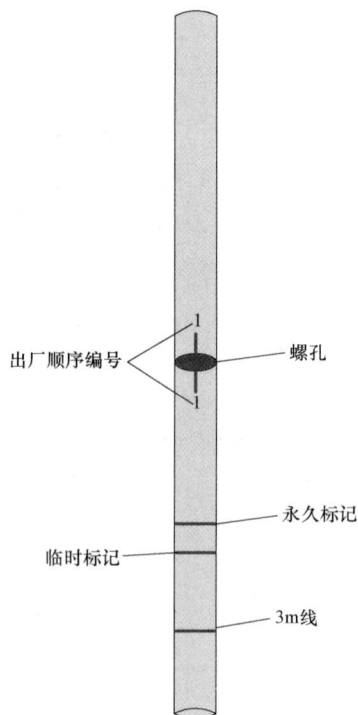

图 2-17　电杆标志图

久标志应包括制造厂厂名或商标、载荷级别、3m 标记线。临时标记应包括锥形杆梢径（或等径杆直径）、杆长、锥形杆开裂检验载荷或代号（或等径杆开裂检验弯矩）、品种（代号）、制造日期，以及法兰盘上、下杆对接和法兰连接孔洞对接标记等，标在电杆表面上，略低于永久标志。法兰盘连接螺栓由下往上穿，法兰盘处做防锈处理。电杆成型后，应将上、下法兰盘对应螺孔用油漆明显标记一处，并上、下同时标记出厂顺序编号。

2.5.2　配电线路导线接线

1. 直线杆导线接线

（1）直线杆中间两相的导线应绑扎在靠近电杆侧，两边绑扎在绝缘子的外侧；导线在绝缘子上的固定应采用十字绑扎法，扎线采用同规格的单股导线，绑扎不少于 6 圈。其中，架空线路直线杆导线接线图如图 2-18 所示。

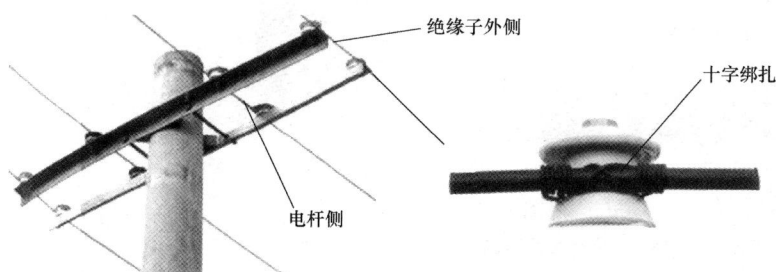

图 2-18　直线杆导线接线图

（2）当配电线路的连续直线杆超过 10 基时，应设置耐张段，转弯处的跳线应呈弧形，配电线路的搭接应采用线夹，线夹一般设置于离柱式绝缘子 200mm 处。

（3）当采用平行集束架空绝缘电缆时，采用悬吊抱箍和与导线规格相同的悬垂线夹进行固定，安装时要考虑线路的方向在电杆的同一侧。

2. 转角杆导线接线

（1）当配电线路的转角小于 30°时，可采用双横担蝶式绝缘子固定，导线应绑扎在绝缘子的外角侧。

（2）当配电线路的转角为 30°~45°时，应采用单层双横担耐张固定，导线搭接应采用线夹，两个线夹之间的距离不小于 300mm，导线露出线夹 20~30mm；跳线采用柱式绝缘子固定，一般上层横担柱式绝缘子向下，下层横担柱式绝缘子向上；截面积 50mm² 以下的导线可采用蝶式绝缘子固定。

（3）当采用平行集束架空绝缘电缆时，若线路转角小于 30°，可采用耐张抱箍搭配耐张线夹进行固定；若转角大于 30°，采用两副耐张抱箍搭配两副耐张线夹进行固定。安装时，电源方向的抱箍在上，末端方向的抱箍在下，耐张线夹之间的跨线呈自然弧型。转角杆导线一般采用针式绝缘子的固定绑扎，即先在导线绑扎处绑好 150mm 长铝带，导线置于绝缘子颈部外侧绑扎。转角杆导线接线图如图 2-19 所示。

图 2-19　转角杆导线接线图

3. 分支杆导线接线

分支杆有 T 型和 X 型两种，上、下横担间的距离一般为 0.4m，配电线路的相序排列应与供电侧保持一致，流线应过渡自然，并使用两个线夹连接，搭接长度不小于 150mm，线夹之间的距离以一个线夹的几何尺寸为宜，导线露出线夹 20～30mm，线夹距跳线弯曲处 20～30mm，各线夹应朝向一致。分支杆导致接线图如图 2-20 所示。

图 2-20　分支杆导线接线图

(a) 分支杆导线接线图（一）；(b) 分支杆导线接线图（二）

4. 终端杆导线接线

(1) 终端杆应用双横担耐张固定，导线穿过线夹后应预留 200～300mm，末端应保持弧形。截面积 50mm² 以下的导线可采用蝶式绝缘子固定，导线在绝缘子上的固定应采用 "∞" 字绑扎法，采用同规格单股导线绑扎。终端杆导线接线图如图 2-21 所示。

(2) 采用平行集束架空绝缘电缆时，应用耐张抱箍搭配耐张线夹进行固定，电缆归方口必须朝下，线夹后所留线路长度一般为 0.35m 左右，线头须用热缩套进行绝缘处理。

2.5.3　立杆

1. 吊车立杆

立杆时，起重汽车开到距基坑口适当位置；一般起吊时，吊臂和地面的垂线成 30°夹角。吊车立杆实景图如图 2-22 所示。

图 2-21　终端杆导线接线图　　　　图 2-22　吊车立杆实景图

放下汽车起重机的液压支撑腿时，应使汽车轮胎不受力，支撑脚应垫好枕木，做好整车接地措施；将吊点置于电杆的重心（$0.44h$ 处，h 为电杆高度）偏上 0.5m 处，进行电杆吊立。

起吊钢丝绳一般应采用钢丝绳千斤套进行吊点捆绑，捆绑时，钢丝绳应在电杆上至少缠绕两圈且外圈应压住内圈，用卸扣锁好后直接挂在吊车的吊钩上。

杆顶向下 500mm 处临时绑两根调整绳，每根绳由 1 人或 2 人拉住，在工作负责人统一指挥下起吊，坑边站 2 人负责电杆根部进坑。

当杆顶吊离地面约 0.8m 时，应对电杆进行一次冲击试验，对各受力点处进行一次全面检查，确定无问题后再继续起立。

电杆起立后，应使用调整绳及时调整杆位，使其符合立杆质量的要求，然后回填分层夯实，每层厚约 300mm。

2. 抱杆立杆

先将两根抱杆立于坑口两侧，前后锚桩与人字抱杆顶点、杆坑中心在同一垂直面上。打好前后临时拉线和绞磨的桩锚，如图 2-23 所示。绞磨起吊，在绞磨上必须绕 5 圈。

抱杆长度一般可取杆塔重心高度加 1.5～2m，临时拉线桩到杆坑中心的距离可取杆塔高度的 1.2～1.5 倍。抱杆的根开应根据电杆质量与抱杆高度来确定，根据实际经验，一般在 2～3m 范围内。

当土质松软时，抱杆脚需绑扎横道木，底部加铺垫木，以防止抱杆在起吊受力过程中下沉或滑位。

抱杆立杆过程中要求缓慢均匀牵引，电杆起吊过程中不能碰压抱杆。电杆距地 0.5m 左右时，应暂停起吊，全面检查受力拉线的情况及

图 2-23　抱杆立杆实景图

地锚是否牢固。抱杆起立到 70°左右时应放慢动作，调节好前后横绳；起立到 80°左右时，停止牵引，用临时拉线调整杆塔。

电杆起立过程中，重心应在基坑中心，特别应注意抱杆拉线的受力情况，并须缓慢放松牵引绳，切忌突然放松而冲击抱杆。

2.5.4　基坑回填

1. 普通电杆基坑回填

电杆埋深应根据土质及负荷条件计算确定，但不应小于杆长的 1/6。

回填土应打碎，并每隔 300mm 夯实一次。松软土质的基坑回填土时，应增加夯实次数或采取加固措施。电杆周围设防沉土层，其上部面积不小于坑口面积，培土高度应超出地面 300～500mm。

2. 大梢径电杆二次浇筑

电杆吊装时，在工作负责人的指挥和作业人员的配合下将电杆杆根缓慢套入预留涵管中，使电杆的埋深、方向及预偏值符合设计要求。

电杆吊装组立后，对杆壁和预留涵管的间隙进行二次浇筑，二次浇筑的混凝土应使用标号 C30 的混凝土，机械强度应满足设计要求。在浇筑过程中，浇筑至埋深 1/3 处应进行电

杆方向、位置的校正及预偏值的检查定位。二次浇筑的混凝土量应高出电杆基面 200mm。

　　3. 钢管杆的保护帽浇筑

　　钢管杆应表面整洁，无泥土、油污等污浊痕迹，无弯曲、脱锌、变形、错孔、磨损。

　　钢管杆吊装时，在工作负责人的指挥和作业人员的配合下将钢管杆杆脚板缓慢套在地脚螺栓上，使钢管杆杆脚板与基础上提前做好的方向标记重合。

　　钢管杆吊装组立后，根据 30°、60°（终端）、90°转角线路的受力情况考虑 3‰、5‰、7‰ 的受力预偏，地脚螺栓应紧固，达到规范要求。地脚螺栓螺母安装图如图 2-24 所示。

图 2-24　地脚螺栓螺母安装图

　　地脚螺栓螺母安装到位后必须浇筑保护帽。保护帽的大小以盖住杆脚为原则，一般其断面尺寸应超出杆脚板 5cm 以上，高度超过地脚螺栓 5cm 以上。保护帽混凝土的强度应符合设计要求。

2.5.5　质量检查

　　电杆立好后应正直，沿线电杆在一条直线上，位置偏差符合设计或规范要求。电杆回填、埋深符合下列要求：

　　（1）直线杆的横向位移不大于 50mm。

　　（2）直线杆杆梢的位移不大于其梢直径的 1/2。

　　（3）转角杆的横向位移不大于 50mm。

　　（4）转角杆组立后，杆根向内角的偏移不大于 50mm，不能向外角偏移。杆梢应向外角方向倾斜，但不得超过一个杆梢直径，不允许向内角方向倾斜。

　　（5）终端杆立好后，应向拉线侧预偏，其预偏值不应大于杆梢直径，紧线后不应向受力侧倾斜。

　　（6）同杆架设和同线路走向的架空配电线路，严禁在同一通道内组立低于通道内两侧电杆等级的水泥杆架设低压线路。

　　（7）如新建线路穿越或跨越其他配电线路时，应在交叉点组立适当的电杆作为支撑，且满足线间最小垂直距离：10kV 配电线路和 10kV 配电线路的最小垂直距离为 0.8m，10kV 配电线路和 0.4kV 配电线路的最小垂直距离为 1.2m。

2.6　金具、绝缘子及螺栓安装

　　在架空配电线路上用于悬挂、固定、保护、连接、接续架空线或绝缘子，以及在拉线杆塔的拉线结构上用于连接拉线的金属器件即为金具。

2.6.1　金具的型号

　　金具的型号如图 2-25 所示。

　　（1）首位字母。首位字母表示分类类别或连接金具类的产品系列名称。

　　首位字母用类别或名称的第一个汉字的汉语拼音的首位字母表示。当首位字母出现重复时，可选取其他字

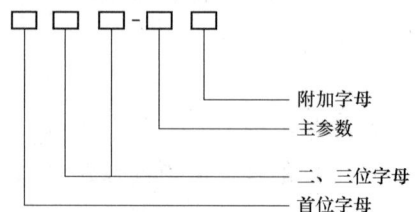

附加字母
主参数
二、三位字母
首位字母

图 2-25　金具的型号

母表示。首位字母代表的意义见表 2 - 1。

表 2 - 1　　　　　　　　　　首位字母代表的意义

首位字母	分类名称	首字母	分类名称
C	悬垂	D	调整板
N	耐张	L	联板
J	接续	P	平行
F	防护	Q	球头、牵引
T	T 接	U	U 型挂环、U 型螺栓
S	设备	W	碗头
M	母线	Y	延长
B	避雷	Z	直角、十字

（2）二、三位字母。金具型号的二、三位字母是对首位字母的补充表示，以区别不同的型式、结构、特性和用途。同一字母允许表示不同的含义。二、三位字母代表的意义见表 2 - 2。

表 2 - 2　　　　　　　　　　二、三位字母代表的意义

字母	意义	字母	意义
B	板、爆、并、避、包、变、补	P	平、屏
C	槽、垂、锤、悬	Q	球、牵、轻
D	倒、单、导、吊、搭	R	软
F	方、防、封	S	双、三、伸、设
G	固、钢、过、隔、钩、管	T	椭、跳、调、T
H	环、护、合、弧	U	U 型
J	矩、间、均、加、绞、绝	V	V 型
K	卡、扛、扩	W	外、碗
L	螺、拉、立、菱、铝	X	楔、修、悬
M	母	Z	终、支、组、自、重
N	内	Y	压、圆、（牵）引、预

（3）主参数。主参数以数字表示。根据产品的特点，可取下述其中一种或多种组合表示。主参数组合见表 2 - 3。

表 2 - 3　　　　　　　　　　主 参 数 组 合　　　　　　　　　　（mm²）

组合号	导线截面积		组合号	导线截面积	
	铝绞线、钢芯铝绞线	钢绞线		铝绞线、钢芯铝绞线	钢绞线
0	16～25	—	4	185～240	135～150
1	35～50	25～35	5	300～400	
2	70～95	50～70	6	500～630	
3	120～150	100～120	7	800	

（4）附加字母。附加字母是补充性的区分代号，字母代表的意义有以下两种。

1）用 A、B、C 区分总长度、引流角度、附属挂件，见表 2 - 4。

表 2 - 4　　　　　　　　　　用 A、B、C 区分总长度、引流角度、附属挂件

附加字母	总长度	引流角度	附属挂件
A	短型	0°	附碗头挂件
B	长型	30°或 45°	附 U 型挂件
C	—	90°	—

2）用附加字母区分导线结构，见表 2 - 5。

表 2 - 5　　　　　　　　　　　　　　附加字母区分导线结构

代号	LG	G	B	K	H	L	Z
导线结构	钢芯铝（绞）	钢（绞）	铝包钢	扩径	合金	铝（绞）	自阻尼

2.6.2　10kV 架空配电线路金具安装

架空配电电路的导线通过直线管的连接、导线和耐张线夹的连接，以及导线和跳线连接管的连接等，均称为导、地线的连接。此外，导线损伤、修补（没有断开）所进行的连接处理也称为导地线的连接。

1. 安装的一般要求

（1）连接管的内、外表面均应平滑、清洁，无砂眼、气泡、裂纹等缺陷，导、地线的连接部分不应有缠绕不良、断股等现象。

（2）不同规格、不同金属、不同绞制方向的导、地线，严禁在同一耐张段内连接。

（3）导、地线必须使用现行的电力金具标准规定的配套接续管进行连接，连接后地握着强度必须达到或超过被连接导、地线的计算拉断力的 95%。

（4）切割导线铝股时，严禁伤及钢芯。连接后，管口附近的线股不应有明显的松股或超过缠绕处理标准的损伤。

（5）连接前均要将导、地线连接部位的表面、连接管内壁，以及穿管时连接管可能触及的导线、避雷线表面用汽油清洗干净。

（6）对于钢芯有防腐油的导线，采用爆压时必须散股，用汽油将其洗净，并用棉纱擦干及晾干。一般清洗的长度为压接管的 1.2 倍为宜。

（7）采用钳压或液压连接导线时，应用细钢丝刷清刷外层铝股的表面氧化膜后，薄薄地涂上一层导电脂，应保留导电脂进行连接。

（8）接续管及耐张线夹压接后，应检查其外观质量，确认其符合下列规定。

1）使用精度不低于 0.1mm 的游标卡尺测量压后尺寸，其偏差必须符合有关规定。

2）飞边、毛刺及表面未超出允许范围的损伤应锉平，并用砂纸磨光。

3）爆压后出现裂纹或穿孔，必须割断重接。

4）弯曲度不得大于 2%，弯曲明显应予校直，校直后的连接管严禁有裂纹，达不到规定时应割断重接。

5）压后若有锌皮脱落，应涂防锈漆。

（9）在一个档距内，每根导线或避雷线上只允许有一个接续管和 3 个补修管，当应用张力放线时，不应超过 2 个补修管，并应满足以下条件。

1）各类管或耐张线夹间的距离不应小于 5m。

2）接续管或补修管与悬垂线夹的距离不应小于 5m。

3）接续管或补修管与间隔棒的距离不宜小于 0.5m。

4）减少因损伤而增加的接续管。

2. 连接方法

（1）钳压连接。钳压连接是将钳压型连接管用钳压设备与导、地线进行直接接续的压接操作。

钳压连接的基本原理是利用钳压器的杠杆或液压顶升的方法，将作用力传给钳压钢模，把被连接导线的两端和钳压管一同压成间隔状的凹槽，借助管壁和导线的局部变形获得摩擦阻力，从而达到把导线接续的目的。

（2）液压连接。液压连接适用于钢绞线和截面积大于 240mm² 的钢芯铝绞线导、地线的连接。

液压连接是一种传统的工艺方法，即用液压机和钢模把接续管与导线或避雷线连接起来的一种工艺。

接续管应与被连接的导线型号相符，规格尺寸应符合《电力金具通用技术条件》（GB/T 2314—2008）。液压连接施工工艺，必须按照《输变电工程架空导线（800mm² 以下）及地线液压压接工艺规程》（DL/T 5285—2018）的规定进行操作。

液压连接质量标准要求：采用液压连接导线、避雷线前，每种形式的试件不少于 3 根，试件的握力不小于导线、避雷线的计算拉断力的 95%，否则加倍试验，直至全部合格为止。各种液压管压后对边距的最大允许值应为

$$S = 0.086\ 6 \times 0.993D + 0.2 \tag{2-3}$$

式中：D 为液压接续管外径（mm）；S 为对边距（cm）。

3 个对边距中仅允许 1 个达到最大值，超过规定数值时应查明原因，割断重接。

液压后，管子不应有肉眼即可以看到的扭曲及弯曲，有明显弯曲时应校直，校直后不应出现裂纹。若要求测试接头电阻值，所测值应不大于等长导线的电阻值。压接管端头部分应留出 20mm。

3. 横担及金具检验

（1）横担及金具表面应光洁，无裂纹、毛刺、飞边、砂眼、气泡等缺陷。

（2）线夹转动灵活，与导线接触的表面光洁，螺杆与螺母配合紧密适当。

（3）金具镀锌良好，表面光洁，无锌皮剥落、锌渣及锈蚀等现象，孔径应与设备材料配套。

（4）弹簧销、垫的弹力适宜。

（5）开口销应对称开口，开口角度应为 30°～60°，闭口销或开口销不应有折断、裂纹等现象，严禁用线材或其他材料代替闭口销和开口销。

4. 单横担及金具安装

（1）10kV 单回配电线路按导线的排列方式分为水平、三角形两种排列方式。水平排列方式通常将横担中相垫高，支架水平于杆顶安装。图 2-26 所示为导线水平排列时的横担及

金具安装图。

图 2-26　导线水平排列时横担及金具安装图

（2）10kV 配电线路采用三角形排列的单回线路，单（双）横担应安装于距杆顶 650mm 处；10kV 配电线路采用水平排列及 0.4kV 配电线路，单（双）横担应安装于距杆顶 200mm 处。

（3）10kV 配电线路采用三角形排列方式时，应使用双二合包箍的顶头抱箍，二合包箍的开口方向应垂直于线路方向，上层二合包箍的中心线距杆顶 150mm。

（4）单横担装于受电侧，与线路方向垂直，横担端部上下歪斜、左右扭斜的位移不应大于 20mm。

5. 双横担及金具安装

（1）裸导线一般选用 XP-7 型盘式绝缘子，配合金具宜选用 W-7 型碗头挂板、Q-7 型球头挂环、Z-7 型直角挂板及与导线截面匹配的 NLD 型耐张线夹。

（2）10kV 配电绝缘导线一般选用 SL-15/30 型瓷拉线棒绝缘子。配合金具方面可选用 U-7 型 U 型挂环及与导线截面匹配的剥除绝缘层型的 NXL 型耐张线夹，或不剥除绝缘层型的 NXJ 型耐张线夹。

（3）0.4kV 配电绝缘导线选择 XP-40C-2 型悬式绝缘子，两端分别装配耐张线夹（与导线固定）和 U 型环及平行挂板（与横担固定）。

（4）转角为 0°～15° 的直线转角杆金具的安装采用双横担、双绝缘子结构，横担应安装在转角的平分线上。当直线跨越时，宜采用此种安装方式。

（5）转角为 15°～45° 的杆塔应采用单层双横担水平布置方式。

（6）转角为 45°～90° 的耐张转角杆金具的安装采用双层十字横担结构，如图 2-27 所示。装设各顺向拉线 2 处，上、下层横担应与线路方向垂直。10kV 配电线路的上、下层横担间距为 600mm，0.4kV 架空配电线路的上、下层横担间距为 300mm。

（7）终端杆应采用双横担结构，如图 2-28 所示。设顺线拉线 1 处，横担与线路方向垂直。横担端部上下歪斜、左右扭斜的位移不应大于 20mm，电杆严禁向受力方向倾斜。

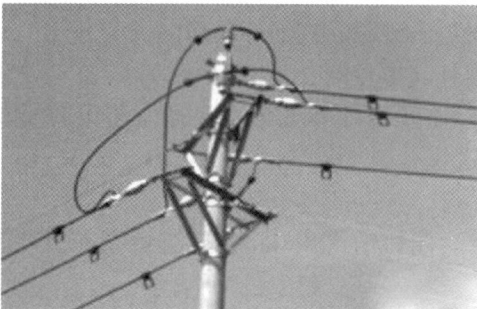

图 2-27　双层十字横担安装图

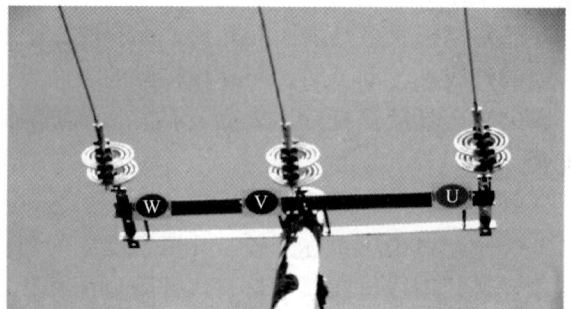

图 2-28　终端杆双横担安装图

（8）三相跳线连接应按顺线路方向连接，原则上不允许出现交叉跳接。

2.6.3　作业注意事项

（1）杆塔作业应检查杆根部、基础和拉线是否牢固。新立杆塔在杆基未完全牢固或打好临时拉线前，禁止攀登，遇有冲刷、起土、上拔或导、地线及拉线松动的杆塔，应先培土加固，打好临时拉线或支好架杆后，再行登杆。

（2）登杆塔时，应做好登高工具的检查工作，禁止携带器材登杆塔或在杆塔上移位，上横担使用前，注意检查横担的连接是否牢固及其腐蚀情况。

（3）杆上工作中，在攀登杆塔、杆塔上转位及杆塔上作业时，手扶的构件应牢固，不准失去安全保护，并防止安全带从杆顶脱出或被锋利物损坏。

（4）在杆塔上作业应使用工具袋，较大的工具应固定在牢固的构件上，不准乱放。上下传递物品应使用绳索拴牢传递，禁止上下抛掷。

（5）在杆塔上工作，工作地点下方应按坠落半径设置围栏或其他保护设施。杆塔上下无法避免垂直交叉作业时，应做好预防落物伤人的措施，作业时要互相照应，密切配合。

2.6.4　绝缘子安装

1. 绝缘子检验

（1）瓷件与铁件组合无歪斜现象，且结合紧密，铁件镀锌良好。

（2）瓷釉光滑，无裂纹、缺釉、斑点、烧痕、气泡或瓷釉烧坏等缺陷。

（3）零线绝缘子与相线绝缘子应有颜色区别，零线绝缘子应采用棕色绝缘子。

（4）选择的绝缘子应与杆型、导线规格相匹配，直线杆一般选用 ED 型蝶式绝缘子，导线截面积 $50mm^2$ 及以上的耐张杆一般选用悬式绝缘子。

2. 直线杆绝缘子安装

（1）柱式（低压针式）绝缘子安装时采用平垫片、弹簧垫圈，单螺母紧固。

（3）绝缘子安装后，固定应牢固，不得有歪斜、松动现象，顶槽与横担应垂直。

3. 耐张杆绝缘子安装

（1）金具上所用闭口销的直径必须与孔径配合，且弹力适度。严禁用线材或其他材料代替闭口销、开口销。悬式绝缘子上的销子一律向下穿。

（2）绝缘子串在顺线路方向和垂直线路方向均转动灵活。

（3）绝缘子有正、反朝向时，绝缘子的盆径口应对准导线方向。

2.6.5　螺栓安装

1. 方法

（1）螺栓的穿入方向，顺线路的从电源侧穿入。

（2）横线路的面向负荷侧两边线从内向外穿，中间相由左向右穿入。

（3）螺栓穿入方向按下列规定：顺线路方向者，双面构件由内向外穿，单面构件由送电侧穿入；横线路方向者，中间面向受电侧由左向右穿入；垂直方向者，由下而上穿。设备线夹、蝶式绝缘子的螺栓由下向上穿。

（4）绝缘子及横担固定安装应有平垫片、弹簧垫圈，螺杆应与构件面垂直，且不留有间隙。螺母紧好后，螺杆露出的螺纹不应少于两个，同一水平面螺纹露出的长度应基本一致。

2. 要求

（1）螺栓紧固时宜采用呆扳手，不得使用打击法和超过螺栓的许用应力。

（2）多只螺栓（螺钉）连接同一装配件，在紧固时，各螺栓（螺钉）应交叉、对称和均匀地拧紧。如有定位销，应从靠近该销的螺栓（螺钉）开始均匀拧紧螺栓。

（3）螺栓头、螺母与被连接件的接触应紧密，对接触面积和接触间隙有特殊要求的，尚应按规定的要求进行检验。

（4）螺栓（螺钉）与螺母拧紧后，螺栓应露出螺母 2～3 个螺距，其支承面应与被紧固零件贴合。沉头螺钉紧固后，沉头应埋入机件内，不得外露。

2.7　拉线与拉线盘安装

2.7.1　拉线技术要求

（1）转角、分支、耐张、终端杆和跨越杆均应装设拉线，并按杆塔组装图安装。

（2）承力拉线应与线路方向的中心线对正。分角拉线应与线路分角线方向对正。防风拉线应与线路方向垂直。穿越或接近导线的拉线应安装拉线绝缘子，拉线绝缘子的型号应与线路电压等级相匹配。

（3）安装后，拉线绝缘子应与楔型线夹的拉线抱箍保持 2.5～3m 的距离，在拉线断了的情况下，拉线绝缘子距地面不应小于 3m。

（4）转角 15°以内不开断导线的转角杆只装设外角侧拉线。

（5）转角 15°～60°的转角杆应打顺线方向拉线，必要时应增打内角侧拉线，并使其受力均匀。

（6）转角 60°～90°的转角杆可只打顺线方向拉线，必要时应增打内角侧拉线，并使其受力均匀。

（7）拉线对地平面夹角宜为 45°，若受地形限制，夹角不应大于 60°，且不应小于 30°。拉线安装后，其对地平面夹角与设计值的偏差不应大于 3°。

（8）城区或人口聚集地区的拉线宜加装警示标志，标志高度不低于 2m。

2.7.2　拉线材料要求

（1）钢绞线：不应有松股、交叉、折叠、断裂及破损等缺陷；镀锌良好，无锈蚀现象；最小截面积不应小于 25mm²。

（2）拉线棒：不应有死弯、断裂、砂眼、气泡等缺陷；镀锌良好，不应有锈蚀；最小直径不应小于 16mm。

（3）混凝土拉线盘：预制混凝土拉线盘的表面不应有蜂窝、露筋、裂缝等缺陷，强度应满足设计要求。

（4）拉线绝缘子：瓷釉光滑，无裂纹、缺釉、斑点、烧痕、气泡或瓷釉烧坏等缺陷；高压绝缘子的交流耐压试验结果必须符合有关施工规范的规定。

（5）拉线抱箍、UT 型线夹、楔型线夹、花篮螺栓、双拉线联板、平行挂板、U 型挂板、心形环、钢线卡、钢套管等表面应光洁，无裂纹、毛刺、飞边、砂眼、气泡等缺陷，应热镀锌，且镀锌良好，无镀锌层剥落、锈蚀现象。

（6）螺栓：螺栓表面不应有裂纹、砂眼、锌层剥落及锈蚀等现象，螺杆与螺母的配合应良好。加大尺寸的内螺纹与有镀层的外螺纹配合，其公差应符合《普通螺纹直径 1～355mm 公差》（GB 197—1981）的粗牙三级标准。螺栓宜有防松装置，防松装置的弹力应适宜，厚度应符合有关规定。

2.7.3　拉线制作

1. 拉线下料

（1）根据 DL/T 5220—2005《电力行业标准 10kV 及以下架空配电线路设计技术规程》要求、拉线的组合方式确定拉线上、中、底把的长度及股数。每把铅丝合成的股数应不少于3 股，底把股数应比上、中把股数之和多两股。

（2）当使用铅丝时，应先拉伸；使用钢绞线时，应在需要断线处的两侧用绑铅丝缠绕，然后下料。

2. 拉线组合制作

（1）使用铅丝时，应将铅丝绞成合股。绞合时，应使每股铅丝受力一致，绞合均匀。

（2）上、中、底把连接处煨扣鼻圈，安装拉线绝缘子，缠绕制作，如图 2-29 所示。

一般混凝土电杆的拉线可不装设拉线绝缘子，但穿越导线的拉线及水平拉线应装设绝缘子。在断线情况下，拉线绝缘子距地面不应小于 2.5m。

图 2-29　拉线组合制作图

拉线的连接缠绕、固定应符合下列要求：

1）铅丝拉线可自身缠绕固定，中把与底把连接处可另敷铅丝缠绕，缠绕应整齐、紧密，缠绕顺序、圈数及长度见表 2-6。

表 2-6　　　　　　　　铅丝的股数、缠绕顺序、圈数及长度

股数	缠绕顺序、圈数	中把与底把连接处缠绕长度的最小值（mm）		
		下端	花缠	上端
3	9、8、7	150	250	100
5	9、9、8、8、7	150	250	100
7	9、9、8、8、7、7、6	200	300	100

2）钢绞线拉线可使用钢线卡或铅丝缠绕固定。使用钢线卡固定时，每个连接端不得少于两个钢线卡。中把的下端不应单独使用钢线卡固定，还应用铅丝缠绕固定。使用铅丝缠绕时，应缠绕整齐、紧密，缠绕长度的最小值见表 2-7。

表 2-7　　　　　　　　铅丝缠绕长度的最小值

钢绞线截面积（mm²）	缠绕长度的最小值（mm）				
	上端	中端有绝缘子的两端	中把与底把连接处		
			下端	花缠	上端
25	200	200	150	250	80
35	250	250	200	300	80
50	300	300	250	250	80

3）使用 UT 型线夹、楔型线夹时，线夹舌板与拉线接触应紧密，受力后无滑动现象。拉线断头处与拉线主线应可靠固定（可使用铅丝缠绕）。

4）UT 型线夹或花篮螺栓的螺杆应露扣，并应有不小于 1/2 螺杆螺纹的长度可供调紧。调整后，UT 型线夹的双螺母应并紧，花篮螺栓应封固（可使用铅丝缠绕）。

5）拉线棒与接线盘连接后，其圆环开口处应用铅丝缠绕或焊接；当拉线棒与拉线盘的连接使用螺杆时，应垫方形垫圈，并用双螺母固定。接线棒露出地面的长度为 500～700mm。

6）拉线两端的扣鼻圈内部应垫好心形环。

2.7.4　拉线安装

（1）将已安装好底把的拉线盘滑入坑内，吊正后，分层填土夯实，然后用拉线抱箍将拉线上端固定在电杆上，如图 2‐30（a）所示。

(a)　　　　　　　　　　　　　　　(b)

图 2‐30　拉线
(a) 拉线安装图；(b) 拉线套管标志

拉线安装应符合下列要求：

1）拉线与电杆的夹角不宜小于 45°，当受环境限制时，不应小于 30°。水平拉线的拉桩坠线与拉桩杆夹角不应小于 30°。

2）终端杆及耐张杆承力拉线应与线路方向对正；分角拉线应与线路分角线方向对正；防风拉线应与线路方向垂直。

3）拉线盘的埋深最低不应低于 1.3m，且应符合设计要求。

4）水平拉线的拉桩杆的埋深不应小于杆长的 1/6，拉线与路面中心的垂直距离不应小于 6m，拉桩坠线与拉桩杆的夹角不应小于 30°，拉桩杆应向张力反方向倾斜 10°～20°，坠线上端距杆顶应为 250mm，水平拉线与通车路面边缘的垂直距离不应小于 5m。

5）当拉线位于交通要道或人易接触的地方时，须加装竹套管保护。竹套管上端与地面的垂直距离不应小于 1.8m，并应涂有明显标志［红、白相间的油漆，如图 2‐30（b）所示］。

（2）撑杆安装。撑杆埋深不宜小于 0.5m，并设有防沉措施。撑杆与主杆之间的夹角应为 30°，允许偏差为 ±5°。

（3）拉线中、底把连接。可使用紧线器拉紧拉线，并使终端杆及转角杆向拉线侧倾斜，应保证使紧线后的终端杆及转角杆向拉线侧的倾斜不大于一个电杆梢径；水平拉线的拉桩杆向张力反方向倾斜 15°～20°。

2.7.5　拉线盘安装

（1）同一方向多层拉线的拉锚应不共点（拉线棒），保证有两个或两个以上的拉锚。

（2）拉线坑应有斜坡。将连接好的拉线盘下到坑底，使拉线棒沿马道方向与电杆中心对正。调整拉线棒角度（其对地夹角一般为 45°），并使拉线盘面垂直于拉线棒。拉线棒上部环的回头应向下。

（3）严重腐蚀地区的拉线棒应进行防腐处理，自地下 500mm 至地上 200mm 处的防护措施依次为涂沥青，缠麻袋片两层，刷防腐油。

（4）拉线盘的埋深应根据土质条件和电杆的倾覆力矩确定，拉线棒外露地面部分的长度应为 0.5～0.7m，拉线坑回填土必须夯实。

2.7.6　注意事项

（1）拉线穿越导线或过引线时应装设拉线绝缘子，绝缘子应装在最低层导线 300mm 以下，一般装设在拉线上方拉线长的 1/3 处，并应保证在拉线绝缘子以下断线时，绝缘子距地面不应小于 2.5m。

（2）低压架空配电线路直线连续超过 10 基电杆时，每隔 3 基必须装设一道人字防风拉线，跨越公路、河道时应装设人字防风拉线。

（3）跨越公路的水平拉线与公路路面的垂直距离不应小于 6m，跨越非公路时（不通车道路），与路面的垂直距离不应小于 5m，拉线柱处对地垂直距离不应小于 4.5m。拉线柱应向张力反方向倾斜 10°～20°，坠线与拉线柱的夹角一般不小于 30°。

（4）组合拉线的各根拉线受力应一致。

2.8　放 线 及 紧 线

2.8.1　放线

1. 放线前检查

（1）放线有三脚架放线、地槽放线等方式，如图 2-31、图 2-32 所示。

图 2-31　三脚架放线实景图　　　　　　图 2-32　地槽放线实景图

（2）放线前检查导线，不应有松股、交叉、折叠、断裂及破损等缺陷，不应有腐蚀现象。钢芯绞线表面镀锌层应良好，无锈蚀。

（3）绝缘线表面应平整、光滑、色泽均匀，绝缘层厚度均匀且符合其他规定。绝缘线的绝缘层应挤包紧密，且易剥离，绝缘线端部应有密封措施。

2. 线盘布置

（1）放线前应先制订放线计划，合理分配放线段，将导线线盘运到指定地点。

（2）根据地形，适当增加放线段内的放线长度。

（3）应设专人看守，放线前应具备有效制动措施。

（4）临近带电线路施工，线盘应可靠接地。

（5）导线布置在交通方便、地势平坦处。地形有高、低时，应将线盘布置在地势较高处，减轻放线牵引力。

（6）导线放线应考虑减少放线后的余线，尽量将长度接近的线轴集中放在各耐张杆处。

（7）在采用人力放线时，不同地形增加的导线裕度：平地增加3%，丘陵增加5%，山区增加10%。在采用固定机械牵引放线时，不同地形增加的导线裕度：平地增加1.5%，丘陵增加2%，山区增加3%。

3. 放线准备

（1）放线前应紧固放线架，出线端应从线轴上方抽出，并应检查放出导线的质量。线轴应转动灵活，轴杠应水平，线轴应有制动装置。

（2）在每基电杆的横担上安装放线朝天滑轮，把导线放在轮槽内。

（3）绝缘线应使用塑料滑轮或套有橡胶护套的铝滑轮。滑轮应具有防止线绳脱落的闭锁装置。滑轮直径不应小于绝缘线外径的12倍，槽深不小于绝缘线外径的1.25倍，槽底部半径不小于绝缘线外径的0.75倍，轮槽槽倾角为15°。

图2-33　牵引网套实物图

（4）绝缘线宜采用相匹配的网套牵引，牵引网套实物图如图2-33所示。使用时，压缩网套后端使之张开套入被牵引物，逐节压缩引绳器，逐节套入，使网套与绝缘线紧贴，待网套全部套入（可空留一段），用扎带或铁丝扎紧银绳器开口处。松开扎带，压缩网套后端，使之逐节张开，便可去除网套。

（5）裸导线宜使用铝滑轮，滑轮应具有防止线绳脱落的闭锁装置，滑轮直径不应小于裸导线外径的10倍。

4. 人力放线

（1）为保证线路放线施工的顺利进行，在放线前应清理线路通道内的树障及可能影响线路正常运行的障碍物。

（2）人力牵引导线放线时，拉线人员之间应保持适当距离，如图2-34所示。

（3）领线人员应对准前方，随时注意信号。

（4）牵引过程中应保持牵引平稳。

（5）导线不应拖地，各相导线之间不得交叉。

（6）跨（穿）越障碍物时应采取相应的防挂线措施。

图2-34　人力放线实景图

（7）牵引时不能有金钩导线（图2-35），应在首端、末端、中间处派人观察，及时发现掉槽、滑轮卡滞等故障，发现异常情况后及时用对讲机联系。

图 2-35　金钩导线实物图

（8）为保证电力线路运行及线路下方被跨越设施的安全，架空电力线路放线施工中跨越公路、铁路及通信线路和其他不能停电的电力线路时，应提前与相关设施的主管部门取得联系，在办理必要的工作手续后进行跨越架搭设。

5. 机械牵引放线

（1）固定机械牵引所用牵引绳应采用迪尼玛缆绳（孚泰纤维缆绳是目前强度最高的缆绳）。

（2）用机械卷回牵引缆绳，拖动架空导线展放。

（3）牵引缆绳与导线连接的接头通过滑车时，牵引速度每分钟不宜超过 20m。

（4）牵引时不能有金钩导线，应在首端、末端、中间处派人观察，及时发现导线掉槽、滑轮卡滞等故障，发现异常情况后及时用对讲机联系。

2.8.2　紧线

1. 紧线准备

（1）放线工作结束后，应尽快紧线。

（2）在终端杆横担端部两侧导线的反向延长线上装设两根临时拉线，防止横担侧偏。

（3）紧线施工应在全紧线段内的杆塔全部检查合格后方可进行。

（4）总牵引地锚与紧线操作杆塔之间的水平距离，不应小于挂线点高度的两倍，且与被紧架空导线的方向应一致。

（5）紧线应紧靠挂线点。

（6）紧线时，人员不准站在或跨在已受力的导线上、导线的内角侧、展放的导线圈内，以及架空线的垂直下方。

（7）跨越重要设施时应做好防导线跑线措施。

2. 紧线

（1）绝缘子、拉紧线夹安装前应进行外观检查，并确认符合要求。

（2）安装时，应检查并确认 10kV 耐张串装置连接可靠。

（3）紧线顺序：导线三角排列时，宜先紧两边线，后紧中线；导线水平排列时，宜先紧中导线，后紧两边导线；导线垂直排列时，宜先紧上导线，后紧中、下导线。

（4）绝缘线展放中，不应损伤导线的绝缘层和出现扭、弯等现象，接头应符合相关规定，破口处应进行绝缘处理。

（5）紧线时，应随时查看地锚和拉线状况。

（6）导线的弧垂值应符合设计数值，三相导线的弛度误差不得超过 -5% 或 $+10\%$，一般档距内弛度相差不宜超过 50mm。

（7）导线初伸长补偿，架空配电线路采用减少弧垂法进行补偿，即铝绞线和绝缘铝绞线按设计弧垂减小 20%，钢芯铝绞线按设计弧垂减小 12%。

2.9　导　线　固　定

2.9.1　导线固定要求

（1）不同金属、不同规格、不同绞向的导线严禁在档距内连接。

（2）在一个档距内，每根导线不应超过一个连接头，且档距内接头距导线的固定点的距离不应小于 0.5m。

（3）钢芯铝绞线、铝绞线在档距内的连接宜采用钳压方法，铜绞线在档距内的连接宜采用插接或钳压方法。

（4）铜绞线与铝绞线的跳线连接宜采用铜铝过渡线夹、铜铝过渡线，铜绞线、铝绞线各自的跳线连接宜采用线夹、钳压连接方法。

（5）导线连接点的电阻值不应大于等长导线的电阻值。档距内连接点的机械强度不应小于导线计算拉断力的 95%。

（6）导线的弧垂应根据计算确定。导线架设后塑性伸长对弧垂的影响宜采用减小弧垂法补偿，弧垂减小的百分数如下：

1）铝绞线、铝芯绝缘线为 20%。

2）钢芯铝绞线为 12%。

3）铜绞线、铜芯绝缘线为 7%～8%。

2.9.2　裸导线的固定

架空配电线路的导线在针式绝缘子上的固定普遍采用绑线缠绕法。绑线材料与导线材料应相同，采用铝绑线的直径应在 2.5～3mm 范围内。

导线在绝缘子上固定的绑扎方法有直线杆绑扎法、转角杆绑扎法、终端杆绑扎法。具体操作内容如下：

1. 铝包带的缠绕

（1）取适当长度 1mm×10mm 规格的铝包带，由两端对卷，在导线绑扎处从中间分向两端缠绕，当底层缠绕至一端端头后，再回头向中点完成面层的缠绕。采用同样的方法完成另一端的缠绕。

（2）分别剪去端头的多余部分，并将端头压在导线绑扎中点靠绝缘子的内槽处。

2. 直线绑扎法

直线绑扎法是将导线固定在绝缘子顶部的槽内，所以又称顶扎法，如图 2-36 所示。顶扎法掷扎适用于导线在直线杆上与绝缘子的固定。

顶扎法绑扎的具体操作过程如下：

（1）将扎丝留出长度为 250mm 的短头，由导线下方自脖颈外侧穿入，将扎丝在绝缘子脖颈的外侧由导线的下方绕到导线上方，扎丝与导线同向缠绕 3 圈。

图 2-36　顶扎法绑扎图

（2）扎丝在绝缘子脖颈的外侧绕到绝缘子另一侧的导线上，用同样方法缠绕 3 圈。

（3）扎丝从绝缘子脖颈的内侧绕过左侧导线下面，由导线外侧向上经过绝缘子顶部交叉压住导线。

（4）继续用上述方法在绝缘子两端导线上分别缠绕 3 圈。

（5）扎丝从绝缘子右侧绝缘子的脖颈内侧经导线下方绕绝缘子脖颈一圈，与短头在绝缘子脖颈内侧中间拧一小辫，剪断多余绑扎线，并将小辫压平在绝缘子脖颈内侧。

3. 转角杆绑扎法

转角杆绑扎法是将导线固定在针式绝缘子外侧的瓶颈上，所以又叫颈扎法，如图 2 - 37 所示。颈扎法绑扎多用于线路转角（15°以内）处将导线固定在绝缘子外侧脖颈上的连接。

颈扎法绑扎的具体操作过程如下：

（1）将扎丝留出一个长度为 250mm 的短头，由绝缘子脖颈外侧的导线下方穿向脖颈内侧，将扎丝由下向上在导线上缠绕 3 圈。

（2）扎丝沿绝缘子脖颈内侧（短头下）至右侧，从脖颈外侧绕向上方，在导线上缠绕 3 圈。

（3）把盘起来的扎丝沿绝缘子脖颈绕到另一侧，从导线上方在脖颈外侧交叉压在导线上，然后从导线下方继续由脖颈内侧自右向左绕到另一侧，从导线下方在脖颈外侧再次交叉压在导线上，并由上方引出。

图 2 - 37　颈扎法绑扎图

（4）用扎丝在绝缘子脖颈内侧绕过导线，在两端导线上分别缠绕 3 圈。

（5）把盘起来的扎丝在绝缘子脖颈的导线下方绕一圈，最后将扎丝与短头在绝缘子脖颈内侧中间拧一小辫，剪断剩余扎线，并将小辫压平在绝缘子脖颈内侧，完成绑扎。

2.9.3　绝缘线的固定

1. 工艺标准

（1）低压绝缘线沿墙敷设时，固定构件档距应不大于 6m。

（2）绝缘线与绝缘子的接触部分应用绝缘自粘带缠绕，缠绕长度应超过绑扎部位或与绝缘子接触部位两侧各 30mm，再用截面积不小于 2.5mm^2 的单股铝塑料线绑扎，其绑扎方法同裸铝线绑扎一样。

（3）低压集束线直线杆采用有绝缘衬垫的悬挂线夹，耐张杆采用有绝缘衬垫的耐张线夹。

（4）中压绝缘线每相的过引线、引下线与邻相的过引线、引下线及低压绝缘线之间的净距不小于 200mm，中压绝缘线与拉线、电杆、构架间的净距不应小于 200mm。

（5）低压绝缘线每相的过引线、引下线与邻相的过引线、引下线之间的净距不小于 100mm，低压绝缘线与拉线、电杆、构架间的净距不应小于 50mm。

（6）分支线搭火，三相要平衡负荷。负荷检查：一般用钳形电流表对 Yyn0 接线的零线电流进行检测，其零线电流不超过 $25\%I_N$，电压经检测运行偏差不超过 $U_N\pm5\%$，长期过低或过高可调整分接开关。

（7）在主干线分段处和分支线 T 接点处安装具备相间短路及单相接地短路指示功能的线路故障指示器。

2. 操作步骤

（1）针式绝缘子顶槽绑扎法的操作步骤。

1）把导线嵌入绝缘子顶部线槽中，并在导线左边近绝缘子处用短扎线绕上 3 圈，然后放在左侧，待与长左线相绞。

2）把长扎线按顺时针方向从绝缘子顶槽外侧绕到导线右边下侧，并在左侧导线上缠绕 3 圈。

3）把长扎线按顺时针方向围绕绝缘子颈槽内侧（即前面）到导线左边下侧，并在左侧导线上缠绕 3 圈（在原 3 圈扎线的左侧）。

4）把长扎线按顺时针方向围绕绝缘子颈槽外侧到导线右边下侧，继续缠绕导线 3 圈（也排列在原 3 圈扎线的右侧）。

5）把长扎线按顺时针方向围绕绝缘子颈槽内侧到导线左边下侧，并斜压在顶槽中导线上，继续扎到导线右边下侧。

6）把长扎线从导线右边下侧按逆时针方向围绕绝缘子颈槽到左边导线下侧。

7）把长扎线从导线左边下侧斜压在顶槽中导线上，使顶槽中的导线被扎线压成"X"状。

8）把长扎线从导线右边下侧按顺时针方向围绕绝缘子颈槽到扎线的另一端，相交于绝缘子中间，并在缠绕 6 圈后减去余端。

（2）针式绝缘子颈槽绑扎法的操作步骤。

1）把绑扎线盘成一个圆盘，在绑线的一端留出一个短头，其长度为 250mm 左右，用绑线的短头在绝缘子左侧的导线上绑 3 圈（导线在绝缘子的背面，即外侧），方向呈向导线外侧（经导线上方绕向导线内侧，然后放在左侧，待与长绑线相绞）。

2）用盘起来的绑线向绝缘子脖颈内侧（即绝缘子的前面）绕过，绕到绝缘子左侧导线上，并绑 3 圈（逆时针），方向是向导线下方绕到导线外侧，再到导线上方。

3）用盘起来的绑线从绝缘子脖颈内侧绕回到绝缘子左侧导线上，并绑 3 圈（顺时针），方向是自导线下方经过外侧绕到导线上方（此时左侧导线上已有 6 圈）；然后经绝缘子脖颈内侧回到绝缘子右侧导线上（逆时针），再绑 3 圈，方向是从导线下方经外侧绕到导线上方（此时右侧导线上已绑有 6 圈）。

4）用盘起来的绑扎线向绝缘子脖颈内侧绕过，绕到绝缘子左侧导线下方（顺时针），并自绝缘子左侧导线外侧经导线下方绕到右侧导线上方（顺时针）。

5）在绝缘子右侧上方的绑线，经脖颈内侧绕回到绝缘子左侧，经导线上方由外侧绕到绝缘子右侧下方，回到导线内侧（顺时针），这时绑扎线已在绝缘子外侧导线上压了一个"X"字。

6）将压完"X"字的绑扎线端头绕到绝缘子脖颈内侧中间（顺时针）与左侧的绑扎线短头并绞 2～3 束，绞合成一个小辫，剪去多余绑扎线，并将小辫沿绝缘子弯下压平。

2.9.4 终端杆的固定

配电线路终端杆一般采用 SL-10/20 棒式绝缘子加绝缘耐张线夹固定；若线路为钢芯铝绞线，终端杆是用蝶式绝缘子固定。其终端杆固定的做法如下：

（1）把导线末端先在绝缘子嵌线槽内绕 2 圈。

（2）把扎线短的一端嵌入两导线末端并合处的凹槽中，扎线长的一端在贴近绝缘子处按顺时针方向把两导线紧紧地缠扎在一起。

（3）把扎线在两导线上缠绕到 100mm 长后，将其与扎线短的一端用钢丝钳拧 40mm 长的小辫，用长的一端扎丝继续把两导线密绕 20mm 后，最后与短头拧一小辫（即麻花），剪去余线并压平，如图 2 - 38 所示。

图 2 - 38　配电线路终端固定实景图

2.9.5　导线连接

1. 导线连接方式

在架空配电线路的施工中，导线的连接方法有很多，这里简单介绍几种常用的方法。

（1）钳压法。铝绞线和钢芯铝绞线的连接常用此法。也就是将要连接的 2 根导线的端头插入专用的压接管中，导线端头露出压接管外的长度不应小于 20mm，利用压钳的压力使压接管内的导线变形、挤紧，以达到连接导线的目的。选用压接管和压模时，应根据不同的导线选用不同的压接管和压模，否则将导致导线压接不牢固或者无法压接。

导线在压接前，应将导线压接部分的端头用汽油擦洗干净，涂上凡士林，以使导线压接紧密、接触良好。在压接中，上、下压模相碰的挤压程度和压坑深度应满足相关规程的要求。如果压坑过浅，导线压接不紧，紧线时易使导线从压接管中抽出，造成事故。按顺序每压完一个压坑后，要持续压力 1min 后再松开，再进行下一个压坑的操作，以确保压坑的深度和压坑的顺序准确，使导线连接紧密、牢固。

（2）插接法。一般多股铜芯线或线径较细的铝绞线多采用插接法。首先，将要连接的导线的 2 个端头拧开按顺序交叉在一起，用绑线在中间缠绕 50～100mm；然后，用导线本身的单股导线或双股导线从中间向两端逐步缠绕，一般缠完一股导线后，将余下的线尾压在下面，再缠另外一股，直至缠完。导线截面积 50mm² 以下的连接长度一般应不小于 250mm，导线截面积 50～70mm² 的连接长度应不小于 350mm。截面积 95～120mm² 的绝缘线一般不允许插接，截面积 150mm² 的绝缘线严禁插接。

（3）绑接法。对于耐张杆过引线或 T 接引下线多采用绑接法。一般导线的绑扎长度：导线截面积 50mm² 以下的铝线、35mm² 以下的铜芯线，其绑扎长度不小于 200mm；导线截面积 70～120mm² 的铝线、50～70mm² 的铜芯线，其绑扎长度不小于 250mm。如果导线截面积较大，可适当增加其绑扎长度。

（4）爆压法。此法多用于截面积较大的导线的连接，根据导线的型号确定压接长度，选用适量的 TN7 炸药进行爆压。

2. 液压法压接

（1）定义。液压法连接是将导线压接管表面挤成正六边形，使得管内导线在压接管的挤压下，与压接管壁间产生静摩擦力，从而达到导线连接的目的。

（2）工艺要求。

1）根据导线连接的有关规定，所有规格导线的连接均可采用液压法进行，截面积在 240mm² 以上的铝绞线、钢芯铝绞线和绝缘导线，或者绝缘线压接端子头，必须采用液压法进行连接。导线的对接指导线以同轴方式进行的连接，当导线与压接管同轴连接时，压接后导线的受力与压接管的受力均在相互间的中心轴线上，所以，连接的强度较大，通常将这种同轴连接的方法称为对接。

2）连接管线的清洗要求。架空导线与连接管连接前，应清除架空导线表面和连接管内壁的污垢，清除长度应为连接部位长度的 2 倍。连接部位的铝质接触面应涂一层电力复合脂，用细钢丝刷清除其表面氧化膜，保留涂料，进行压接。

3）进行液压法压接前，应将割线后的线头进行试穿管，以检验管、线间的连接是否符合要求。

4）液压法压接的压模顺序。

a. 铝绞线的压膜顺序。因为铝绞线内部没有钢芯，所以进行液压法压接时只需进行铝管的压接。为保证接续管能够平衡受力，接续管应对称地将导线连接，因此压接前应在连续管的中央做标志，并以此为基准分别向两端施压，要求一端压接完成后，再进行另一端的压接。

b. 钢芯铝绞线的压膜顺序。对钢芯铝绞线进行液压法压接操作时，通常是先将内层的钢管压完后，再进行外层铝管的压接。钢芯铝绞线的压接，当内层钢芯的连接方式不一样时，其外层铝管的压接顺序也有所不同。

5）液压法压接的导线外观是压后连续均匀的正六棱柱，如图 2-39 所示。按规定，导线液压法压接后的接续管表面应光滑、平整，不允许有扭曲、飞边、毛刺。接续管表面出现飞边时，应将其锉平后，再用砂纸打磨光滑。

图 2-39　液压法压接导线外观图

6）对边距检查。液压后的接续管应为正六边形。根据 JGJ 107—2010《钢筋机械连接技术规程》规定，导线进行液压法压接后，进行对边距的检查，3 个对边距中，最大值只允许有 1 个。对边距 S 的最大允许值的计算公式为

$$S = 0.866 \times 0.993D + 0.2 \tag{2-4}$$

式中：D 为管外经（mm）；S 为对边距（mm）。

7）工作结束，接续管上使用钢模打上工号。

8）导线接头钳压完成后，应在结束管两端涂红丹粉，以增强导线接头的防腐能力。钳压完成后，锌皮脱落时，应在结束管两端涂防锈漆。

9）架空导线接续管连接后的握着力应不小于原导线保证计算拉断力的 95%，接头电阻值应不大于同等长度导线的电阻值。

10）铜芯绝缘线与铝线或铝合金绝缘线连接时，应采用合金接线端子连接，接线端子与铝线的压接应采用六棱模横点压模。导线截面积 50mm² 及以下的压 1 模，导线截面积 50mm² 及以上的压 2 模。

11）绝缘导线连接的绝缘技术处理。按规定，绝缘导线连接后必须进行绝缘处理。绝缘层、半导体层的剥离应使用专用的切削工具，不得损伤导线，切口处绝缘与线芯宜有 45° 倒角。绝缘导线的全部端头、接头都要进行绝缘互封，不得有导线、接头裸露，以防进水。绝缘导线连接后，绝缘技术处理的具体要求如下：

a. 承力接头的连接和绝缘处理。承力接头采用液压法施工，在接头处安装敷设交联热缩管护套或预扩张冷缩绝缘套管，绝缘护套管径一般应为处理部位接续管的 1.5～2.0 倍。中压绝缘线使用内、外两层绝缘护套进行绝缘处理。低压绝缘线使用一层绝缘护套进行绝缘处理。有导体屏蔽层的绝缘线的承力接头应在接续管的外面先缠绕一层半导体自粘带，和绝缘线的半导体层连接后再进行绝缘处理。每圈半导体自粘带间搭压其宽度的 1/2。

b. 非承力接头的连接和绝缘处理。非承力接头包括跳线、T 接时的接续线夹（含穿刺线夹）和导线与设备连接的接线端子。接头的裸露部分必须进行绝缘处理，安装专用的绝缘罩，绝缘罩不得磨损、划伤，安装位置不得颠倒，有引出线的一律向下，需紧固的部位应牢固、严密，两端口需绑扎的必须用绝缘自粘带绑扎两层以上。

12）压接完成后，铅皮脱落时，应涂防锈漆。

2.10　避雷器安装

2.10.1　避雷器的作用

避雷器是一种能释放过电压能量、限制过电压幅值的保护设备。使用时，将避雷器安装在被保护设备附近，与被保护设备并联，在正常情况下避雷器不导通（最多只流过微安级的泄漏电流）。当作用在避雷器上的电压达到避雷器的动作电压时，避雷器导通，通过大电流，释放过电压能量，并将过电压限制在一定水平，保护设备绝缘。在释放过电压能量后，避雷器恢复到原状态。

2.10.2　安装原则

（1）根据设计要求，在绝缘线路上安装避雷器，多雷区每 150m 安装一组，少雷区每 500m 安装一组，接地电阻值不大于 10Ω。

（2）避雷器应安装牢固、排列整齐、高低一致，螺栓应紧固。避雷器必须垂直安装，倾斜度小于 2%。引线相间距离及对地距离应符合相关规定的要求。

（3）避雷器的带电部分与相邻导线或金属架的距离不应小于 350mm。相间距离：1～10kV 时，不小于 350mm；1kV 以下时，不小于 150mm。

（4）避雷器的跳线要尽可能短而直、连接紧密，不允许中间有接头。跳线引线应采用绝缘导线，截面积的下限：铜线为 $25mm^2$，铝线为 $35mm^2$；与避雷器连接应使用设备线夹或接线端子，且应连接紧密，接触良好。若连接的引线为铝线，连接点必须有铜铝过渡措施。

（5）避雷器接线端子与引线的连接应可靠，上端跳线和下端接地线应使用铜铝端子连接（见图 2-40），连接部位不应使避雷器产生外加应力。

（6）避雷器跳线与电源连接处应采用扎线，扎线长度应大于 150mm（见图 2-41），裸露带电部分宜进行绝缘处理（如图 2-41 所示）。

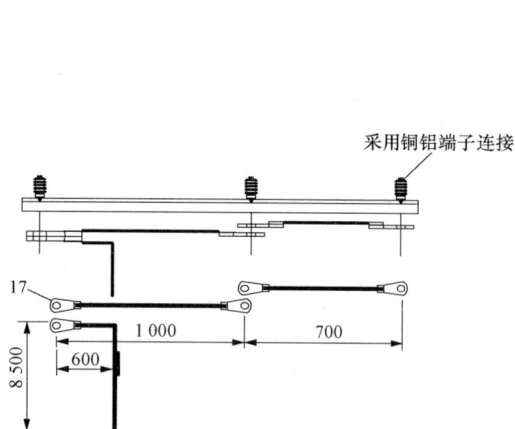

图 2-40 避雷器下端三相短路接地引下线安装图   图 2-41 避雷器跳线与电源连接处扎线图

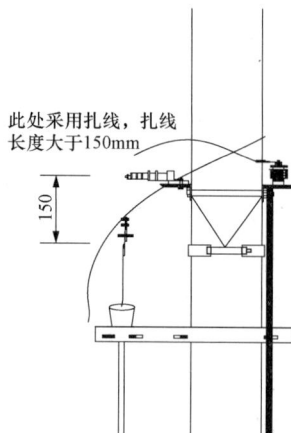

（7）避雷器引下线应可靠接地，紧密接头长度不应小于 100mm，紧固件及防松零件齐全，引下线应使用截面积不小于 $50mm^2$ 的铝线或截面积不小于 $35mm^2$ 的铜绞线。引线不应过紧或过松，与电气部分的连接不应使避雷器产生外加应力。

（8）安装时，避雷器引线与避雷器上接线端连接后，引线应有一定弧度，并保证三相弧度一致。

（9）避雷器引线安装后，避雷器加装绝缘罩。

2.11 验电接地环安装

2.11.1 安装规范

（1）各相验电接地环的安装点与绝缘导线固定点的距离应一致。验电接地环的颜色应与线路相色一致。

（2）安装后，接地挂环应垂直向下，接地挂环与导线的连接点处应装设绝缘防护罩。

2.11.2 安装位置

（1）在 10kV 架空配电绝缘导线直线杆上，每隔 500m 左右应安装绝缘验电接地环。

（2）对于 10kV 架空配电绝缘导线分段杆（无熔丝），应在其两侧均安装绝缘验电接地环。

（3）10kV 架空配电线路分段杆（无熔丝）的一侧为裸导线，一侧为绝缘导线时，则应在绝缘导线侧安装绝缘验电接地环。

（4）对于 10kV 架空配电绝缘导线转角杆，应在其两侧均应安装绝缘验电接地环。一侧为裸导线，一侧为绝缘导线时，则应在绝缘导线侧安装绝缘验电接地环。

（5）对于 10kV 架空配电绝缘导线支接杆（无支接熔断器），直线导线两侧及支接导线侧均应安装绝缘验电接地环。

（6）对于 10kV 架空配电线路支接杆（无支接熔断器），直线导线为绝缘导线，支接导线为裸导线时，应在直线绝缘导线两侧安装绝缘验电接地环；直线导线为裸导线，支接导线为绝缘导线时，则应在绝缘支接导线侧安装绝缘验电接地环。

（7）对于 10kV 架空配电绝缘导线十字支接杆，应分别在十字支接杆两侧直线杆上安装绝缘验电接地环。

（8）对于 10kV 架空配电导线十字支接杆，一路为裸导线，一路为绝缘导线时，则应在十字支接杆架空绝缘导线两侧直线杆上安装绝缘验电接地环。

（9）对于 10kV 架空配电绝缘导线的终端式电缆登杆（无熔丝装置），应在其上安装绝缘验电接地环。

（10）对于 10kV 架空配电绝缘导线杆上隔离开关，应在杆上隔离开关两侧直线杆上安装绝缘验电接地环。

（11）380V 低压绝缘导线与 10kV 及以上电压等级的配电线路合杆架设时，若 10kV 配电线路上安装了绝缘验电接地环，合杆架设的低压绝缘导线在相应的合杆位置应安装绝缘验电接地环。

（12）380V 低压绝缘导线与 10kV 及以上电压等级的线路有交叉跨越架设的，应在交叉跨越地点两侧低压杆处安装绝缘验电接地环。

（13）380V 低压绝缘导线与有 10kV 电缆登杆的线路合杆的，则在 10kV 电缆登杆处的附杆低压绝缘导线上应安装绝缘验电接地环。

（14）10kV 架空配电绝缘导线与 35kV 及以上电压等级的线路合杆架设，应该在开始合杆与终止合杆的电杆处安装绝缘验电接地环。如果合杆线路在 1000m 左右及以上，则应在 500m 左右的位置安装绝缘验电接地环。

（15）10kV 架空配电绝缘导线与 35kV 及以上电压等级的线路有交叉跨越架设的，应在交叉跨越地点两侧低压杆处安装绝缘验电接地环。

2.12　标 志 牌 安 装

2.12.1　标志牌安装原则与要求

1. 标志牌安装原则

（1）对应原则：双回路杆塔的杆号牌、色标牌和相序牌必须安装在本线路侧。

（2）醒目原则：杆号牌、色标牌及"认真核对，防止误登"警示牌距离本线路脚钉腿的中心距一般不应超过 1m。双回路杆塔靠道路或巡检便道的一回线路杆号牌应安装在本侧侧面。

（3）相对统一原则：除安装在横担上的色标牌以外，其他线路标志牌一般应安装在铁塔接腿主平材上或距离地面 5~10m 高度的辅材上，且应尽量靠近铁塔主材。

2. 标志牌安装要求

（1）标志牌直接与螺栓、支架接触的地方，必须在标志牌正、反两面各安装 1 个聚酯垫，其他连接螺栓两端只需各配 1 个平垫。所有固定螺栓均为 M16 螺栓，各配 1 个普通螺母及 1 个防松扣紧螺母。

（2）标志牌由支架加强（连接）后，通过 L 夹具安装在铁塔辅材上，除色标牌外，其余标志牌均应安装 2 个 L 夹具，不得单点悬挂。

（3）螺栓穿向：所有螺栓均由标志牌正面向后穿。

（4）输电线路的杆塔上必须装设线路名称、杆号牌，以及必要的安全、保护等标志。警示牌分为两类：一类是起到对非工作人员提示及警告义务的警示牌，内容为"禁止攀登　高压危险"；一类是起到对工作人员提示作业安全的警示牌，内容为"认真核对　防止误登"。

（5）同塔双回、多回线路的每基杆塔上，除悬挂线路名称、杆号牌外，还必须加色标标志，导线横担处必须悬挂相应的横担色标牌。

（6）所有耐张杆塔、分支杆塔、换位杆塔及其前、后各一基杆塔上，均应有明显的相位标志。

（7）标志牌安装的位置应正确、醒目，杆塔上一般设在 4 号腿处（面向大号侧），跨越公路的两侧杆塔上则应设在面向公路一侧。

（8）线路编号牌面向负荷的方向为线路杆塔增加方向，单回路杆号牌安装在主要街道侧，门型杆号牌安装在面向负荷侧的左侧杆塔上，距杆根地面的垂直高度不低于 2.5m。

（9）低压相序排列：在集镇、街道时，零线应靠房屋侧，即按"0abc"的顺序设置；在野外时，零线应面向负荷侧，从左向右按"a0bc"的顺序设置。

（10）"禁止攀登　高压危险"牌固定于杆塔的爬梯上，其他各类禁止牌（如禁止放风筝牌等）固定于杆塔身部易发现的部位，牌底边距地面高 1.5～3.0m。

（11）标志牌应采用坚固耐用的材料制作，如搪瓷板、金属板和阻燃的塑料板等。标桩采用方柱混凝土或石质材料制作。

2.12.2　各类标志说明

1. 禁止标志牌

（1）标志牌的原材料应采用不小于 0.8mm 厚度的钢板。成品线路标志牌为铝板或搪瓷制品（双面镀瓷），优先采用热转印打印粘贴工艺，也可采用腐蚀工艺。

（2）禁止标志牌的基本形式是一长方形衬底牌，上方是圆形带斜杠的禁止标志，下方为矩形补充标志，图形上、下间隙及左、右间隙分别相等。

（3）禁止标志牌长方形衬底的颜色为白色，圆形斜杠为红色，禁止标志为黑色，补充标志为红底黑字、黑体字。

2. 杆号牌

（1）杆号牌的基本形式为一长方形衬底牌。

（2）杆号牌底色为线路色标，线路名称及杆号字体颜色与底色的对比度要大。

3. 横担色标牌

（1）横担色标牌的基本形式为 L 形颜色牌。

（2）横担色标牌的外表面颜色为线路色标。

4. 相位标志牌

（1）相位标志牌的基本形式为正方形衬底牌，中间是圆形相位标志。

（2）相位标志牌正方形衬底的颜色为白色，圆形标志为相色（黄、绿、红三色），中间用对应的 A、B、C 白色字注明。

（3）相位标志牌可采用 3 块小相位牌（分别为黄、绿、红色）用不锈钢螺栓固定在 1 块大牌上，大牌与杆塔身部应采用固定连接。

2.13　配电线路的运行与维护

2.13.1　配电线路的运行标准

（1）杆塔位移与倾斜的允许范围。杆塔偏离线路中心线的距离不应大于 0.1mm。对于木杆与混凝土杆的倾斜度（包括挠度），直线杆塔、转角杆塔不应大于杆长的 15‰；转角杆塔不应向内侧倾斜；终端杆塔不应向导线侧倾斜，向拉线侧倾斜应小于 200mm；50m 以下铁塔的倾斜度不应大于 10‰，50m 及以上铁塔的倾斜度不应大于 5‰。

（2）混凝土杆不应有严重裂缝和流铁锈水等现象，保护层不应出现脱落、酥松和钢筋外露现象，不宜有纵向裂缝，横向裂缝不宜超过 1/3 周长，且裂缝宽度不宜大于 0.5mm。

（3）横担与金具应无严重锈蚀、变形和腐朽。

（4）横担上下倾斜、左右偏歪不应大于横担长度的 2%。

（5）导线通过的最大负荷电流不应超过其长期允许电流。

（6）导线、地线的接头无变色和严重腐蚀，连接线夹螺栓应紧固；导线、地线应无断股；7 股线的任意 1 股导线的损伤深度不得超过该股导线直径的 1/2；19 股以上导线某一处的损伤不得超过 3 股。

（7）导线跳线、引下线与电杆构件、拉线、电杆间的净距：1～10kV 的，不应小于 0.2m，1kV 以下的，不应小于 0.1m。

（8）对三相导线的弧垂应力要求应一致，误差不得超过设计值的 $-5\%～+10\%$，一般档距导线弧垂相差不应超过 50mm。

（9）绝缘子应根据地区污秽等级和规定的泄漏比距来选择其型号，并验算表面尺寸。

（10）拉线应无断股、松弛和严重锈蚀。

（11）接户线的绝缘层应完整，无剥落和开裂等现象，导线不应松弛，每根导线接头不应多于一个，且需用同一型号的导线相连接。

2.13.2　配电线路的巡视检查

1. 巡视种类

（1）定期巡视。定期巡视也称正常巡视，其目的是全面掌握线路各部件的运行情况及沿线的环境情况，根据岗位责任制，每条线路都必须设专人负责，按规定的周期巡视线路。

（2）夜间巡视。夜间巡视能有效地发现白天巡视中不能发现的线路缺陷，如电晕现象，绝缘子污秽严重而发生表面闪络前的局部火花放电现象，以及因导线连接器接触不良在线路负荷电流较大时使导线温度升高而导致导线连接器烧红的现象等。

（3）特殊巡视。特殊巡视是在气候有较大变化（如大风、大雪、大雾、暴风、冰雹及粘雪等）、发生自然灾害（如地震、河水泛滥、山洪暴发及火灾等）、线路过负荷及其他特殊情况（如开挖、修路及建房等）出现之后，对线路全线、线路某几段或某些部件进行的巡视检查，查明线路在经过上述情况之后，有无异常现象和部件损坏、变形等情况，以便及时采取必要的补救措施。

（4）故障巡视。故障巡视是为了及时查明线路发生故障的地点和原因，以便排除。

（5）登杆（塔）巡视。登杆（塔）巡视是为了弥补地面巡视的不足，全面、准确地掌握杆塔情况。

（6）监察性巡视。运行部门领导和线路专门负责的技术人员进行，也可由专门负责的巡线人员互相交叉进行。

2. 巡视内容

（1）杆塔。杆塔是否倾斜；铁塔结构有无弯曲变形、锈蚀；螺栓有无松动；混凝土杆塔有无裂缝、酥松、钢筋外露，焊接处有无开裂、锈蚀；基础有无损坏、下沉或上拔，周围土壤有无挖掘或沉陷；寒冷地区的电杆有无冻鼓现象；杆塔位置是否合适，有无被车撞的可能，保护设施是否完好，标志是否清晰；杆塔有无被水淹、水冲的可能，防洪设施有无损坏、坍塌；杆塔标志（杆号、相位警告牌等）是否齐全、明显；杆塔周围有无杂草和蔓藤类植物附生，有无危及安全的鸟巢、风筝及其他杂物。

（2）横担和金具。铁横担有无锈蚀、歪斜及变形；金具有无锈蚀、变形；螺栓是否紧固，有无缺帽；开口销有无锈蚀、断裂及脱落。

（3）绝缘子。瓷件有无脏污、损伤、裂缝和闪络痕迹，铁脚、铁帽有无锈蚀、松动及弯曲。

（4）导线。导线有无断股、损伤及烧伤痕迹，在化工、沿海等地区的导线有无腐蚀现象；三相导线的弧垂是否平衡，有无过紧、过松现象；接头是否良好，有无过热现象（如接头变色等），连接线夹弹簧垫是否齐全，螺母是否紧固；过（跳）引线有无损伤、断股及歪扭，与杆塔及其他引线间的距离是否符合规定；导线上有无抛扔物；绝缘子上固定导线用的绑扎线有无松弛或开断现象。

（5）防雷设施。避雷器有无裂纹、损伤及闪络痕迹，表面是否脏污；避雷器的固定是否牢固；引线连接是否良好，与邻相杆塔的距离是否符合规定；各部件是否锈蚀；接地端焊接处有无开裂、脱落。

（6）接地装置。接地引线有无丢失、断股及损伤；接头接触是否良好，线夹螺栓有无松动、锈蚀；接地引下线的保护管有无破损、丢失，固定是否牢固；接地体有无外露、严重腐蚀，在埋设范围内有无土方工程。

（7）拉线。拉线有无锈蚀、松弛、断股和张力分配不均等现象；水平拉线对地距离是否符合要求；拉线绝缘子是否损坏或缺少；拉线是否妨碍交通或被车碰撞；拉线棒、抱箍等金具有无变形、锈蚀；拉线基础周围的土壤有无凸起、沉陷及缺土等现象；顶（撑）杆、拉线柱和保护桩等有无损坏、开裂及腐朽等现象。

（8）进户线。进户线的线间距离和对地、对建筑物等交叉跨越距离是否符合规定；绝缘层是否老化、损坏；接点接触是否良好，有无电化腐蚀现象；支持物是否牢固，有无锈蚀、损坏现象等；弧垂是否合适，有无混线、烧伤现象；绝缘子有无破损、脱落。

（9）沿线情况。查看线路上有无断落悬挂的树枝、风筝及金属物等；防护地带内有无堆放的杂草、木材及易燃易爆物等；在防护区内有无土建施工、开渠挖沟、平整土地及植树造林等；导线对公路、河流、房屋、弱电线路及其他电力线路的交叉跨越距离是否符合要求；查明沿线是否有江河泛滥、山洪和泥石流等异常现象；有无违反《电力设施保护条例》的建筑物；查明线路附近的爆破工程有无爆破申请手续，其安全措施是否妥当。

2.13.3　配电线路的运行管理

1. 事故管理

（1）主要任务。

1）事故发生后应尽快查出事故发生的地点和原因，消除事故源，防止扩大事故，减少不必要的损失。

2）对事故点要采取隔离措施，防止行人接近事故导线和设备，避免发生人身事故。

3）事故处理时，应尽量缩小事故停电范围和减少事故损失。

4）对已停电的用户应尽快恢复送电。

（2）查明原因。配电系统发生以下故障时，必须迅速查明原因，并及时处理。

1）断路器跳闸（不论重合是否成功）或熔断器断开（熔丝熔断）。

2）发生永久性接地或频繁接地。

3）变压器一、二次侧熔丝熔断。

4）配电线路发生倒杆、断线，发生火灾、触电伤亡等意外事件。

5）用户处无电或电压异常。

（3）送电条件。

1）配电线路上的断路器跳闸或熔断器断开时，必须详细检查线路和有关设备，确认无问题后，方可恢复送电。

2）中性点不直接接地系统发生永久性接地故障时，可用柱上开关或其他设备分段选出故障段。

3）变压器一、二次侧熔丝熔断时的送电条件。

a. 一次侧熔丝熔断时，必须详细检查高压设备和变压器，无问题后方可送电。

b. 二次侧熔丝熔断时，首先查明熔断器接触是否良好，然后检查低压线路，无问题后方可送电。

c. 低压侧送电后，应立即测量负荷电流，判明设备是否运行正常。

d. 配电线路上的变压器、带油设备发生冒油、冒烟及外壳过热现象时，应断开电源，并待冷却后处理，送电条件同上。

（4）事故分析。事故巡查人员应将事故现场状况和经过做好记录，并收集引起事故的一切部件，加以妥善保管。

（5）降低配电线路跳闸率和事故率的措施。

1）提高线路的绝缘水平和机械强度。

2）线路走廊一定要符合要求。

3）改进线路杆（塔）型。

4）在配电线路的进、出线及母线支持绝缘子上安装塑料管、塑料带等，以增大闪络距离。

5）加装线路自动重合闸或重合式熔断器，以减少瞬时故障的跳闸停电。

6）改进变压器台架的设计。

2. 其他管理

（1）资料管理。运行部门应具备配电网络运行方式的图样或图板，线路平面图及杆（塔）位图，变压器台区的电流、电压测量及高压线路的负荷测量记录，缺陷记录，巡视手册，事故障碍记录，交叉跨越物、接地电阻值测量等记录，变压器、断路器及其他附属设备的卡片，绝缘工具的试验记录、检修记录，以及工作日志等主要技术资料；应有《10kV及以下架空配电线路设计技术规程》（DL/T 5220—2015），《架空绝缘配电线路设计技术规程》（DL/T 601—1996），《电气装置安装工程　电气设备交接试验标准》（GB 50150—2016），《架空绝缘配电线路施工及验收规程》（DL/T 602—1996），《电气装置安装工程 66kV及以下架空电力线路施工及验收规范》（GB 50173—2014），《电力设备预防性试验规程》（DL/T 596—1996），以及《架空输电线路运行规程》（DL/T 741—2010）等。

（2）验收管理。对材料、基础、杆塔、架线、设备及附属设备、接地进行分项检查；工程验收检查一般按3个程序进行，即隐蔽工程验收、中间验收及竣工验收。

2.13.4　配电线路的故障及其发生的机理

1．设计、施工原因

（1）规划、设计不周。该原因导致的故障指配电网、配电网设备及其辅助设施由于规划、设计不当造成的故障停电。

（2）施工安装原因。该原因导致的故障指配电网设备由于施工安装的质量不良或工艺不过关等原因造成的故障停电。

2．设备原因

（1）产品质量不良。该原因导致的故障指设备本身的结构设计、制造工艺及部件材料的选择等不合格，造成设备投入运行后的故障停电。

（2）设备老化。该原因导致的故障指设备临近或超出服役期，以及长期在非正常运行条件下运行等原因造成的故障停电。

3．电气性故障

（1）单相接地。配电线路上某一点的对地绝缘性能丧失，致使该相的电流由此点流入大地，这种现象称为单相接地。

（2）两相短路。配电线路的任意两相之间直接放电，使通过导线的电流比正常时增大许多倍，并在放电点形成强烈的电弧，烧坏导线，造成供电中断，这种现象称为两相短路。

（3）三相短路。在配电线路同一地点的三相间直接放电的现象称为三相短路。

（4）断相。断线不接地，通常又称断相运行，即送电端三相有电流，受电端一相无电流，三相电动机无法正常运转。

4．运行维护原因

（1）检修、试验质量原因。该原因导致的故障指未按相关规程或规定的要求进行设备检修、调整试验，导致运行设施故障而引起的停电。

（2）运行管理原因。该原因导致的故障指设备运行管理的规程不当或未按规程要求开展运行管理工作，造成供电设施故障而引起的停电，包括误操作、反事故措施落实不力及树线矛盾等情况。

（3）责任原因不清。该原因导致的故障指无法查明原因的故障停电。

5．外力因素

（1）交通车辆破坏。该因素导致的故障指供电设施受交通车辆破坏而造成的故障停电。

（2）动物因素。该因素导致的故障指鸟害、鼠害等动物因素造成的故障停电。

（3）盗窃。该因素导致的故障指供电设施及其部件被盗造成的故障停电。

（4）异物短路。该因素导致的故障指高空抛物、高空坠物、风筝及空中漂浮的异物等原因造成的故障停电。

（5）外部施工影响。该因素导致的故障指非地（市）级供电企业组织和管理的施工由于管理不善（如施工机械碰撞、挖断、与运行设备的安全距离不符合规程要求、施工抛物等），造成的供电设施故障停电。

（6）其他外力因素。其他外力因素导致的故障指由于火灾、枪击等其他外力因素造成的故障停电。

6. 自然因素

（1）自然灾害。该因素导致的故障指台风、地震、海啸及洪水 4 类大面积的自然灾害造成的故障停电。

（2）气候因素。该因素导致的故障指局部范围的天气因素（如大风、大雾、雷害、覆冰、高温、粘雪及泥石流等）造成的故障停电。

（3）雷害。该因素导致的故障指雷击造成的故障停电。

（4）大风、大雨。该因素导致的故障指大风、大雨造成的故障停电。

（5）其他气候因素。其他气候因素导致的故障指雷害、大风、大雨以外的气候因素造成的故障停电。

7. 用户影响

2.13.5　配电线路的检修与维护

1. 检修

（1）调整拉线。

1）拉线因锈蚀、断股等需要进行修补更换时，必须先将新拉线做好，然后拆除旧拉线；或做好可靠的临时拉线，对杆塔予以固定，然后拆除旧拉线，更换新拉线。

2）重新更换后的拉线、与地锚拉杆连接处若为花篮螺钉，则应用直径 4.00mm 的镀锌钢丝进行锁护；若为 UT 型调节螺栓，则应使用双螺母，做到紧固、牢靠。

3）由于杆塔倾斜而需要调整拉线时，必须先正杆，然后调整或重新制作拉线。

（2）调整导线弧垂。

1）操作人员在耐张杆塔或终端杆塔上利用三角紧线器（也可与双钩紧线器配合使用）调整导线的松紧。

2）在终端杆塔上对导线弧垂进行调整时，应在横担两端导线的反方向做好临时拉线，以防止横担受力不均而偏转。

（3）更换直线杆塔横担。

1）杆上作业人员将横担两边导线与绝缘子连接的绑线解掉，在杆顶处悬挂两个放线滑轮，用传递绳将导线系住，杆上、地面人员共同配合，把导线上移到放线滑轮中。

2）杆上作业人员把绝缘子与横担连接的螺母卸开，取下绝缘子将其用传递绳系好后，吊落到地面。

3）在拆卸开横担与电杆的连接螺栓前，使用传递绳把旧横担捆牢固，然后杆上作业人员拧开横担与电杆的固定部件，拆除横担。

4）地面人员将新横担及 U 型抱箍系于传递绳上，并起吊到杆上组装的位置，杆上作业人员进行新横担的组装。

5）杆上作业人员用传递绳将已系好的绝缘子吊到杆上，然后把绝缘子从传递绳上解下并安装在横担两端的孔中，绝缘子顶槽方向与导线方向一致。

6）杆上作业人员用传递绳系好导线，与地面人员配合，把放线滑轮中的导线下移到绝缘子的顶槽中即可。调整直线杆塔前、后档的弧垂，用绑线将导线与绝缘子绑接牢靠合格。

（4）更换终端杆塔横担。

1）更换终端杆塔横担的关键是考虑相邻第一根直线杆塔所承受的不平衡张力。

2）3根导线移好后就可以对终端杆塔横担进行更换，更换横担的步骤与更换直线杆塔横担基本相同。

3）安装绝缘子，将钢丝绳套中的导线悬挂在耐张绝缘子上，两边相同步松开紧线器，检查和加固连接跳线。

（5）更换耐张杆塔绝缘子。

1）登杆人员登上杆塔，系好安全带，将紧线器的尾线固定在横担上，在导线线夹的前面（以施工者方便施工的位置为宜，一般为 0.3～0.5m 处）卡好紧线器。

2）收紧紧线器，使耐张杆塔绝缘子串呈松弛状态，拆取绝缘子串与横担连接的金具，如拆取绝缘子与球头挂环之间的销子。

3）将绳索系于绝缘子串前的导线上，通过悬挂于横担上的滑轮，地面人员拉紧绳索，作为后备措施。

4）此时，可更换一片悬式绝缘子，也可更换蝶式绝缘子，还可以同时更换。

5）在拆卸下旧蝶式绝缘子，安装好新的合格的蝶式绝缘子后，重新绑扎导线。

（6）更换耐张线夹。

1）用紧线器先将导线收紧，使其弧垂稍小些。

2）在装设耐张线夹的 U 型螺栓时，要使耐张线夹的线槽紧贴导线的缠绕铝包带部分，装上全部 U 型螺栓及连接片，并稍拧紧。

（7）移线。移线又叫翻线，是更换导线中的一道工序，就是沿着与导线轴向相垂直的方向横向移动导线。

1）各杆上的工作人员要将影响移线的接户线等障碍物临时拆除（移线后恢复）。

2）各杆上人员将工作绳从高压横担上绕过，工作绳的长度应使在地面的工作人员够得着绳两头为宜。

3）地面工作人员将工作绳的一头拴好导线，拴导线时要用琵琶扣（也叫拴马扣）。

4）截面积超过 TJ - 70 型、LJ - 185 型及 LGJ - 120 型的导线在跨越中压横担端部时，杆上人员要用肩膀扛着，放到横担上部的坐线滑车上。

5）移线的过程中，要防止 3 根导线互相交叉，要防止导线被树枝等障碍物挂住。

6）3 根导线都移好后便可以进行紧线。

7）在移线段内要跨越有电的电力线、电车滑线及通信线时，应采取停电或搭跨越架等安全措施，不可将导线直接落到被跨越物上。

（8）撤线。

1）撤线前要检查导线中间有无接头，尤其是当接头通过滑车时要派专人看守，看守人持红白旗或无线通信工具，防止接头被滑车或其他障碍物卡住。

2）撤线时，首先将各直线杆塔上绝缘子的绑扎线拆除，并将导线移到滑车内。

2．维护

（1）污秽和防污。线路绝缘子表面黏附着污秽物质，这些物质一般会有一定的导电性和吸湿性，在空气湿度大的天气（如雨天、雾天、雪天）易发生污闪事故。防污的主要技术措施如下：

1）做好绝缘子清扫工作。绝缘子的定期清扫周期为每年一次，污秽区的清扫周期为每半年一次，还要根据线路的污秽情况适当延长或缩短周期，清扫工作应在停电后进行。

2）定期检查和更换不良绝缘子。尤其应注意雷雨季节时，绝缘子的闪络放电情况。

3）采用防污绝缘子。采用特制的防污绝缘子或在绝缘表面上涂一层涂料或半导体釉。

（2）要做好镀锌铁塔、混凝土杆、木杆各部位的螺栓紧固工作，新线路投入运行一年后须紧一次，以后每隔 5 年一次，铁塔的刷漆工作一般为第 3～5 年一次，也可根据实际情况而定。

（3）线路覆冰及其消除措施。当线路出现覆冰时，根据覆冰厚度、线路状况及天气情况设法清除。清除工作要在停电时进行，通常采用从地面向导线抛短木棒的办法使冰脱落；也可用竹杆来敲打等。绝缘子上覆冰后要进行登杆清除。位于低洼地的电杆，由于冰冷胀的原因，使地基体积增大，将电杆被推向土壤的上部，即发生冻鼓现象。冻鼓的情况轻，则可使电杆在解冻后倾斜；冻鼓的情况重，则电杆会因埋深不够而倾倒。所以，对这类混凝土杆要在结浆前进行杆内排水和给电杆培土或将地基土壤换成石头，也可将电杆埋深增加等。

（4）防风和其他维护工作。春、秋两季风力较大，应调整导线的弧垂，对电杆进行补强；对线路两侧安全距离不符合要求的树木进行修剪和砍伐。由于外力作用和地基沉陷等原因，运行中的电杆经常发生倾斜，必须根据巡视结果对倾斜的电杆进行扶正，扶正后对基坑土质进行夯实。

第3章 电缆线路施工

3.1 10kV 电缆土建部分施工

3.1.1 电缆沟、电缆检查井施工

1. 测量放线

开挖前,应根据图纸中电缆沟的位置、宽度进行放样,确保足够的工作空间,纵向每 10m 桩号放出电缆沟的中桩和开挖边桩、划出边线,保证基底每边增加 50cm 宽度的工作面,同时预留人行道上路缘石的安装位置和宽度。

2. 沟槽开挖

(1) 开挖前,先用经纬仪放出下水道中心线,并据此划出两边开挖灰线,以尽量少占路面为原则。

(2) 开挖应严格按挖沟断面分级进行,沟体开挖应保持连续性,开挖施工中不得超挖,如发生超挖,应用细砂或石粉回填夯实至设计深度。挖土完成后应对基层土进行平整、夯实处理。

(3) 土方回填时宜采用人工回填,采用石灰粉或粗砂分层夯实,每层厚度不应大于 300mm。

(4) 电缆沟、井砌筑前应复测,确定方向后按设计要求进行砌筑。

(5) 电缆沟应有不小于 0.5% 的纵向排水坡度,在最低处加装集水坑。

(6) 电缆支架规格、尺寸、跨距、各层间距离及距顶板、沟底的最小净距应遵循设计及规范要求。

3. 钢筋绑扎及预埋件的制作与安装

(1) 钢筋加工。按图纸要求的规格、尺寸、形状在钢筋加工厂对钢筋进行加工,钢筋成型后分不同型号、规格进行堆放,标识清楚。

(2) 钢筋绑扎。

1) 根据设计图纸或主受力钢筋方向,先铺下层钢筋主受力钢筋,再铺下层钢筋分布筋,采用顺扣或八字扣绑扎牢固;用预制水泥砂浆块按保护层厚度垫起钢筋(垫块间距不宜大于 1000mm)。

2) 根据电缆沟底板厚度扣除钢筋保护层,设置架立钢筋,上层钢筋分布筋铺设在架立钢筋上,再铺上层钢筋主筋,并同样采用顺扣或八字扣绑扎牢固。

3) 绑扎墙筋:根据设计间距(一般与底板相同)布设墙筋,安装分布筋,绑扎牢固,两排分布筋之间设定位筋,定位筋不宜大于 1500mm。

(3) 模板安装。

1) 侧模安装时,根据边线先立一侧模板,临时用支撑撑住,用线锤校正模板,使之垂直,然后固定横档,再用斜撑固定。

2) 为了保证电缆沟墙体的厚度,在两侧模板之间可用小方木撑头(小方木长度等于墙厚），防水混凝土墙要加有止水板的撑头。小方木要随着浇筑混凝土逐个取出。为了防止浇筑混凝土的墙身鼓胀，可用圆木或方木支撑牢固，如墙体不高，厚度不大，也可在两侧模板上口钉上搭头木。钢筋及模板安装如图3-1所示。

（4）混凝土浇筑。

1）底板浇筑：从一端向另一端连续推进，每一仓段一次浇筑至设计标高（可以设计图中的结构变形缝为界隔仓施工），随浇随振随找平，并振捣密实，终凝前进行不少于两次的原浆压光。

2）墙体浇筑：先在底部均匀铺上约50mm厚与墙壁体混凝土成分相同的水泥砂浆，再浇筑混凝土，并振捣密实，控制浇筑速度，一次浇筑约300mm，依此循环至墙顶标高。

图3-1 钢筋及模板安装图

3）浇筑混凝土应连续进行，如必须有间歇，应在下层混凝土初凝前将上一层混凝土浇筑完。

（5）混凝土养护。应在浇筑完成后12h内对混凝土进行浇水养护，养护时间不少于7天。

（6）拆模。混凝土强度大于1.2MPa时方可拆模，并及时对边角位置采取保护措施。

4. 沟盖板施工

将定型模板拼装固定于水平基面上，模板内浇细石混凝土，并进行振捣，直到表面泛出原浆。振捣密实后，用铝合金刮尺刮平，清除框边四周的混凝土及砂浆，终凝前进行不少于3次的原浆压光，做到无抹痕、无砂眼、无凹坑，表面平整、光滑即可。

盖板的安装从一端开始，边安装边调直、调平，同时在盖板两端搁置点垫3～5mm厚的橡胶条，以调整盖板的稳定性和平整度。沟盖板安装如图3-2所示。

图3-2 沟盖板安装图

5. 其他注意事项

（1）金属电缆支架须进行防腐处理。位于湿热、盐雾及有化学腐蚀的地区时，应根据设计进行特殊的防腐处理。

（2）安装电缆支架前，应进行放样定位。电缆支架的安装应牢固、横平竖直，托架、支吊架的固定应按设计要求进行。电缆支架应牢固安装在电缆沟墙壁上。

（3）金属电缆支架全长按设计要求进行接地焊接，应保证接地良好。所有支架焊接牢靠，焊接处的防腐措施符合规范要求。支架材料应平直，无明显扭曲。下料误差应在5mm范围内，切口应无卷边、毛刺。

（4）焊口应饱满，无虚焊现象。支架同一档在同一水平面内，高低偏差不大于5mm。支架应焊接牢固，无显著变形。

各支架的同层横档应在同一水平面上，其高低偏差不应大于5mm。托架、支吊架沿桥架走向的左右偏差不应大于10mm。电缆支架的横梁末端50mm处应斜向上倾角10°。

（5）抹灰前检查预埋件的安装位置是否正确，与墙体连接是否牢固。抹灰工程施工的环境温度不宜低于 5℃，在低于 5℃的气温下施工时，应有保证质量的有效措施。

（6）压顶梁浇筑时，制作与安装模板时，应注意托架牢固，模板平直，支撑合理、稳固及拆卸方便。

（7）电缆检查井、工井口处宜采取防坠落保护措施。井盖应具有防盗、防滑、防位移、防坠落等功能。

3.1.2　电缆排管施工

1. 排管基础

按照设计图纸，提前做好勘测工作，查明地形、地貌、地面建筑对工程的不利条件，查清水域覆盖面积和深度，应查实有无影响检测的干扰源，并做好标记。施工前，应与市政有关部门进行沟通，确认开挖处有无其他管线。探测地下管线后，应通过地面标志物、检查井、闸门井、仪表井、人孔、手孔等进行复核。

大片垫层采用排砌，严格控制混凝土基础的强度，必须达到 C20 以上，振捣密实、无蜂窝，基础中线每侧宽度的允许偏差为 0～10mm。排管混凝土基础浇捣时，注意不要让插入棒接触到排管模板，立模时要注意模板平整度及上油。

土方开挖完成后，按照现场土质的坚实情况进行必要的沟底夯实处理及沟底整平。

浇筑的混凝土板基础应平直，浇筑过程中用平板振动器振捣，如需分段浇捣，应采取预留接头钢筋、毛面、刷浆等措施。浇筑完成后要做好养护。在底层应先砌砖，根据设计要求用砖包底层电缆管，再砌第二层，以此类推，逐层施工。

2. 排管安装

管道敷设时应保证管道直顺，管道的接缝处应设管枕，接口无错位，在管接口处采用混

图 3-3　排管敷设图

凝土现浇，提升接口强度。管与管之间的连接采用热熔或插接，导管器试通合格。敷设后多余的电缆管应切除，并将切口打磨平滑。排管敷设图如图 3-3 所示。

管沟所填的碎石、石粉或粗砂垫层应控制好高度，并压实填平。

在浇捣排管外包混凝土之前，应将工井留孔的混凝土接触面凿毛（糙），并用水泥浆冲洗。在排管与工井接口处应设置变形缝。

管应保持平直，管与管之间应有 20mm 的间距，管孔数宜按发展预留适当备用，管路纵向连接处的弯曲度应符合牵引电缆时不致其损伤的要求。

施工中应防止水泥、砂石进入管内，管应排列整齐，并有不小于 0.1%的排水坡度，施工完毕应用管盖盖住两端。

3.1.3　非开挖电缆管道

非开挖电缆管道是指利用各种岩土钻掘设备和技术手段，通过导向、定向钻进等方式在地表极小部分开挖的情况下（一般指入口和出口小面积开挖），敷设、更换和修复地下电缆的施工新技术，既不会阻碍交通，破坏绿地、植被，也不会影响商店，医院，学校和居民的

正常生活和工作秩序，可以解决传统开挖施工对居民生活的干扰及其对交通、环境、周边建筑物基础的破坏和不良影响。

1. 技术准备

（1）定向钻铺管施工前应进行工程勘察。工程勘察应符合《岩土工程勘察规范》（GB 50021—2001）、《岩土工程勘察规范》（DBJ 08-37—2002）和《城市地下管线探测技术规程》（CJJ 61—2017）的规定。

（2）复查地下管线，并在地面上做出标记。

（3）根据地下管线的复查结果，调整钻孔的设计轨迹，选定出、入钻点，开挖出、入钻工作沟，绘制出详细的地下管线勘察成果图，作为钻孔轨迹设计的依据。

（4）入钻点和出钻点的选取：根据设计要求，入钻点宜设在行人、车辆稀少且有足够空间摆放设备处，出钻点则宜设置在能够摆放管材、方便拖管的另一端。

（5）钻孔轨迹的设计要求根据取得的地下管线的勘察成果，现场地形、地貌和周边环境信息进行。

2. 钻沟、下管沟开挖

（1）导向孔施工应按事先设计好的钻孔轨迹进行，并做好施工记录。

（2）导向孔施工时，通过地面上的手持式导向仪，随时测量出孔底钻头的深度和角度等参数，掌握孔内情况，及时进行控制和调整。每钻完一根钻杆要测量一次钻头的实际位置，以保证导向孔符合设计要求。导向钻孔轨迹与既有地下管线应满足最小安全距离的要求。

（3）定向钻铺管工程应符合国家及地方有关城市规划、土地管理、环境保护等法律、法规的规定。

3. 管材焊接

管材间的连接应采用热熔对接。热熔对接是将待连接的管材（件）两端面刨平，用加热板加热，使塑管端面熔化，在一定的压力作用下，使熔化端面接触，熔融体互融，从而完成管道连接。

4. 扩孔、清孔施工

（1）在导向孔施工完成后，进行扩孔施工。扩孔的直径一般为所要敷设管道的外包络直径的 1.2～1.5 倍。当扩孔的直径较大时，需要用不同直径的扩孔钻头从小到大逐级将导向孔扩大至设计终孔直径，如设计终孔的直径为 $\phi650$，在扩孔施工时就要分别用直径 $\phi250$、$\phi350$、$\phi450$、$\phi550$、$\phi650$ 的扩孔钻头进行分级扩孔。扩孔时，不停地在扩孔钻头后方接上钻杆，使整个钻孔内始终都有钻杆。当某一级扩孔钻头回扩到入钻沟后，将扩孔钻头拆卸后，在出钻沟一端再接上下一级扩孔钻头，进行回扩，依此反复，直到设计孔径。

（2）在扩孔的同时要不断向孔内注入化学泥浆，以便排出扩孔时所切削下来的泥土、钻屑，防止孔壁坍塌及减小回拖阻力。

5. 回拖铺管

将钻杆、扩孔钻头和被安装管线依次连接好，回拖入孔内。因为孔内充满泥浆，所以管线是处于悬浮状态的，管与孔壁之间由于泥浆的润滑作用，减少了回拖阻力，当管道全部被拖入孔内后，拖管完成。

回拖铺管结束后，必须在回扩孔内压密注浆，固化泥浆的配制及充填应满足有关工艺的要求。

3.2　电　缆　敷　设　施　工

3.2.1　施工前准备

1.电缆敷设通道的清理

在电缆敷设前先对该段通道进行清理，使用抽风机对电缆井进行充分排气，不能有任何障碍物，沟道、工井要清洁、卫生，不能有任何积水、泥沙，要进行必要的通风，以排除浊气。排管要进行冲洗和用短电缆段试拖，防止管内留有砂石等，避免造成电缆外护层划伤。

检查管孔入口处是否平滑，井内转角等是否满足电缆弯曲半径的规范要求等，并做好记录。

2.电源布置和敷设机具的配置与安装就位

滑车放置过程中，一定要认真逐个检查、处理（无毛刺、转动灵活性），并加适当的机油。调试好通信设备，以确保通信畅通。

3.模拟施工试验

以上准备工作就绪后，可用一段型号相近的旧电缆进行试敷设。通过试敷设要检验如下内容。

（1）通信指挥系统是否有效、畅通。

（2）各电动机械的运转是否正常，特别是各电源控制箱是否能紧急停车、有效联锁。

（3）各滑车的安装位置是否合适，并随时进行必要的调整。

（4）随时检查试放过程中的电缆有否受损，如有划伤，一定要及时消除故障点。

4.电缆盘就位

电缆按敷设方案运输到位，认真核对型号、规格、长度、盘数是否符合设计要求。注意牵引头的安放方向，并安装牢固，尽可能争取三相（盘）一次就位，电缆盘的架设应牢固平稳。电缆盘处应设制动装置。

5.电缆试验

电缆敷设前应对电缆外护层进行绝缘测试检查，并进行记录，当对电缆的外观和密封状态有怀疑时，应进行潮湿判断。每盘电缆敷设完，再进行一次电缆外护套检查，并进行记录，合格后方可移交做电缆头。

6.电缆敷设前准备

（1）电缆敷设前，应测量现场温度，并确保施工时的环境温度不小于0℃。当温度低于0℃时，应采取预热措施。

（2）在室外制作电缆终端与接头时，其空气相对湿度宜为70%及以下。当湿度大时，可提高环境温度或加热电缆。制作塑料绝缘电力电缆终端与接头时，应防止尘埃、杂物落入绝缘内。严禁在雾或雨中施工。

（3）确定电缆盘、电缆盖板、敷设机具、挖掘机械等主要材料的摆放位置，设置临时施工围栏，并做好各方面的安全措施。

（4）检查与施工内容相对应的材料，验证其是否符合设计要求，收集出厂合格证或检验报告，检查施工工具是否齐备，检验、核对接头材料及配件是否齐全和完整。

（5）夜间施工应在缆沟两侧安装红色警示灯，破路施工应在被挖掘的道路口设警示灯

（安全措施）。

（6）对电缆槽盒、电缆沟盖板等预构件必须仔细检查；对有露筋、蜂窝、麻面、裂缝、破损等现象的预构件一律清除，严禁使用。

（7）对已完成的电缆槽盒或电缆沟的长度进行核实，对电缆沟清理杂物，检查转角等是否满足电缆弯曲半径的规范要求及电缆本身的要求。电缆若是多段的，要确定电缆中间头安装的位置。

3.2.2　电力电缆线路路径选择

电力电缆线路要根据供电的需要，保证安全运行，便于维修，并充分考虑地面环境、土壤资源和地下各种道路设施的情况，以及节约开支，便于施工等综合因素，确定一条经济、合理的线路走向。具体要求如下：

（1）要结合远景规划选择电缆路径，尽量避开规划需要施工的地方，尽量选择最短距离的路径。

（2）电缆路径尽量减少穿越各种管道、铁路和其他电力电缆的次数。在建筑物内，要尽量减少穿越墙壁和楼层地板的次数。

（3）为了保证电缆的安全运行不受环境因素的影响，不能让电缆受到机械外力、化学腐蚀、振动、地热等影响。

（4）道路一侧设有排水沟、瓦斯管、主送水管、弱电线路等，电力电缆应敷设在另一侧。

以下处所不能选择电缆路径：

（1）有沟渠、岩石、低洼存水的地方。

（2）有化学物质腐蚀的土壤地带及有地中电流的地方。

（3）地下设施复杂的地方，如有热力管、水管、煤气管处。

（4）存放或制造易燃、易爆、化学腐蚀性物质等危险品的处所。

3.2.3　电缆的敷设安装

1. 检查电缆安装土建工程

（1）检查预埋件应符合设计要求、安装牢固，有遗漏的、错误的应及时纠正。检查有关电缆安装的电杆、钢索、卡子、支架等应符合设计要求，并验收合格。

（2）检查并确认电缆沟、隧道、竖井及人孔检查井等处的地坪及内部抹灰等工作已结束，且排水畅通。

（3）检查并确认电缆沟、井、隧道等处的土建施工临时设施、模板及建筑废料等已清理干净，以利电缆的安装。检查施工现场道路应畅通，盖板、井盖应备齐。

（4）确认与电缆安装有关的建筑物、构筑物的土建工程已由质检部门验收，并合格。电缆敷设前，必须详细阅读土建工程有关部位的图纸或就相关问题询问土建施工员，否则不宜急于安装。

（5）检查电缆安装所要经过的路线有无障碍，如有应排除。检查并确认电缆所要经过的道路、建筑物的基础、电缆进户处设有保护管，且其管径、长度符合要求，没有设置的应按要求设置。

2. 电缆保护管的加工及敷设

电缆保护管应在配合土建中预埋，明装的保护管则应在电缆安装前进行敷设，埋于室外地下的保护管则应在挖沟时敷设。电缆保护管的加工及敷设应按下列要求进行。

（1）金属管不应有穿孔、裂缝、显著的凹凸不平及严重锈蚀，管子内壁应光滑、无毛刺。电缆管在弯制后不应有裂纹及明显的凹瘪现象，弯扁度一般不大于管外径的10%，管口应制做成喇叭形并打光，以防划伤电缆。

（2）硬质塑料管不应用在温度过高或过低的场合。在受力较大处、易受机械损伤处直埋时，应用厚壁塑料管，必要时改用金属管。

（3）电缆穿保护管时，其内径不应小于电缆外径的1.5倍；混凝土管、陶土管、石棉水泥管等作为保护管，其内径不应小于100mm。常用钢制保护管的管径可按表3-1进行选择。

表3-1　　　　　　　　　　　常用钢制保护管的管径

钢管直径（mm）	三芯电力电缆截面积（mm²）			四芯电缆截面积（mm²）
	1kV	6kV	10kV	10kV
50	≤70	≤25		≤50
70	95～150	35～70	≤50	70～120
80	185	95～150	70～120	150～185
100	240	185～240	150～240	240

（4）电缆与铁路、公路、城市街道、厂区道路交叉时敷设的保护管，其两端应伸出道路路基两边各2m，伸出排水沟0.5m，在城市街道、厂区道路敷设的应伸出路面；其保护管的埋深，凡是有车辆通过的应大于1m。敷设电缆前，应将管口用适当的方法堵严。

（5）电缆管的弯曲半径应符合所穿入电缆最小弯曲半径的规定，每根管最多3个弯，直角弯不应多于2个。

（6）利用金属管制作保护接地线，接头处要焊接跨接线，跨接线及管路与地线的连接应在未穿电缆前进行。

（7）敷设混凝土、陶土、石棉、水泥材质的电缆管时，其沟内地基应坚实、平整，一般用三合土垫平，夯实即可，通常应有不小于0.1%的排水坡度。管内表面应光滑，连接时，管孔要对正，接缝严密，以防水或泥浆渗入，一般用水泥砂浆抹严。

（8）支架的制作，钢材应平直且无明显弯曲，下料误差应在5mm范围内，切口应无卷边、毛刺，焊接应牢固，无显著变形，各横撑间的垂直净距应符合设计要求，其偏差不应大于2mm。支架应进行防腐处理，湿热、盐雾、化学腐蚀场所应进行特殊防腐处理。

3. 电缆展放的工具准备

电缆展放的准备工作包括托辊的制作与布置、电缆就位、电缆盘支架的准备、敷设器材的准备、控制与信号系统的设置、施工组织，以及现场清理与检查等。

（1）在牵引电缆的过程中，不允许将电缆直接在地面上拖拉、摩擦，除采用人力扛抬电缆外，可借助托辊的支撑作用进行电缆展放，这样既省力又方便。

（2）电缆与地下管道的距离。平行架设时，电缆与热力管道的距离不少于2m，电缆与其他管道的距离不少于0.5m；交叉架设时，电缆与热力管道及其他管道的距离不少于0.5m。

（3）电缆地下直埋深度、相互距离及支架层间距离见表3-2。

表 3 - 2	电缆地下直埋深度、相互距离及支架层间距离		（m）
电缆电压等级	地下直埋深度	相互距离	支架层间距离
10kV 及以下	＞0.7	0.1	0.2
20～35kV	＞0.8	0.25	0.25

4. 电缆弯曲半径的控制

电缆弯曲时，外侧受拉伸，内侧被挤压。由于电缆材料和电缆结构特性的原因，电缆承受弯曲有一定的限度，过度的弯曲将造成绝缘和护套层的损伤，甚至使该段电缆完全损坏。电缆施工时的最小弯曲半径见表 3-3。

表 3 - 3	电缆施工时的最小弯曲半径				
项目	单芯电缆		三芯电缆		110kV
	无铠装	有铠装	无铠装	有铠装	交联电缆
安装时电缆的最小弯曲半径	20D	15D	15D	12D	25D
靠近连接盒和终端的电缆的最小弯曲半径	15D	12D	12D	10D	/

注　D 为电缆直径，未标明电压等级的为 35kV 及以下的电缆。

5. 牵引力、侧压力和扭力的控制

牵引力是电缆敷设施工时为克服摩擦阻力，作用在电缆被牵引方向的拉力。电缆导体的允许牵引力，一般取导体材料抗拉强度的 1/4 左右，铜导体的允许牵引强度为 70MPa，铝导体的允许牵引强度为 40MPa。

侧压力是作用在电缆上与其导体呈垂直方向的压力，用 P 表示（$P=T/R$，T 为牵引力，R 为弯曲半径）。控制侧压力的重要性：一是避免电缆外护层遭受损伤，二是避免电缆在转弯处被压扁。允许侧压力的数值与电缆结构有关。有塑料外护套的电缆，为避免外护套在转弯时遭受刮伤，其允许侧压力规定为 3kN/m。

扭力是受扭转应力作用、对电缆产生的一种旋转机械力。作用在电缆上的扭力如果超过一定限度，可能造成电缆绝缘与护层的损伤，还会使电缆打成小圈。清除扭力的方法如下：

（1）在电缆牵引头前加装一个防捻器（防捻器的作用是受到扭矩力时可以自由旋转，这样可以及时消除电缆的扭转应力）。

（2）安装退扭装置。

6. 敷设电缆的注意事项

（1）敷设电缆前应检查电缆的绝缘，6～10kV 电缆用 2500V 手摇式绝缘电阻表，摇测的绝缘电阻值不小于 100MΩ；3kV 及以下电缆用 1000V 手摇式绝缘电阻表，摇测的绝缘电阻值不小于≥50MΩ。若对电缆的绝缘性有怀疑，应对其进行耐压试验，确认合格后方可敷设。

（2）架设电缆盘时，应注意电缆的缠绕方向，拉电缆时应使电缆从缆盘上方引出，以防电缆盘转动时，电缆发生松散。放出来的电缆要由人拿着或放在滚动架上，电缆不能在地面或木架上摩擦。

（3）电缆敷设时，其弯曲度不得小于其最小允许弯曲半径。在弯曲处，拉电缆的人应站在电缆所受合力的相反方向。

（4）高压电缆、低压电缆及控制电缆应分开排放，从上层至下层的排布顺序：从高压到低压，控制电缆在最下层。十字交叉处，应尽量将电缆布置在底部或内侧，使外露部分排列整齐。

（5）电缆敷设时，在电缆终端头与电缆接头附近可留有备用长度，地下直埋电缆应在全长上留有少量裕度，并以波浪（蛇）形敷设。

（6）电缆敷设后，应及时挂上标志牌，电缆两端、交叉点、拐弯处和进出建筑物点均应及时挂上标志牌。

（7）冬季电缆变硬，敷设时电缆绝缘易受损伤。因此，如果电缆存放地点在敷设前温度在 0℃ 以下，应将电缆预先加热。

预热的方法有以下两种。

1）用提高电缆周围环境温度的方法预热，当室温为 5～10℃ 时，需三昼夜；当室温为 25℃ 时，需一昼夜；当室温为 40℃ 时，需 18h。预热后的电缆应在 1h 内敷设完。

2）将电缆通以电流，使电缆本身发热。这种方法的加热时间短，但要注意所加电流不应大于电缆的允许载流量。电缆表面温度不宜高于 40℃，且不宜低于 5℃。

（8）切断电缆时，应根据设备接线端子的位置，并考虑检修、防潮等的需要，确定电缆断口的位置。为防松脱，要用铁丝将锯口两边扎好才开锯。电缆锯断后应对电缆头进行密封处理。

7. 电缆的敷设、安装

（1）电缆的敷设、安装应严格遵守《电气装置安装工程电缆线路施工及验收规范》（GB 50168—2006），采取符合要求的专用设备、工具（如放线架、导轮）敷设，可采用端头牵引、机械输送、人工辅助引导同步进行的敷设方式。

（2）敷设时及敷设后的电缆，其最大侧压力、最大牵引力、最小允许弯曲半径不得超过产品允许的规定值。

1）侧压力：一般不大于 300kg。

2）最大牵引力：按有关规定，铜芯电缆的最大牵引拉力为 $7kN/mm^2$，铝芯电缆的最大牵引拉力为 $4kN/mm^2$。

3）电缆的最小弯曲半径能满足 GB/T 12706 的要求。

（3）电缆的敷设温度应不低于 0℃，若敷设现场的环境温度低于 0℃，则应将电缆预热。经过加热的电缆应尽快敷设，当电缆冷却至低于 0℃ 时，不得再加弯曲。

（4）敷设时，应采取措施，防止发生电缆在地面、沟壁、管口、机具上的擦伤。一经发现，必须立即停敷。查出原因后加以排除，才可再进行敷设。

（5）敷设时，不允许扭曲，以免损伤电缆。如果造成扭曲，应顺着扭曲的方向解除，不能用任何工具敲击电缆，以防损伤电缆。为消除扭曲应力，电缆牵引头应加防捻器。成圈电缆、未用盘装的短段电缆，敷设时应顺着圆圈的方向转动，不能强行拖放，防止电缆发生扭曲。

（6）电缆埋设时的要求。

1）电缆采用地下直埋敷设时，埋深（电缆表面上端与地面的距离）不得小于 700mm，沟底（必须有良好土层）平整，无硬质杂物，铺 100mm 厚的细土或黄沙。电缆敷设好后，上面应加盖 100mm 厚的细土或黄沙，再盖混凝土或砖等，保护盖板覆盖时的宽度应超过电缆两侧各 50mm。覆土后，地面上还应装设路径标志。

2）电缆应埋设于冻土层以下。当无法深埋时，应采取措施，防止电缆受到损坏。

3）直埋电缆间、与各种设施平行或交叉的净距应符合有关规程的规定。

（7）其他敷设方式参照相关规程的规定。其中，非铠装电缆不得直埋敷设，有腐蚀性的土壤未经处理不得对电缆进行直埋敷设，直埋电缆过道路时应加符合要求的保护管。

（8）安装 6～35kV 电缆附件接头时，应严格按照电缆附件的安装说明书作业，特别应注意外屏蔽与绝缘的剥离尺寸、清洁要求，以确保电缆与附件配合的完好性。

3.2.4　10kV 电缆敷设时的注意事项

（1）机械牵引时，牵引端应采用专用的拉线网套或牵引头，牵引强度不得大于相关规范的要求，应在牵引端设置防捻器，中间应使用电缆放线滑车。

（2）电缆在任何敷设方式及其全部路径条件的上、下、左、右改变部位，最小弯曲半径均应满足设计或规范要求。

（3）电缆敷设后，电缆头应悬空放置，立即对端头做好防潮密封，以免水分侵入电缆内部，并应及时制作电缆终端和接头。同时，应及时清除杂物，盖好盖板，还要将盖板缝隙密封。施工完后，电缆进入电缆沟、隧道、竖井、建筑物、盘（柜），以及穿入管道，相关出入口应保证封闭，管口进行密封，并做防水处理。

（4）交联聚乙烯绝缘电力电缆在敷设时，应满足最小弯曲半径：无铠装的，单芯为直径的 20 倍，三芯为直径的 15 倍；有铠装的，单芯为直径的 15 倍，三芯为直径的 12 倍。电缆在沟内敷设应有适量裕度。

（5）电缆的机械敷设应满足电缆的允许牵引强度：铜芯电缆牵引头部时为 70N/mm²，铝芯电缆牵引头部时为 40N/mm²；钢丝网套牵引铅护套电缆时为 10N/mm²，牵引铝护套电缆时为 40N/mm²，牵引塑料护套时为 7N/mm²。

（6）电缆敷设时，电缆应从盘的上端引出，不应使电缆在支架上及地面上摩擦、拖拉。电缆进入电缆管路前，可在其表面涂上与其护层不起化学作用的润滑物，减小牵引时的摩擦阻力。电缆盘就位后，安装并固定放线架，确保钢轴平衡，电缆盘距地高度以 50～100mm 为宜，并有可靠的制动措施。

（7）在转角或受力的地方应增加滑轮组（L 状的转弯滑轮），设置间距要小，控制电缆的弯曲半径和侧压力，电缆不得有铠装压扁、电缆绞拧、护层折裂等机械损伤，需要时可以适当增加输送机。

（8）电缆敷设时，转角处需安排专人观察，负荷适当，统一信号、统一指挥。在电缆盘两侧须有协助推盘及负责刹盘滚动的人员。拉引电缆的速度要均匀，机械敷设电缆的速度不宜超过 15m/min，在较复杂的路径上敷设时，其速度应适当放慢。

（9）电缆进出建筑物、电缆井及电缆终端头、电缆中间接头、拐弯处、工井内电缆进出管口处应挂标志牌。沿支架、桥架敷设电缆，在其首端、末端、分支处应挂标志牌，电缆沟敷设应沿线每 20m 挂标志牌。电缆标志牌上应注明电缆编号、规格、型号、电压等级及起止位置等信息。

（10）标志牌的规格和内容应统一，且能防腐。

3.2.5　1kV 及以下低压电缆敷设的注意事项

（1）电缆敷设时应排列整齐，不宜交叉，加以固定，并及时装设标志牌。电缆敷设时的弯曲半径符合《电力电缆线路运行规程》（DL/T 1253—2013）的要求，电缆在沟内敷设应有适量裕度。

（2）户外电缆就位时，穿入管中电缆的数量应符合设计要求。

（3）电缆各支持点间的距离应符合设计的规定，当设计无规定值时，不应超出相关规程及标准中所要求的数值。

（4）电缆敷设后应进行绝缘摇测。1kV 以下电缆，用 1kV 绝缘电阻表测量线间及对地的绝缘电阻值，电缆绝缘摇测完毕后，应将芯线分别对地放电。

（5）电缆在终端头与接头附近宜留有备用长度。

（6）并列明敷的电缆，其接头位置宜相互错开。电缆明敷时的接头应用托板托置固定。

（7）电缆敷设时，电缆应从盘的上端引出，不应使电缆在支架上及地面上摩擦、拖拉。

（8）电缆在室内埋地敷设时应穿管，管内径不应小于电缆外径的 1.5 倍。

（9）电缆水平悬挂在钢索上时，电力电缆固定点间的间距不超过 0.75m；控制电缆固定点间的间距不超过 0.6m。

（10）相同电压的电缆并列明敷时，电缆间的净距不应小于 35mm，但在线槽内敷设时除外。

（11）1kV 以下的电力电缆、控制电缆与 1kV 及以上的电力电缆一般分开敷设。当并列明敷时，两者间的净距不应小于 150mm。

（12）电缆沟内的适当位置放置直线滑轮时，在转角或受力的地方应搭支架增加滑轮组，控制电缆的弯曲半径和侧压力，并有专人监视，电缆不得有电缆绞拧、护层折裂等机械损伤，需要时可以适当增加输送机。

（13）电缆敷设完后，在电缆沟支条排列时按设计要求排列，金属支架应加塑料衬垫。如设计没有要求，应遵循电缆从下向上、从内到外的排列原则。

（14）电缆地下直埋敷设回填土前，应清理积水，进行一次隐蔽工程检验，合格后，应及时回填土，并进行分层夯实。电缆回填土后，做好电缆记录，并应在电缆拐弯、接头、交叉、进出建筑物等处的明显位置、按要求设置电缆标志牌或标志桩。

（15）敷设完毕后，应及时清除杂物，盖好盖板。必要时，还要将盖板缝隙密封。在施工完的隧道、电缆沟、竖井、管口处进行密封。

3.3 电 缆 接 续

3.3.1 一般规定

（1）电缆芯线接续前，应复核两端电缆的规格、端别是否吻合，并检查电缆的密闭性能是否良好。

（2）采用接线子接续的芯线，不得剥离芯线绝缘层。

（3）全色谱电缆芯线应按色谱顺序接续。

（4）电缆芯线接续后，不应有混、断、地、串及接触不良等现象。接续后，应保证线对全部合格。

（5）遇有障碍线对时，应用备用线对替换，并应做标记，严禁拆对拼凑。

（6）电缆剖开外护套的切口处应保留 15mm 长度的缆芯包带，以防损坏芯线绝缘层。

（7）芯线的接续应松紧适度，色谱正确，接线子排列整齐。每个单位束的色谱扎带应缠紧，保留在单位束的根部。

（8）芯线接续必须使用专用机具，对接续机具应定期测试和检查，确认其性能的稳定、可靠，保证芯线接续良好。

3.3.2 电缆头的制作

1. 一般要求

（1）电缆在制作过程中必须保持电缆芯线部分、施工用绝缘材料工器具、施工人员的清洁。

（2）施工现场光线充足，施工现场应保持清洁、干燥。

（3）户外施工应搭设防护棚，高空作业时应设工作台，当附近有带电设备时，应做好安全措施。

（4）施工现场应符合安全防火规定，现场应有灭火器材，使用丙烷喷枪、燃油灯须注意防火、防爆。

（5）热收缩附件的安装应在环境温度0℃以上，相对湿度70%以下，避免绝缘表面结露受潮。环境温度过低、湿度过大时，应采取补救措施。

2. 加热收缩技术要求

加热工具推荐使用丙烷喷枪，应注意适当远离材料，严格控制温度。热缩材料的收缩温度为120～140℃，局部长时间高温加热将损伤甚至烧毁材料，影响材料性能。安装程序中，根据起始的收缩部位和方向按顺序收缩，有利于排除气体和增强密封。为确保热缩材料和包敷材料间的紧密结合和粘接强度，套入热缩材料之前，应在被包敷部位预热，随后用清洗纸清洗。

施工过程中，削除电缆半导电层时，严禁损伤线芯绝缘；半导电层的切断口必须平整、圆滑；严禁过度弯曲电缆终端。

3. 电缆头的制作过程

将电缆调直、固定，把电缆末端外护套剥去。保留30mm的钢铠，剥除其余钢铠。保留15mm的内护套层，剥除其余内护层。摘取电缆填充物。用PVC胶带在线芯端部临时包绕，防止铜屏蔽脱落。用砂纸或锉刀打磨铠装的表面，去除漆层。具体制作过程如图3-4所示。

（1）单地线结构。

1）把三角锥塞入线芯之间，使3根线芯叉开。将地线一端分成3股，分别与铜屏蔽焊牢，用绑扎线将地线固定在钢铠上，并焊牢。

2）在钢铠、绑扎线处绕包填充胶，绕包表面要平整，绕包外径要小于电缆外护套的1.1倍。

3）在填充胶外面涂上少许硅脂或绕包一层PVC胶带，以便三支套顺利套入。

4）套入三支套，用力压到底，从中部均匀加热，使其收缩到位。

5）保留60mm的铜屏蔽层，剥除其余铜屏蔽。将线芯上的三色标记线分别对应地系在三支套的各分支上，保留20mm的半导电层，其余半导电层全部剥除。用砂纸把线芯绝缘体表面打磨光滑，彻底清除半导电质。

6）用清洗纸把线芯绝缘体表面擦拭干净，在线芯绝缘体表面均匀地涂上一层硅脂。套

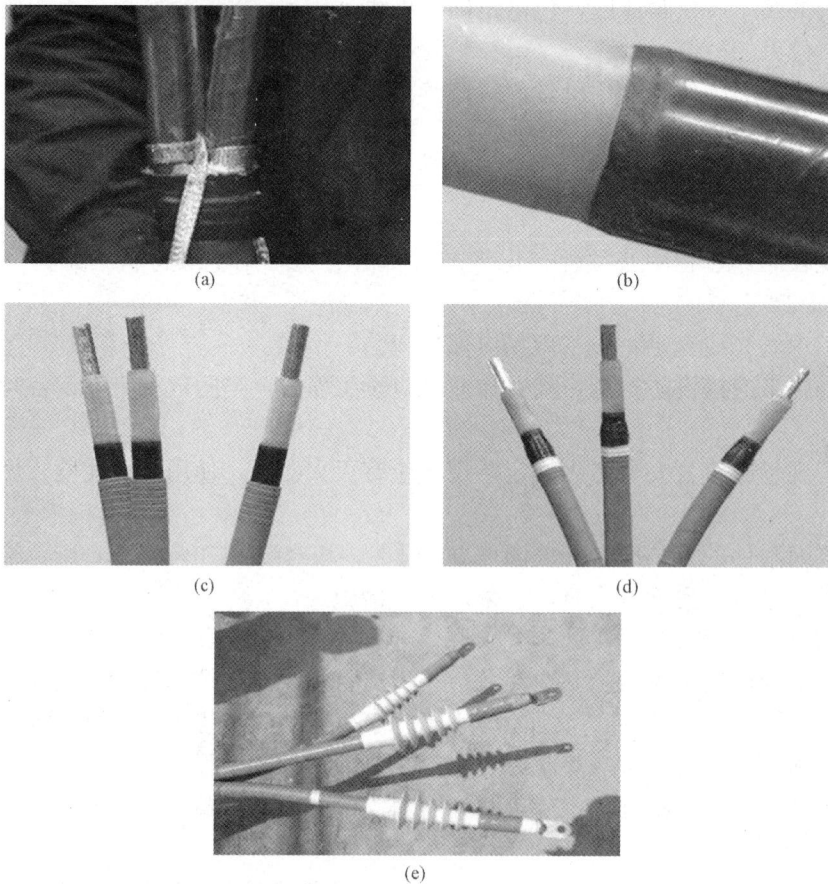

图 3-4 电缆头的制作过程

入应力管，搭接铜屏蔽 10mm，小火加热收缩。

7）将绝缘管套入至支套根部，从支套端开始加热收缩。根据终端的安装要求调整 3 根线芯的长度，根据端子孔深加 5mm 的长度剥除线芯绝缘，并将线芯绝缘削成铅笔头状。

8）将端子套入并压接，去除端子的压痕棱角，清洁其表面。用填充胶在端子和线芯绝缘处包绕，填平线芯绝缘处的凹槽和端子压痕，搭接线芯绝缘 5mm。

9）套入密封管，搭接在端子和绝缘管上，加热收缩。根据三相的颜色分别套入相色管，加热收缩。

10）将三孔雨裙尽量套入至支管上方，加热收缩。再将单孔雨裙套入，逐一加热收缩。

（2）双地线结构。

1）把三角锥塞入线芯之间，使三根线芯叉开，用铜绑扎线将钢铠地线固定在钢铠上，并焊牢。

2）用 PVC 胶带包覆铜绑扎线和钢铠表面，使其与铜屏蔽绝缘，包覆层数在 4 层以上。

3）将屏蔽地线在 3 根铜屏蔽根部外侧绕包一周，并用铜绑扎线固定焊牢，两根地线不能重叠。

4）在铜绑扎线和屏蔽地线外绕包填充胶，绕包的填充胶表面要平整，绕包外径要小于电缆外护套的 1.1 倍。

3.3.3　电缆固定

1. 工艺规范

（1）35kV 及以下电缆明敷时，应设适当固定的部位，并符合下列规定。

1）水平敷设，应设在电缆线路首、末端和转弯处，以及接头的两侧，且宜在直线段每隔不小于 100m 处。

2）垂直敷设，应设在上、下端和中间适当位置处。

3）斜坡敷设，应遵照 1）、2）项因地制宜。

4）当电缆间需保持一定间隙时，宜在每隔约 10m 处。

5）交流单相电力电缆的敷设还应满足按短路电动势确定所需预固定的间距。

（2）35kV 以上高压电缆明敷时，加设固定的部位除应遵照 35kV 及以下电缆明敷时的规定，还应符合下列规定。

1）在终端、接头或转弯处紧邻部位的电缆上，应有不少于 1 处的刚性固定。

2）在垂直或斜坡的高位侧，宜有不少于 2 处的刚性固定；使用钢丝铠装电缆时，还宜使铠装丝能夹持住电缆，并承受电缆自身重力引起的拉力。

3）电缆蛇形敷设的每一节距部位宜进行挠性固定；蛇形转换成直线敷设的过渡部位宜进行刚性固定。

2. 施工要点

（1）固定电缆用的夹具、扎带、捆绳或支托件等部件，应具有表面平滑、便于安装、足够的机械强度和适合使用环境的耐久性的特点。电缆固定图如图 3-5 所示。

（2）固定点应设在应力锥下和三芯电缆的电缆终端下部等部位。

（3）对于电缆终端的搭接和固定，必要时加装过渡排，搭接面应符合规范要求。各相终端固定处应加装符合规范要求的衬垫。

（4）电缆固定后应悬挂电缆标志牌，标志牌的尺寸、规格应统一。

（5）固定在电缆隧道、电缆沟的转弯处，电缆桥架的两端采用挠性固定方式时，应选用移动式电缆夹具。所有夹具的松紧程度应基本一致，两边螺栓应交替紧固，不能过紧或过松。

图 3-5　电缆固定图

（6）电缆及其附件、安装用的钢制紧固件，除地脚螺栓外，应用热镀锌制品。

（7）电流互感器安装在电缆护套接地引线端上方时，接地线直接接地；电流互感器安装在电缆护套接地引线端下方时，接地线必须回穿电流互感器一次，回穿的接地线必须采取绝缘措施。

1）终端头搭接后不得使搭接处的设备端子和电缆受力。

2）铠装层和屏蔽均应采取两端接地的方式；当电缆穿过零序电流互感器时，零序电流互感器安装在电缆护套接地引线端上方时，接地线直接接地；零序电流互感器安装在电缆护套接地引线端下方时，接地线必须回穿零序电流互感器一次，回穿的接地线必须采取绝缘措施。

3）直埋电缆进出建筑物、电缆井及电缆终端、电缆中间接头处应挂标志牌。

4）沿支架、桥架敷设的电缆，应在其首端、末端、分支处挂标志牌。

5）单芯电缆或多芯电缆分相后的各相电缆的刚性固定，宜采用铝合金等不构成磁性闭合回路的夹具。

6）垂直敷设或超过 45°倾斜敷设的电缆，应在每个支架、桥架上每隔 150～200mm 处加以固定。

3.4　电力电缆的电气试验

3.4.1　电力电缆线路试验的项目

电力电缆的试验主要指电缆在生产和安装敷设后所进行的各种试验，其项目大致可分为以下 5 类。

（1）例行试验：检验每个产品是否存在偶然因素造成的缺陷。

（2）抽样试验：验证生产过程中产品的关键性能是否符合设计要求。

（3）型式试验：确定电缆产品的设计是否满足预期的使用要求。

（4）安装竣工后的交接试验。

（5）投入运行后的预防性试验。

针对电缆而言，现行的电缆线路电气试验项目类型如下：

（1）直流耐压和泄漏电流试验（主要用于油纸绝缘电缆线路）。

（2）测量绝缘电阻值（用于 1kV 以下的低压电缆线路、200m 以内的短电缆线路、停电时间超过一星期但不满一个月的电缆线路、挤包电缆线路的外护层的绝缘检测）。

（3）核相试验（用于新安装和检修后的电缆线路）。

（4）电缆油试验（用于充油电缆线路）。

（5）电缆护层绝缘试验（用于有护层绝缘要求的电缆线路）。

（6）电缆线路参数测量（用于需要进行电力系统参数计算的电缆线路）。

（7）接地电阻值测量（用于高压电缆护层接地及其他土建设施接地系统）。

（8）0.1Hz 超低频试验（用于 35kV 及以下电压的挤包绝缘电缆线路）。

（9）交流变频谐振试验（用于 110kV 及以上的挤包绝缘电缆线路）。

电力电缆线路的交接试验和预防性试验，因其要求不一，试验项目也略有不同。

3.4.2　电力电缆安装后的电气试验

1. 核相试验

核相试验是验证电缆内的每根线芯在电缆线路两侧的相位是否一致。

2. 绝缘电阻试验

（1）1kV 及以下电压等级的电缆主绝缘一般用 1000V 的绝缘电阻表进行测量；1kV 以上电压等级的电缆主绝缘一般用 2500V 的绝缘电阻表、6kV 及以上电压等级的电缆也可以用 5000V 的绝缘电阻表进行测量。

（2）测量前必须切断电缆线路的电源，并将电缆放电接地。

（3）将电缆两端终端擦干净，并将与电缆连接的其他设备拆开。

（4）测量前，应对绝缘电阻表本身进行一次检查，调节好指针对∞和 0 的位置。

（5）电缆主绝缘的对地绝缘电阻试验。其注意事项如下：

1）接地端：接电缆外皮，与大地一起相连。

2）接线端：接被测电缆导体所用的引线，应具有良好的绝缘，并不与其他设备接触。

3）屏蔽端：与电缆的铜屏蔽相连接，打开绝缘电阻表的电源，分别读取 15s、60s 及指针稳定时的数据，测量完毕或需重复测量时，需将电缆放电、接地。其他两相的测试程序一样。

（6）电缆主绝缘相间绝缘电阻试验。将绝缘电阻表的接地端子和线路端子分别与电缆中选定的两相的导体相连接，然后采用对地绝缘电阻试验可测得任意两相的相间绝缘电阻值。

（7）电缆外护层绝缘电阻试验。将绝缘电阻表的线路端子与电缆的金属套相连接，接地端子与电缆的外皮和大地相连接，然后采用对地绝缘电阻试验可测得电缆外护层的绝缘电阻。

（8）同一条电缆三相之间的绝缘电阻值应基本平衡。测试完毕后，应先将电缆放电、接地，再关闭绝缘电阻表，以防止电缆上储存的电荷通过绝缘电阻表释放而损坏绝缘电阻表。

（9）绝缘电阻试验参考值。测量电力电缆绝缘电阻值无特定的标准。电力电缆绝缘电阻值的三相不平衡系数一般不大于 2.5，与上次测试值换算到同一温度时，绝缘电阻值不应下降 30%，吸收比的试验应合格。吸收比：60s 时的电阻值与 15s 时的电阻值的比值不应低于 1.3，即 $R_{60s}/R_{15s} \geq 1.3$。

将绝缘电阻测定值换算到长度为 1km 且温度为 20℃时的换算公式为

$$R = \alpha R_t/L$$

式中：R 为 20℃时 1km 新电缆的绝缘电阻值（MΩ/km）；α 为绝缘电阻温度系数；R_t 为电缆的绝缘电阻测定值（MΩ）；L 为被测电缆的长度（km）。

20℃时 1km 新电缆的绝缘电阻值见表 3-4。绝缘电阻温度系数见表 3-5。

表 3-4　　　　　　　　　　　　　　新电缆绝缘电阻值（20℃）

类别数值	聚氯乙烯绝缘		聚乙烯绝缘			交联聚乙烯绝缘		
	1kV	6kV	6kV	10kV	35kV	6kV	10kV	35kV
电阻（MΩ/km）	40	60	1000	1200	3000	1000	1200	3000

表 3-5　　　　　　　　　　　　　　　　绝缘电阻温度系数

温度（℃）	0	5	10	15	20	25	30	35	40
α	0.48	0.57	0.70	0.85	1.0	1.13	1.41	1.66	1.92

注意事项：

（1）运行中的电缆要充分放电，拆除一切对外连线，并用清洁、干燥的布擦净电缆头，逐相测量，非被试相应短路接地。

（2）由于电缆电容量很大，操作时，绝缘电阻表的摇动速度要均匀。测量完毕后，应先断开绝缘电阻表与电缆的连接，再停止摇动。

（3）每次测量完毕后都要充分放电，操作应采用绝缘工具（如绝缘手柄、绝缘手套等），以防止电击。

（4）必要时进行屏蔽。

（5）电缆较长、充电电流较大时，绝缘电阻表开始时数值很小，若采用手动绝缘电阻表则应继续摇动，直至 60s 时读数。

（6）注意温度的换算。

3. 耐压试验

（1）泄漏电流试验。

1）10kV 及以上电缆的泄漏电流测试用微安表，应接在半波整流电路的高压侧；10kV 以下电缆的泄漏电流测试用微安表，应接在半波整流电路的低压侧。

2）测量试具和试验用导线的泄漏电流，并做记录。

3）分别读取 0.25 倍、0.50 倍、0.75 倍试验电压下各停留 1min 的泄漏电流值，在试验电压下应读取 1min 时及 5min 时的泄漏电流值。

4）每相试验完毕后，先将调压器退回零位，再切断调压器电源，然后切断总电源，并将电缆经电阻放电。

5）将测得的泄漏电流值减去试具和导线的泄漏电流值，即为电缆的泄漏电流值。

6）试验结果的判断。

a. 泄漏电流三相不平衡系数（指电缆三相中泄漏电流最大一相的泄漏值与最小一相泄漏值的比值）的判断：新安装电缆，不小于 1.5；运行中的电缆，不小于 2。

b. 当确实能证明是电缆内部绝缘的泄漏电流太大时，可将耐压试验延长至 10min，若泄漏电流无上升现象，则应根据泄漏值过大的情况，决定 3 个月或半年后再做一次监视性试验。

c. 10kV 及以上电缆泄漏电流最大一相的泄漏电流小于 $20\mu A$，6kV 及以下电缆泄漏电流最大一相的泄漏电流小于 $10\mu A$ 时，则可按试验合格处理，不必再进行监视性试验。

d. 泄漏电流耐压后比耐压前高。

a）电缆绝缘施加直流电压后产生 3 种电流，即泄漏电流、吸收电流、充电电流。一般情况下，后两种电流随加压时间的延长而减小。一条良好的电缆线路，耐压前与耐压后的泄漏电流之比为 1.3~1.5，甚至大于 2（与电缆长度有关）。

b）提高试验电压或延长耐压时间。

方法一：任其泄漏电流继续上升，甚至击穿。

方法二：泄漏电流不再继续上升，稳定在某一数值，未发生击穿现象时，可先投入运行，根据其泄漏电流的上升情况在 2~6 个月内，再进行一次监视性试验。

c）电缆的泄漏电流应当稳定。若有周期性的变动，应检查：高压连接导线对地泄漏电流的影响、空气湿度对表面泄漏电流的影响、温度的影响、残余电荷的影响。

e. 试验结果如有异常，根据综合判断，允许在监视条件下继续运行的电缆线路，其试验周期应缩短，如在不少于 6 个月时间内，经连续 3 次以上试验，试验结果不变坏，则以后可以按正常周期试验。

f. 敷设的电缆线路投入运行 3 个月后，一般应进行一次直流耐压试验，以后再按正常周期试验。

g. 耐压试验后，在导体放电时，必须使用 80kΩ 的限流电阻，并经反复放电几次无火花后，才允许直接接地放电。

（2）直流耐压试验。

1）试验概况。

a. 试验设备容量较小，轻便。交流耐压试验所用设备的容量要比直流耐压设备大几十至几百倍，这是因为交流电给电缆充电的电容电流就有几百至几千安。

b. 直流耐压试验通常在绝缘电阻试验之后才能进行。

c. 直流耐压试验时，可同时测量泄漏电流，可根据泄漏电流的大小与泄漏电流的变化情况来判断电缆的好坏。

d. 在进行直流耐压试验时，绝缘层中的电压分布是与电阻值成正比的，当绝缘中有会发展的、局部的缺陷存在时，其绝缘电阻值将降低，大部分试验电压将作用在其余未损坏的部分上。此时，若未损坏部分因电场强度过高而发生击穿时，则原有绝缘电阻值较低的部分将发生击穿，导致贯穿性击穿。

e. 直流耐压试验对绝缘的考验不如交流耐压试验接近实际和准确。

2）试验要求。

a. 对新安装的电缆做主绝缘直流耐压试验、泄漏电流试验或测量绝缘电阻值时，应在每一相分别进行。对某一相进行测量时，其他两相的导体与金属屏蔽（或金属护套），以及铠装层一起接地。

b. 对金属屏蔽（或金属护套）一端接地，对另一端装有护层过电压保护器的单芯电缆主绝缘进行直流耐压试验，必须将护层过电压保护器短接，使这一端的电缆金属屏蔽（或金属护套）接地。

c. 对于额定电压为 0.6kV/1kV 的电缆线路，可用 1000V 或 2500V 的绝缘电阻表测量导体对地绝缘电阻值，以代替直流耐压试验。

d. 做直流耐压试验时，可以在试验电压升至规定的 1mi 及加压时间达到规定时，测量泄漏电流。泄漏电流和不平衡系数只作为判断绝缘状况的参考，不作为是否能投入运行的判断依据。但如发现泄漏电流与上次试验值相比有很大变化，或泄漏电流不稳定，随试验电压的升高或加压时间的增加而急剧上升，应查明原因。如果是因为终端表面泄漏电流或杂散电流等因素的影响，则应将影响因素加以消除。如果怀疑线路绝缘不良，可提高试验电压（以不超过产品标准规定的出厂试验直流电压为宜）或延长试验时间，以确定能否继续运行。

e. 试验结果如有异常，根据综合判断，允许在监视条件下继续运行的电缆线路，其试验周期应缩短，如在不少于 6 个月的时间内，经连续 3 次以上试验，试验结果不变坏，则以后可以按正常周期试验。

f. 敷设的电缆线路投入运行 3 个月后，一般应进行一次直流耐压试验，以后再按正常周期试验。

g. 耐压试验后，在导体放电时，必须使用 80kΩ 的限流电阻，并经反复放电几次无火花后，才允许直接接地放电。

h. 凡停电超过一星期但不满一个月的线路，应用绝缘电阻表测量该电缆的对地绝缘电阻值，当有疑问时，必须用低于常规直流耐压试验电压值的直流电压进行试验，加压时间 1min；对停电超过一个月但不满一年的电缆线路，必须进行 50% 的规定试验电压值的直流耐压试验，加压时间 1min；对停电超过一年的电缆线路必须进行常规的直流耐压试验。固体挤压聚合电力电缆直流耐压的试验电压见表 3-6。

表 3-6   固体挤压聚合电力电缆直流耐压的试验电压

电缆额定电压（U_0/U，kV）	直流试验电压（kV）	电缆额定电压（U_0/U，kV）	直流试验电压（kV）
1.8/3	11	21/35	63
3.6/6	18	26/35	78
6/6	25	48/66	144
6/10	25	64/110	192
8.7/10	37	127/220	305

3.4.3 电力电缆的绝缘电阻值测量

1. 绝缘电阻表简介

绝缘电阻表按照工作电源分类可分为自动式和手动式；按工作电压分类可分为 500V、1000V、2500V、5000V 和 10000V 等几种。绝缘电阻表标度尺的单位是兆欧（MΩ）。自动式是由电池及晶体管直流电压变换器作为电源，而手摇式是用手摇发电机作为电源。虽然自动式绝缘电阻表的使用方法较为简单，但是手摇式绝缘电阻表的使用方法涵盖了自动式绝缘电阻表的内容，所以绝缘电阻表的使用最为广泛。

2. 绝缘电阻表的外部结构

绝缘电阻表有 3 个绝缘端子：标有"线路"或"L"的端子（也称相线），接于被测设备的导体上；标有"地"或"E"的端子，接于被测设备的外壳或接地；标有"G"的端子，接于测量时需要屏蔽的电极上。

3. 绝缘电阻表的选用原则

绝缘电阻表的选用是根据被试设备的电压等级而确定的。电压在 1kV 以下者，选用 500V 或 1000V 的绝缘电阻表；电压在 1kV 及以上者，选用 2500V 的绝缘电阻表。绝缘电阻表的量程范围不要超出被测物的电阻值过多，以免产生较大的误差。

4. 仪表检查

水平放置稳固，开路时摇转发电机，使其达到一定转速（120r/min），指针指向"∞"；短路时慢摇发电机，指针指向"0"，此时说明该绝缘电阻表正常。如指针不能达到"∞"，说明测试引线绝缘不良或绝缘电阻表本身受潮，应用干燥、清洁的软布清除"L"端、"E"端之间的异物，必要时将仪表放置在绝缘垫上。若还不能达到"∞"，则应更换测试线。然后将"L""E"两端短路，慢摇发电机，指针应指向"0"位置上；如指针不指向"0"，说明测试线未接好或绝缘电阻表有问题。

绝缘电阻表的测试引线应选用绝缘良好的多股软铜线，"L"或"E"端子引线应分开，避免缠绕在一起，以提高测试结果的准确性。

5. 使用接线

在摇测绝缘电阻值时，应使绝缘电阻表保持额定转速，一般为 120～150r/min，保持匀速，避免忽快忽慢。测试前，先将"E"端子引线与被测设备的外壳及地相连接。摇动手柄至一定转速后，再将"E"端子引线与被测设备的测试极相碰，待指针稳定后（一般 1min），读取并记录电阻值。测试结束后，应先将"L"端子引线与被测设备的测试极断开，再停止摇柄转动。这样，主要是防止被测设备的电容对绝缘电阻表反充电而损坏表针。

6. 操作方法

（1）测试前准备工作。分别检查并确认电缆两端外护套、绝缘层无破损、无折痕，钢铠与导体明显分开。将被测电缆擦拭干净，必要时将电缆导体用电缆金属护套接地、充分放电。

检查绝缘电阻表的完好性，即开路时指针应指向"∞"，短路时指针应指向"0"。

（2）测试接线。

1）测量导线的对地绝缘电阻值，"E"端子引线与电缆外护套相连并可靠接地，"L"端子引线与电缆导体相连。

2）测量多芯电缆的相间绝缘电阻值，"E"端子引线与电缆其中一相的导体相连并可靠接地，"L"端子引线与电缆被测试相的导体相连。

3）绝缘电阻值测试。测试前，熟悉各种测量方法的接线。先将"E"端或"G"端引线接线完毕，绝缘电阻表平稳放置，再摇动发电机手柄，在摇速保持 120r/min 时，将"L"接线端子引线碰接被测试相导体。电气设备的绝缘电阻值随着测试时间的长短而有所不同，通常以 1min 后的指针指示为准，这时的读数是被测物该次的测试数据，读取、记录数据。保持转速，先将"L"端子引线断离被测试相导体，再停止发电机转动。

在测试中，如发现指针指向"0"，应立即停止发电机的转动，以防表内过热而烧坏。

4）记录绝缘电阻值的读数时，应同时记录当时的环境温度和湿度，以便比较不同时期的测量结果，分析测量误差产生的原因。

在测量绝缘电阻值时，应分别记录 15s、60s 时的读数，以便计算被测试物的吸收比，即 R_{60s}/R_{15s}。

5）拆除测试线。测试完毕，"L"端子引线离开被测试物后，对被测试物应充分放电、接地，然后拆除其他测试线。在测试电缆线路越长、容量越大的设备绝缘电阻值时，接地时间也越长，一般不少于测试时间（1min）。

6）其他注意事项。

a. 绝缘电阻表的发电机电压等级与被测试物的耐压水平相适应，以避免被测试物的绝缘击穿。

b. 禁止摇测带电设备，当摇双回路架空线路或母线时，若一回路带电，不得测量另一回路的绝缘电阻值，以防高压感应电危害人身或设备安全。

c. 严禁在有人工作的线路上进行测量工作，以免危害人身安全。雷雨天禁止用绝缘电阻表在停电的高压线路上测量绝缘电阻值。

d. 在绝缘电阻表没有停止转动或被测试物没有放电之前，切勿用手去触及被测试物或绝缘电阻表的接线柱。

e. 摇测用的导线应使用绝缘导线，两根引线不能绞在一起，其端部应有绝缘套。

f. 在带电设备附近测量绝缘电阻值时，测量人员和绝缘电阻表的位置必须选择适当，保持与带电体的安全距离，以免绝缘电阻表引线或引线支持物触碰带电部分。移动引线时，必须注意监护，防止工作人员触电。

g. 摇测电容器、电力电缆、大容量变压器、电动机等设备时，绝缘电阻表必须在额定转速状态下，方可使测试笔"L"端引线接触或离开被测设备，以免因电容器放电而损坏仪表。

h. 测量电气设备绝缘时，必须先断电，经放电后才能测量。

3.5　电缆的运行维护及故障处理

3.5.1　电缆的运行维护

电缆运行中发现的缺陷应按照缺陷类别安排消除。巡视中发现的必须停电处理的紧急情况缺陷应立即安排消除，对不需要紧急处理的缺陷，可结合线路计划安排停电检修。

1. 电力电缆的运行监视

电力电缆运行时，通过电流表、电压表监视其运行电流、运行电压不超过规定值。通过测温计测量电缆的外皮运行温度，外皮运行温度应不超过规定值。

直接敷设在地下的电缆在正常运行时，不应超过设计负荷，负荷增加时，应重新核算。6～10kV 电缆只允许过负荷 15%，连续运行的时间不超过 2h。

2. 电力电缆的巡视检查

（1）电缆线路的巡视检查周期。

1）变电站内的电缆终端头与高压配电装置的巡视检查一起进行，每周至少 1 次。

2）室外电缆头应每月巡视检查 1 次。

（2）直埋电缆线路的巡视检查。

1）路径附近地面应无挖掘现象。

2）线路标志桩完整。

3）沿线路地面上应无堆放的较重杂物和临时建筑。

4）线路附近应无酸、碱等腐蚀性物质。

5）电缆保护管应完好，无锈蚀。

（3）敷设在电缆沟内的电缆巡视检查。

1）电缆沟盖板应完整无缺且盖好。

2）沟内电缆支架应牢固，无松动，无锈蚀。

3）沟内无积水、杂物。

4）电缆标志牌无脱落。

5）电缆附近无易燃物，无腐蚀物。

（4）电缆头的巡视检查。

1）电缆头的绝缘套管应完整、清洁，无闪络放电现象。

2）引线与端子的接触应良好，无发热现象。

3）无渗、漏油现象。

4）接地线应完好。

5）温度应正常。

6）户外电缆头在冬季无挂冰。

（5）电缆外皮的巡视检查。

1）电缆外皮应完好，无机械损伤，无腐蚀；外皮接地良好。

2）外皮无过热（夏季或最大负荷时，在电缆排列最密集的地方测量外皮温度）。

3）外皮无渗、漏油。

3．电缆终端头的维护

（1）户内电缆终端头的维护。装置在户内的电缆终端头，结构比较简单，运行条件也比较好，一般的维护工作包括以下几点。

1）清扫终端头，检查有无电晕放电痕迹。

2）检查终端头引出线的接触是否良好。

3）核对线路名称及相位颜色。

4）检查支架及电缆铠装外观，涂刷油漆以防腐蚀。

5）检查接地情况是否符合要求。

（2）户外电缆终端头的维护。

1）清扫终端头及瓷套管，检查盒体及瓷套管有无裂纹，瓷套管表面有无放电痕迹。

2）检查终端头引出线是否接触良好，特别是铜、铝接头有无腐蚀现象。

3）核对线路名称及相位颜色。

4）检查电缆保护管及杆上抱箍是否完整、齐全。

5）检查接地情况是否符合要求。

4．隧道、电缆沟、人孔井、排管的维护

（1）检查门锁是否开闭正常，门缝是否严密，各进出口、通风口防小动物进入的设施是否齐全，出入通道是否畅通。

（2）检查隧道、人孔井内有无渗水、积水，有积水要排除，并将渗漏处修复。

（3）检查隧道、人孔井电缆在支架上有无割伤或蛇形擦伤，支架有无脱落现象。

（4）检查隧道、人孔井内的电缆及接头情况，应特别注意电缆和接头有无漏油，接地是否良好，必要时应测量接地电阻和电缆的电位，防止电腐蚀。

（5）清扫电缆沟和隧道，抽出井内积水，清除淤泥。

（6）检查人孔井井盖和井内通风情况，以及井体有无沉降和裂缝。

（7）检查隧道内的防水设备、通风设备是否完善、正常，并记录室温。

（8）疏通备用电缆排管，核对线路名称。

（9）检查防火门和各类防火封堵是否严密，防火包带和防火漆是否完整。

5．电缆分支箱的维护

（1）检查电缆分支箱底脚螺栓的固定情况，对锈蚀的外壳安排喷漆除锈工作，检查雨水有无进入箱内。

（2）检查分支箱的通气孔是否堵塞，通风百叶窗是否完好，清扫箱内灰尘。

（3）检查箱内电气设施整齐与否，电缆终端引线接头与箱内开关的连接是否脱落。

（4）检查由缆沟引入分支箱的电缆转弯处的电缆有无磨损。

（5）检查电缆分支箱锁具和各类标志是否齐全醒目，检查有无临时动力线从分支箱引出。

（6）检查和清理分支箱周围的易燃、易爆物，检查防火设施，及时更换过期灭火器材。

6．电缆线路附属设备的维护

（1）金具如锈蚀较严重，应更换。

（2）装有自动温控机械通风设施的场所，应定期检查排风机的运转情况、电动机绝缘电阻、控制系统继电器的动作情况，自动合闸装置的机械动作情况及表计情况等。

（3）装有自动排水系统的人孔井、隧道等，应定期检查水泵运转是否正常，排风进出口是否畅通，电动机控制系统动作准确性、绝缘电阻值，以及表计情况等。

（4）应按周期对电缆护层保护器、跳线和其他接地装置进行检查，确认是否完好，接地电阻是否合格。电缆护层保护箱和交叉互连箱应结合停电进行清扫，检查并确保无积水、灰尘，密封良好。

7. 电缆线路的维护

电缆线路的事故，多数因外力损坏机械而造成。为了防止电缆线路的外力损坏，必须落实防外力破坏的各项措施，具体措施如下：

（1）经运行部门同意，在电缆线路保护范围内进行施工的工程，由运行部门通知运行班组到现场监护。监护人员应向施工单位介绍电缆线路的走向、埋深等，并按电缆线路的防护要求，指导施工人员做好电缆线路的临时保护措施。

（2）对于未经运行部门同意，在电缆线路保护范围内进行施工的工程，巡视人员应立即制止施工部门的施工，并上报运行部门。

（3）对于经运行部门同意，必须挖掘而暴露的运行中的电缆，应加护罩，并派人在现场监护，监护人员在施工过程中不得离开现场。施工完毕，监护人员应认真检查电缆外观是否完好（如发现有电缆损伤，应立即处理），放置位置是否正确，并做好挖掘监护记录，待回填完毕后方可离开现场。

（4）监护人员应会同资料员根据现场情况及时更改电缆线路图纸，并做好施工记录。

8. 电缆线路的预防性试验

为了预防电缆在供电运行中发生故障，造成停电事故，必须对电缆进行定期的预防性试验。因为电缆线路绝大部分是隐蔽的，所以有些在制造、安装过程中存在的缺陷，运行维护中存在的问题，电缆线路绝缘性能下降等，都无法直接观察，只有通过试验手段才能判断和发现。

通过试验发现电缆缺陷，可以避免停电事故，减少经济损失，因此预防性试验是一项保证安全供电和降低供电成本的有力措施。

9. 其他维护工作

（1）电缆线路及附属设备的接地以工作接地为主，为保证正常或异常条件下可靠工作，每年春季检查都要进行接地电阻的测修，测量结果应记入表格，对于不合格的接地装置必须及时处理。

（2）发电厂、变电站范围外的电缆接地装置投入运行10年后应进行开挖检查，检查接地网的腐蚀情况，以后的开挖周期根据前次检查结果自行规定。与发电厂、变电站连接的电缆终端接地装置可不再继续进行测量，但应取得发电厂、变电站的测量记录。

（3）金属护套上的感应电压在外护层绝缘不良的情况下会引起电腐蚀，应经常检查外护层的完整性。

（4）为防止户外终端发生污闪事故，应配合停电对终端进行清扫。对污秽严重、可能造成污闪事故的户外终端，应及时停电清扫。合成绝缘的电缆终端和避雷器应结合停电检查其柔韧性、脆性等力学性能是否退化和有否电腐蚀。在恶劣气象条件下，适当增加巡视次数，若发现异常放电情况，应立即向有关部门汇报，以便及时采取相应措施，防止发生污闪事故。

3.5.2　电缆线路的常见故障及处理方法

1. 电缆发生运行故障时故障性质的判别

（1）在电缆任一端用绝缘电阻表测量 U 相对地、V 相对地及 W 相对地的绝缘电阻值，测量时另外两相不接地，以判断是否为接地故障。

（2）测量各相间（U 相与 V 相、V 相与 W 相及 W 相与 U 相间）的绝缘电阻值，以判断有无相间短路故障。

（3）如果绝缘电阻值很低，则用万用表测量各相对地的绝缘电阻值和各相间的绝缘电阻值。

2. 电缆本体导体烧断或拉断

（1）直接受外力损伤，如牵引、如运输、施工、起重、压力等，使电缆导体断裂，造成电缆线路故障。

（2）其他设备故障造成的损伤，如其他电力设备短路引发极大的短路电流，烧断电缆导体，引起线路故障。

（3）生产过程中或施工中的牵引不当，使电缆受力不均匀，造成电缆导体断裂。

（4）带有钢芯的导线在绞合过程中，钢芯跳股，使铝线受到过大的牵引力而导致断线。

（5）导体原材料本身存在缺陷。

3. 电缆本体绝缘被击穿

（1）电缆本体绝缘存在缺陷（杂质、最薄处达不到要求等）。

（2）设计、制造、施工中造成的缺陷。

设计上，材料选型不能满足电压和电流的要求；生产环境（设施）、员工素质达不到要求，导致操作失误；施工过程中的运输、吊装、牵引、安装中的磕碰导致绝缘损坏。

（3）绝缘受潮导致绝缘老化而被击穿。

1）外力损伤或自然现象造成电缆损伤后，绝缘受潮。

2）长时间的摩擦损伤（斥力、热胀冷缩）使绝缘受潮。

3）生产过程中受潮、冷却、封头、针孔、裂缝、腐蚀、水浸等。

4）绝缘老化变质。

（4）因为运行故障有导致断线的可能（特别是控制电缆），所以应进行导体连续性是否完好的检查。

（5）分相屏蔽型电缆一般发生单相接地故障，应分别测量每相对地的绝缘电阻值。当发生两相短路故障时，一般可按两个接地故障考虑，在实际运行中，也常在不同的两点同时发生接地的"相间"短路故障。

4. 电缆线路常见故障的处理方法

（1）电缆受潮部分、绝缘受到损伤或过热炭化部分应锯除，做好接头。

（2）电缆护套存在轻微缺陷或受到一般损伤时，可以采取措施进行修补。修补后，应保持良好的密封性能。

（3）电缆护套裂缝使填充材料局部受潮，采取干燥措施后，才能对电缆护套进行修补。

第 4 章　10kV 配电变压器台区施工

4.1　配电变压器台区设备

4.1.1　配电变压器

变压器是根据电磁感应定律变换交流电压和电流而传输交流电能的一种静止电器。配电变压器通常指运行在配电网中电压等级为 10（20）～35kV、容量为 6300kVA 及以下的直接向终端用户供电的电力变压器。

1. 配电变压器的分类

配电变压器根据绝缘介质的不同，分为油浸式变压器和干式变压器，其实物图分别如图 4-1、图 4-2 所示；根据调压方式的不同，分为无励磁调压变压器和有载调压变压器。其中无励磁调压变压器指的是变压器在不带电的时候才能进行调压的变压器，而变压器在负载运行中能完成分接电压切换的称为有载调压变压器。

图 4-1　油浸式变压器实物图　　　　　图 4-2　干式变压器实物图

（1）油浸式变压器按外壳结构进行的分类。

1）非封闭型油浸式变压器：主要有 S11、S13 等系列产品，在工矿企业、农业生产和民用建筑中广泛使用。

2）封闭型油浸式变压器：主要有 S11、S11-M、S13-M 等系列产品，多用于石油、化工行业中多油污、多化学物质的场所。

3）密封型油浸式变压器：主要有 BS9、S9-、S10-、S11-MR、SH、SH12-M 等系列产品，可作为工矿企业、农业生产、民用建筑等领域的配电设备。

（2）干式变压器按绝缘介质进行的分类。

1）包封线圈式干式变压器：主要有 SCB8、SC（B）9、SC（B）10、SCR-10 等系列产品，适用于高层建筑、商业中心、机场、车站、地铁、医院、工厂等场所。

2）非包封线圈干式变压器：主要有 SG10 等系列产品，适用于高层建筑、商业中心、机场、车站、地铁、石油化工等场所。

2. 一般要求与结构要求

(1) 一般要求。

1) 变压器的联结组标号。三相配电变压器的联结组标号常用 Dyn11、Yyn0、Yzn11，宜选用 Dyn11。

2) 绝缘水平。变压器的每一绕组及中性点端子的绝缘水平和试验电压见表 4-1。

表 4-1　　　　　　变压器的每一绕组及中性点端子的绝缘水平和试验电压　　　　　(kV)

绕组电压等级	额定短时工频耐受电压（有效值）	额定雷电冲击耐受电压（峰值）	
		全波	截波
10	35	75	85
0.4	5	—	—

3) 接线端子。变压器一次和二次引线的接线端子应用铜材料制成，其接触表面应洁净，不得有裂纹、明显伤痕、毛刺，腐蚀斑痕缺陷及其他影响电接触和机械强度的缺陷，且应有防松措施。其余应符合《高压电器端子尺寸标准号》(GB/T 5273—2016) 的规定。

4) 铭牌。固定于变压器外壳上的铭牌应采用不锈钢材料制作，耐腐蚀，并应固定在明显可见位置，铭牌上所标志的项目内容应清晰且安装牢固。在铭牌上必须标志的项目应符合《电力变压器　第 1 部分：总则》(GB 1094.1—2013) 的规定。

(2) 结构要求。配电变压器典型结构图如图 4-3 所示。

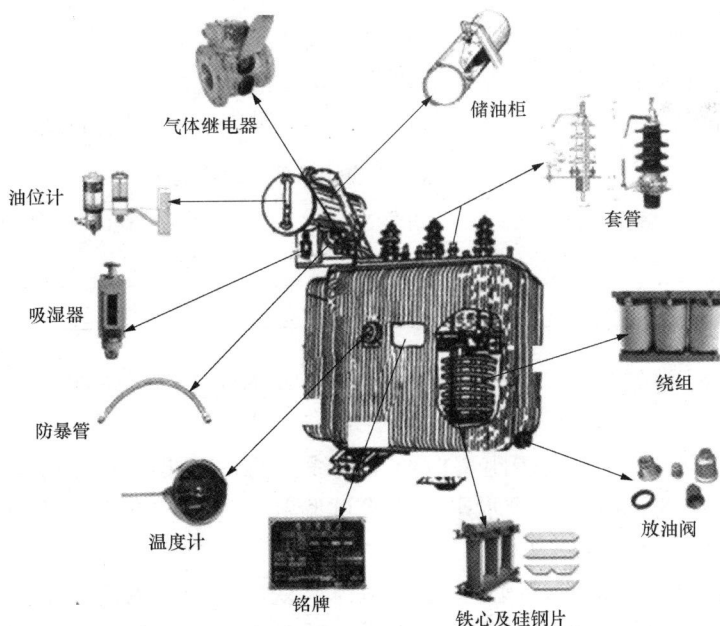

图 4-3　配电变压器内部典型结构图

1) 铁心。对于配电变压器，应选用优质的冷轧晶粒取向硅钢片，整个铁心组件均衡、严紧，不应由于运输和运行中的振动而松动。

2) 绕组。

a. 高压绕组应采用优质（无氧）铜导线，高压线圈采用漆包铜导线绕制而成，层间绝缘采用菱格上胶绝缘纸。线圈与高压套管、分接开关采用冷压接头和铜软绞线软连接，确保连接的可靠性。

b. 对于容量在800kVA及以上的变压器，低压绕组应由整张铜箔绕制而成，其层间绝缘采用双层菱格上胶绝缘纸，铜箔与引线铜排采用冷压技术连接，确保连接的可靠性。同时，低压零相采用铜排连接。

c. 绕组应能承受短路、过负荷和过电压而不发生局部过热，绕组和引线应绑扎得足够牢固，防止由于运输、振动和运行中短路，产生相对位移。应消除绕组中的电场集中现象。

3）油箱。

a. 变压器油箱及储油柜（若有）应进行强度（正压）试验，历经5min应无损伤、无渗漏，以及不得出现不允许的永久变形。

b. 变压器须进行密封试验，历经12h应无渗漏和损伤。

c. 变压器不带滚轮，但油管及其他设施应高于本体底板。

d. 变压器应在油箱下部壁上装有密封取油样阀。

e. 户内变压器油箱底部应装设排油装置。

f. 变压器铁心和金属结构零件应通过油箱可靠接地。接地处应有明显的接地符号或"接地"字样。

g. 波纹油箱还应符合变压器用波纹油箱（JB/T 10319—2014）的规定。

4）套管。

a. 套管的类型：纯瓷套管。

b. 套管的额定电压：应与变压器的额定电压相适应。

c. 套管的额定电流：应与变压器的最大负荷能力相一致。

d. 套管的试验电压：套管在干、湿条件下应能承受表4-2规定的试验电压。

表4-2　　　　　　　套管在干、湿条件下应能承受的试验电压　　　　　　　（kV）

额定电压	额定短时工频耐受电压（有效值）		额定雷电冲击耐受电压（峰值）	
	内绝缘	外绝缘	全波	截波
10	37	30	75	85

e. 套管接线端子连接处，在空气中对空气的温升不大于55K，在油中对油的温升不大于15K。

f. 套管的安装位置和相互位置距离应便于接线，而且其带电部分之空气间隙，应能满足《电力变压器　第3部分：绝缘水平、绝缘试验和外绝缘空气间隙》（GB/T 1094.3—2017）的要求。

5）变压器油。变压器油应是满足《电工流体　变压器和开关用的未使用过的矿物绝缘油》（GB 2536—2011）的矿物油（油的闪点不能低于140℃），除抗氧化剂外，不得加任何添加剂。其击穿电压不小于35kV、介质损耗因数$\tan\delta(90℃)\leqslant0.5\%$。

6）油保护装置。

a. 油浸式变压器应装有储油柜（密封式配电变压器除外），其结构应便于清理内部，其容积应保证在最高环境温度与允许负荷状态下油不溢出，在最低环境温度与变压器未投入运行时，装在储油柜一端的油位计应有油。

b. 储油柜应有注油、放油和排油污装置，并应装设带有油封的吸湿器。

c. 变压器的储油柜应采取防油老化措施，以确保变压器油不与空气相接触。

7) 安全保护装置。

a. 气体继电器。容量 800kVA 及以上的配电变压器应有气体继电器（全密封除外）。

配电变压器安装的气体继电器，其触点容量不小于 66VA（交流 220V 或 110V），直流有感负荷时，不小于 15W。

气体继电器的安装位置及其结构应能观察到分解出气体的数量和颜色，而且应便于取气。

积聚在气体继电器内的气体数量达到 250～300mL 或油速在整定范围内时，应分别接通相应的触点。

b. 压力保护装置。容量 800kVA 及以上的配电变压器应有压力保护装置。密封式配电变压器应装有压力保护装置。变压器应装有压力释放器，且应可靠动作。

c. 油温测量装置。变压器应有供温度计使用的管座。管座应设在油箱的顶部，并伸入油内（120±10）mm。

d. 冷却装置。散热器的数量及冷却能力应能散去总损耗所产生的热量。

8) 油漆和防锈要求。变压器油箱内外及附件除有色金属和镀锌铁件外，所有金属件均应除锈喷漆（油漆具有自防污能力），并采取措施防止运输和吊装中的漆层剥落与变质。

3. 配电变压器的安装

(1) 配电变压器的安装方式。

1) 单柱安装。配电变压器、高压跌落式熔断器和高压避雷器装在同一根电杆上为单柱安装，其结构简单、安装方便、用料少、占地少，且适用于安装 50kVA 以下的配电变压器。

2) 双柱安装。双柱指 12m 的或 15m 的两根等高杆。双柱式比单柱式坚固，可安装 50～400kVA 的配电变压器。

3) 露天落地安装。露天落地安装的变压器直接放在高度不低于 2.5m 砖石垒成的台（墩）上。拆装变压器方便，变压器容量不受限制。

(2) 配电变压器安装的安全技术要求。

1) 柱上安装的配电变压器的安全技术要求。

a. 变压器底座距地面不应小于 2.5m，所有的铁件要接地。

b. 裸露导电部分距地面的高度应在 3.5m 以上。

c. 变压器底座应与台架固定，上部应用金具与电杆固定。

d. 变压器的上引线和下引线均应采用多股绝缘线。高压跌落式熔断器距地面不应小于 4m，其中间相与边相的距离不应小于 0.5m，瓷件中心线与垂线间的夹角为 250°～300°。

e. 应悬挂"禁止攀登　高压危险"的警告牌。

2) 露天落地安装的配电变压器的安全技术要求。

a. 落地式变压器的基础应高出地面 0.2m，如在积水地区，变压器周围应设置排水沟道。变压器四周设置砖石围墙，其围墙高度不低于 1.8m，围墙的门应采用耐火材料制成，且设置在变压器低压侧一方，门应向外开，并在门上装锁，不宜采用竹、木围栏。

b. 变压器采用台（墩）式安装，其台（墩）高度不应低于 2.5m。室外装设两台以上变压器，其外壳相隔的距离不应小于 1.25m。

c. 变压器外壳应妥善接地。

d. 变压器与可燃性建筑物的距离不应小于 5m，与耐火建筑物的距离不应小于 3m。

e. 在围墙或台（墩）上，悬挂"止步　高压危险"的警告牌。

3）室内安装的配电变压器的安全技术要求。

a. 室内应有良好的自然通风。

b. 变压器室的耐火等级应为一级。

c. 变压器外廓与后墙壁、侧墙壁的净距不应小于 0.6m，与门的净距不应小于 0.8m。变压器室的门窗均应向外开，且门窗的下方应有百叶窗。

4. 10kV 配电变压器台区位置的选择

（1）配电变压器台区位置选择的总体原则。尽量靠近负荷中心，尽量靠近电源侧，进出线方便，尽量避开污秽源或设在污秽源的上风侧，尽量避开振动、潮湿、高温及有易燃、易爆危险品的场所，设备运输方便，具有扩建和发展的余地。总之，配电变压器安装位置的选择关系到保证低压电压质量、减少线路损耗、安全运行、降低工程投资、施工方便及不影响市容等方面，应从实际出发，全面考虑。

（2）农村 10kV 配电变压器台区的选择。农村配电变压器台区必须依据"小容量、密布点、短半径"的原则，合理选择配电变压器的位置。对于村庄相对较小、用电户数少、负荷比较集中、需 1 台配电变压器供电的，应根据现有负荷及发展规划，尽量将配电变压器安装在负荷中心，从配电变压器的低压侧出线口到每个负荷点，尽量做辐射性向四周延伸，供电半径以不超过 500m 为宜。对于面积较大、用电户数多、负荷分布不均等的村庄，应根据负荷分布及村庄规划，采用短距离、小容量、多台变压器供电，同时还应尽量避开车辆、行人较多的场所，且选择便于更换和检修设备的地方。

5. 10kV 配电变压器的选择

（1）10kV 配电变压器型号的选择。

1）节能：优先选用节能变压器。

2）使用寿命长：变压器油箱采用全密封结构，油箱与箱沿可用螺栓连接或焊死，变压器油不与空气接触可延长其使用寿命。

3）运行可靠性高：对与油箱密封有关的零部件进行改进，可提高工艺水平，以保证密封的可靠性。

（2）10kV 配电变压器容量的选择。要合理选择配电变压器的容量，既要考虑当地经济发展带来的对电力需求的增加，又要考虑购置成本的合理性。一般原则是选择当地实际电力需求量的 45%～70%，考虑未来 5～10 年的用电增长需求，切忌出现"大马拉小车"等不合理现象。

6. 绝缘罩颜色

配电变压器高、低压桩头均应装设绝缘罩，绝缘罩颜色应与线路相色相对应。

4.1.2　隔离开关

隔离开关是一种结构比较简单的开关电器，是电网中重要的开关电器之一。它由操动机构驱动本体刀闸进行分、合，分闸后形成明显的电路断开点。一般隔离开关只能在电路断开的情况下进行分、合闸操作，或接通及断开符合规定的小电流电路。隔离开关没有专门的灭弧装置，不能用来开断负荷电流和短路电流，隔离开关通常与断路器配合使用。隔离开关实物图如图 4 - 4 所示。

1. 隔离开关的作用

（1）隔离电源，保证安全。隔离开关的主要用途是保证检修装置时工作的安全。在需要检修的部分和其他带电部分之间，用隔离开关构成足够大的明显可见的空气绝缘间隔。隔离开关的断口在任何状态下都不能发生火花放电，因此它的断口耐压一般比其对地绝缘的耐压高出 10%～15%。必要时，应在隔离开关上附设接地开关，供检修时接地用。

图 4 - 4　隔离开关实物图

（2）倒闸操作。用隔离开关将电气设备或线路从一组母线切换到另一组母线上。

（3）分、合小电流。隔离开关没有灭弧装置，不能开断或闭合负荷电流和短路电流，但具有一定的分、合小电感电流和电容电流的能力。

2. 隔离开关的基本要求

（1）隔离开关分开后应具有明显的断开点，易于鉴别设备是否与电网隔开。

（2）隔离开关的断开点之间应有足够的绝缘距离，以保证在过电压及相间闪络的情况下，不致引起击穿而危及工作人员的安全。

（3）隔离开关有足够的动稳定、热稳定、机械强度、绝缘强度。

（4）隔离开关跳、合闸时的同期性要好，要有最佳的跳、合闸速度，以尽可能降低操作过电压。

（5）隔离开关结构应简单，动作应可靠。

（6）带有接地开关的隔离开关必须装设联锁机构，以保证隔离开关的正确操作，即停电时先断开隔离开关，后闭合接地开关；送电时，先断开接地开关，后闭合隔离开关。

3. 隔离开关的型号

隔离开关的型号参数及含义：

□□□ - □□/□

第一位：产品字母代号（G—隔离开关；J—接地开关）。

第二位：使用环境（N—户内；W—户外）。

第三位：设计序号（1，2，3……）。

第四位：额定电压（kV）。

第五位：派生代号（K—带快分装置；D—带接地开关；G—改进型；T—统一设计产品；C—人力操动机构）。

第六位：额定电流（A）。

例如，GN19 - 10/630 表示户内隔离开关，设计序号 19，额定电压 10kV，额定电流 630A。

4. 隔离开关的类型

（1）隔离开关按安装地点可分为户内式和户外式。

（2）隔离开关按绝缘支柱的数目可分为单柱式、双柱式和三柱式。

（3）隔离开关按极数可分为单极式和三极式。

（4）隔离开关按有无接地开关可分为带接地开关和不带接地开关的隔离开关。

（5）隔离开关按用途可分为一般用、快速跳闸用和变压器中性点接地用隔离开关等。

（6）隔离开关按其配用的操动机构可分为手动、电动和气动操作等类型。

5. 10kV 隔离开关

（1）安装要求。

1）隔离开关的安装、调整。

a. 接线端子及载流部分应清洁，接触良好，触头镀银层无脱落。

b. 载流部分的可挠连接不得有折损，连接牢固，接触应良好，载流部分表面应无严重的凹陷及锈蚀。

c. 绝缘子表面清洁，无裂纹、破损、焊接残留斑点等缺陷，磁铁黏合牢固。

d. 隔离开关绝缘子两端的胶合剂外露表面应平整，无水泥残渣及露缝等缺陷。胶装处应均匀涂以防水密封胶，胶装后在结合处应明显可见均匀露砂。

e. 隔离开关底座的转动部位应转动灵活，并应涂以适合当地气候的润滑脂。

f. 操动机构的固定连接部件应紧固，转动部分应涂以适合当地气候的润滑脂。

2）10kV 隔离开关的组装。

a. 隔离开关相间连杆应在同一水平线上，相间距离误差：110kV 及以下的，不大于10mm；220kV 的，不大于 20mm。

b. 支柱绝缘子应垂直于底座平面（V 型隔离开关除外），且连接牢固。同一绝缘子柱的中心线应在同一垂直线上，同组各绝缘子柱的中心线应在同一垂直平面内。

c. 隔离开关的各支柱绝缘子连接牢固，螺栓穿入方向应一致，紧固力矩符合厂家要求。

d. 隔离开关的动、静触头接触良好，相对位置符合制造厂的技术要求。

e. 均压环（罩）应安装牢固、平整，下端应有放水孔。

3）传动装置的安装、调整。

a. 拉杆应校直，与带电部分的距离符合现行国家标准的有关规定。

b. 拉杆的内径应与操动机构轴的直径相配合，两者间的间隙不应大于 1mm。连接部分的销子不应松动。如按其他方式连接，连接应牢固、可靠。

c. 延长轴、轴承、联轴器、中间轴轴承及拐臂等传动部件，其安装位置应正确，固定应牢靠；传动齿轮应咬合准确，操作轻便灵活。

d. 所有传动部分应按制造厂要求涂以润滑脂。

e. 接地开关转轴上的扭力弹簧或其他拉伸式弹簧应调整到操作力最小，并加以固定。

4）操动机构的安装、调整。

a. 操动机构应安装牢固，机构轴线与连接位置中心的偏差应在 ±1mm 以内，同一轴线上的操动机构的安装位置应一致。

b. 操动机构常见的安装方式有水泥杆抱箍的安装方式和与钢支架直接连接的安装方式。

c. 电动操作前，应进行 3 次以上手动分、合闸操作，机构动作正常。

d. 电动机的转向应正确，机构的分、合闸指示应与设备的实际分、合闸位置相符。

e. 机构动作应平稳，无卡阻、冲击等异常现象。

f. 限位装置应准确、可靠，到达规定分、合闸极限位置时，应能可靠地断开控制电源。

g. 机构箱密封垫、密封条应完整，机构箱应密封良好。

h. 隔离开关合闸后触头间的相对位置、备用行程，以及分闸状态时触头间的净距应符合产品的技术规定。

i. 具有引弧触头的隔离开关由分到合时，在主动触头接触前，引弧触头应先接触；由合到分时，触头的断开顺序应相反。

j. 三相联动的隔离开关，不同期值应符合产品的技术规定，当无规定时，应符合表 4-3 规定。

表 4-3　　　　　　　　　　　　　三相隔离开关不同期允许差值表

电压（kV）	差值（mm）	电压（kV）	差值（mm）
10～35	5	220	20
110	10		

（2）操作方法。

1）无远方操作回路的隔离开关，拉动隔离开关时保证操作动作正确，操作后应检查隔离开关位置是否正常。

2）必须正确使用防误操作装置，运行人员不能解除防误操作装置。

3）手动操作。合闸时应迅速、果断，但不宜用力过猛，以防震碎绝缘子，合上后检查三相的接触情况。合闸时发生电弧应将隔离开关迅速合上，禁止将隔离开关再行拉开。拉隔离开关时应缓慢而谨慎，刚拉开时如发生异常电弧应立即反向，重新将隔离开关合上。如已拉开，电弧已断，则禁止重新合上。拉、合隔离开关结束后，机构的定位闭锁销子必须正确就位。

4）电动操作。必须确认操作按钮的分、合标志，操作时看隔离开关是否动作，若不动作应查明原因，防止电动机烧坏。操作后，检查触点的分、合角度是否正常，并拉开电动机电源隔离开关。倒闸操作完后，拉开电动操作总电源隔离开关。

5）带有接地开关的隔离开关，主隔离开关、接地开关间装有机械闭锁，不能同时合上，但都在断开位置时，相互间不能闭锁。这时应注意操作对象，不可错合隔离开关，防止事故发生。

（3）运行中的故障及处理。

1）隔离开关拒分、拒合或拉合困难。

a. 传动机构的杆件中断、松动或卡涩，如销孔配合不好、间隙过大，轴销脱落，铸铁件断裂，齿条啮合不好、卡死等，无法将操动机构的运动传递给主触头。

b. 分、合闸位置限位止钉调整不当。合闸止钉间隙太小甚至为负值，未合到后位被提前限位，致使合不上。间隙太大，当合闸力很大时，易使四连杆杆件超过死点，致使据分。

c. 主触头因冰冻、熔焊等特殊原因导致据分或分闸困难。

d. 电动机构电气回路或电动机故障造成拒分拒合。

2）隔离开关的接触部分过热。隔离开关及引线的接点温度一般不得超过 70℃，极限温度为 110℃。接触部分过热的原因及其解决方法如下：

a. 接触表面脏污或氧化使接触电阻值增大，应用汽油洗去脏污，铜表面氧化可用 00 号砂布打磨；镀银层氧化可用质量分数为 25% 的氨水浸泡 20min 后用清水冲洗干净，再用硬尼龙刷除去表面硫化银层，复装后接触表面涂一层中性凡士林。

b. 触头调整不当，接触面积小，应重新调整触头接触面，使其符合要求。

c. 触头压紧弹簧变形或压紧螺栓松动，应更换弹簧或重新压紧螺栓，调整弹簧压力。

d. 隔离开关选择不当，额定电流偏小或负荷电流增加，应更换额定电流较大的隔离开关。

（4）检修。

1）小修的周期和项目。

a. 周期：隔离开关的小修一般每年进行一次，污秽严重的地区应适当缩短周期。

b. 项目：绝缘子的清洁和检查，传动系统和操动机构的清洁检查，导电部分的清洁检查、修理，接线端子及接地端的检查，分、合闸操作试验。

2）大修的周期和项目。

a. 周期：隔离开关每 3～5 年或操作达 1000 次时应进行一次大修。

b. 项目：支柱绝缘子及底座的检修、导电回路的检修、传动系统和操动机构的检修、除锈刷漆、机械调整与电气试验。

3）支柱绝缘子及底座的检修。

a. 清除隔离开关绝缘子表面的灰尘、污垢，检查有无机械损伤，若有不影响机械和电气强度的小片破损，可用环氧树脂加石英砂调好后修补，损伤严重的应予更换。

b. 检查绝缘子与铁杆间的胶合剂是否发生了膨胀、收缩、松动。若有不良情况，应重新胶合或更换。

c. 污秽地区的支柱绝缘子表面应涂防污涂料。

d. 检查并旋紧支持底座或构架的固定螺钉。接地端、接地线应完整无损，紧固良好。

4）导电回路的检修。

a. 清洁并检查导电部分有无损坏变形，轻微变形应予以校正，严重的应更换相应元件。对工作电流接近于额定电流的隔离开关或因过热而更换新触头、导电系统拆动较大的隔离开关，应进行接触电阻试验。

b. 用汽油清洗掉触头部分的脏污和油垢，用细砂布打磨掉触头接触表面的氧化膜，用锉刀修整烧斑，在接触表面涂上中性凡士林。检查所有的弹簧、螺钉、垫圈、开口销、屏蔽罩、软连接、轴承等应完整、无缺陷，修整或更换损坏的元件，轴承上润滑油后装复。

c. 清洗、打磨刀式触头的接线端子，在其上涂一层电力复合脂后上好引线。

d. 合闸后，用 0.05mm×10mm 的塞尺检查触头的接触压力，对于线接触的应塞不进去。

5）传动部分的检修。

a. 清扫掉外漏部分的污垢与锈蚀，检查拉杆、拐臂、传动轴等部分应无机械变形或损伤，动作灵活，销钉齐全，配合适当。

b. 活动部分的轴承、涡轮等处用汽油清洗掉油泥后，加钙基脂或注入适量的润滑油。

c. 根据检查情况决定是否吊起传动支柱绝缘子，对下面的转动轴承进行清洗并加润滑脂。

d. 检查动作部分对带电部分的绝缘距离应符合要求。限位器、制动装置应安装牢固、动作准确。

6）操动机构的检修。

a. 检查手动操动机构的紧固情况，特别是当操动机构装在开关柜中的钢板或夹紧在水泥构架上时，应检查有无受力变位的情况，发现异常应进行调整或加固。

b. 清洁并检查手动机构，对转动部分加润滑油脂，操作应灵活无卡涩。

c. 调节机构的机械闭锁达到以下程度：隔离开关在合闸位置时，闭锁接地开关不能合闸；接地开关在合闸位置时，闭锁隔离开关不能合闸。

7）辅助开关的检修。辅助开关除了保证其动作灵活，分、合接触可靠之外，对于动合触点，应调整其在隔离开关主刀闸与静触头接触后闭合；动断触点则应在主刀闸完成其全部分闸过程的 75% 以后打开。

4.1.3 跌落式熔断器

跌落式熔断器是最常用的一种短路保护开关，具有经济、操作方便、适应户外环境性强等特点，被广泛应用于 10kV 配电线路和配电变压器一次侧，作为保护和进行设备投、切操作之用。

1. 工作原理

跌落式熔断器熔管两端的动触头依靠熔丝（熔体）系紧，将上动触头推入"鸭嘴"凸出部分后，磷铜片等制成的上静触头顶着上动触头，因此熔管牢固地卡在"鸭嘴"里。当短路电流通过熔丝致使其熔断时，产生电弧，熔管内衬的钢纸管在电弧作用下产生大量的气体，因熔管上端被封死，气体向下端喷出，吹灭电弧。由于熔丝熔断，熔管的上、下动触头失去熔丝的系紧力，在熔管自身重力和上、下静触头弹簧片的作用下，熔管迅速跌落，使电路断开，切除故障段线路或者故障设备。

2. 结构

跌落式熔断器由上、下导电部分，熔管，绝缘部分和固定部分组成。熔管又包括熔管、熔丝、管帽、操作环，以及上、下动触头和短轴。

熔丝材料一般为铜银合金，熔点高，并具有一定的机械强度。在熔管的上端还有一个释放压力帽，放置有一低熔点熔片。当开断大电流时，上端帽的薄熔片熔化形成双端排气；当开断小电流时，上端帽的薄熔片不动作，形成单端排气。跌落式熔断器实物图如图 4-5 所示。

3. 技术参数

跌落式熔断器的主要技术参数有额定电压、额定电流、额定开断电流、最小开断电流、额定雷电冲击耐受电压、额定 1min 工频耐受电压、爬电比距、能够开断负荷电流的水平等。

熔丝的主要技术参数有熔体的额定电流、材料和熔断特性曲线等。

4. 常用种类

跌落式熔断器的形式很多，常用的有 RW3-10 型、RW4-10 型、RW10-10F 型、RW11-10 型等。RW10-10F 型和 RW11-10 型是目前常用的两种

图 4-5 跌落式熔断器实物图

普通型跌落式熔断器。两种型号各有特点，前者主要利用圈簧的弹力压紧触头，上端装有灭弧室和弧触头，具备带电操作分、合的能力；后者主要利用弹簧的弹力压紧触头，不能带负荷分、合闸。两种型号跌落式熔断器的熔管及上下接触导电系统的结构、尺寸略有不同，为保证事故处理时熔管和熔丝的互换性，减少事故处理的备件数量，一个维护区域宜固定使用一种型号的跌落式熔断器。

5. 选择

10kV 跌落式熔断器适用于环境空气无导电粉尘、无腐蚀性气体及易燃、易爆等危险性环境，年度温差在±40℃以内的户外场所。其选择是按照额定电压和额定电流两项参数进行的，也就是熔断器的额定电压必须与被保护设备（线路）的额定电压相匹配。熔断器的额定电流应大于或等于熔体的额定电流。而熔体的额定电流可选为额定负荷电流的 1.5～2 倍。此外，应按被保护系统的三相短路容量，对所选定的熔断器进行校核。保证被保护系统的三相短路容量小于熔断器额定断开容量的上限，但必须大于额定断开容量的下限。若熔断器的额定断开容量（一般指其上限）过大，很可能使被保护系统的三相短路容量小于熔断器额定断开容量的下限，造成在熔体熔断时难以灭弧，最终引起熔管烧毁、爆炸等事故。

6. 安装

（1）安装熔断器时，应将熔体拉紧（使熔体大约受到 24.5N 的拉力），否则容易引起触头发热。

（2）熔断器安装在横担（构架）上应牢固、可靠，不能有任何的晃动。

（3）熔管应有向下 25°±2°的倾角，以利熔体熔断时，熔管能依靠自身重力迅速跌落。

（4）熔断器应安装在与地面垂直距离不小于 4m 的横担（构架）上。若安装在配电变压器上方，应与配电变压器的最外轮廓边界保持 0.5m 以上的水平距离，以防熔管掉落而引发其他事故。

（5）熔管的长度应调整适中，要求合闸后"鸭嘴舌头"能扣住触头长度的 2/3 以上，以免在运行中发生自行跌落的误动作，熔管也不可顶死"鸭嘴"，以防止熔体熔断后熔管不能及时跌落。

（6）所使用的熔体必须是正规厂家的标准产品，并具有一定的机械强度，一般要求熔体最少能承受 147N 以上的拉力。

（7）10kV 跌落式熔断器安装在户外时，要求相间距离大于 70cm。

7. 操作

一般情况下，不允许带负荷操作跌落式熔断器，只允许带负荷操作空载设备（线路）。但在农网 10kV 配电线路分支线上和额定容量小于 200kVA 的配电变压器上允许按下列要求带负荷操作跌落式熔断器。

（1）操作时，由两人进行（一人监护，一人操作），但必须戴经试验合格的绝缘手套，穿绝缘靴，戴护目眼镜，使用电压等级相匹配的合格绝缘棒操作，在雷电或者大雨的气候下禁止操作。

（2）在拉闸操作时，一般规定为先拉断中间相，再拉断背风边相，最后拉断迎风边相。先拉断中间相是因为配电变压器由三相运行改为两相运行，拉断中间相时所产生的电弧火花最小，不致造成相间短路；再拉断背风边相是因为中间相已被拉开，背风边相与迎风边相的距离增加了一倍，即使有过电压产生，造成相间短路的可能性也很小；最后拉断迎风边相是因为此时仅有对地的电容电流，产生的电火花已很轻微。

（3）合闸时候的操作顺序与拉闸时相反，先合迎风边相，再合背风边相，最后合上中间相。

（4）操作熔管是一项频繁的项目，注意不到便会造成触头烧伤而引起接触不良，使触头过热，弹簧退火，促使触头接触更加不良，形成恶性循环。所以，拉、合熔管时要用力适度，合好后，要仔细检查鸭嘴舌头能紧紧扣住舌头长度的 2/3 以上，可用拉闸杆钩住上鸭嘴向下压几下，再轻轻试拉，检查是否合好。合闸时未能到位或未合牢靠，熔断器上静触头压力不足，极易造成触头烧伤或者熔管自行跌落。

8. 运行维护管理

（1）为使熔断器能更可靠、安全的运行，除按相关规程的要求严格地选择正规厂家生产的合格产品及配件（包括熔件等）外，在运行维护管理的过程中应特别注意以下事项。

1）熔断器的额定电流与熔体及负荷电流值是否匹配合适，若配合不当必须进行调整。

2）熔断器的每次操作必须仔细认真，不可粗心大意，特别是合闸操作，必须使动、静触头接触良好。

3）熔管内必须使用标准熔体，禁止用铜丝、铝丝代替熔体，更不准用铜丝、铝丝及铁丝将触头绑扎住使用。

4）对新安装或更换的熔断器，要严格验收工序，必须满足相关规程的质量要求，熔管安装角度应达到 25°左右的倾下角。

5）熔体熔断后，应更换新的同规格熔体，不可将熔断后的熔体连接起来再装入熔管继续使用。

6）应定期对熔断器进行巡视，每月不少于一次夜间巡视，查看有无放电火花和接触不良现象，若有放电，并伴有嘶嘶的响声，要尽早安排处理。

（2）在停电检修时应对熔断器进行如下内容的检查。

1）静、动触头接触是否紧密、完好，有无烧伤痕迹。

2）熔断器的转动部位是否灵活，有无锈蚀、转动不灵等异常，零部件是否损坏，弹簧是否锈蚀。

3）熔体本身有无受到损伤，经长期通电后有无发热，导致伸长过多，变得松弛无力。

4）熔管多次动作，管内产气用消弧管是否烧伤，以及日晒雨淋后是否损伤变形，长度是否缩短。

5）清扫绝缘子并检查有无损伤、裂纹或放电痕迹，拆开上、下引线后，用 2500V 手摇式绝缘电阻表测试绝缘电阻值应大于 300MΩ。

6）检查熔断器上下连接的引线有无松动、放电、过热现象。

4.1.4　避雷器

1. 避雷器的工作原理

避雷器实际上是一种非线性极好的电阻，在高电压下电阻值很小，在低电压下电阻值很高，作用类似于稳压二极管。目前，避雷器一般为氧化锌避雷器，主要元件为氧化锌阀片。避雷器在电力系统中与被保护设备并联，正常时泄漏电流很小，不影响系统运行。当系统有过电压时（即超过正常运行电压的高电压），避雷器即呈现低电阻泄放能量，同时限制系统电压的幅值，确保电气设备的绝缘不被击穿。

2. 避雷器的主要参数

（1）伏秒特性：指电压与时间的对应关系。

（2）工频续流：指雷电压或过电压放电结束，但工频电压仍作用在避雷器上，使其流过工频短路接地电流。

（3）绝缘强度自恢复能力：电气设备绝缘强度与时间的关系，即恢复到原来绝缘强度的快慢。

（4）避雷器的额定电压：工频续流第一次过零后，间隙所能承受的、不至于引起电弧重燃的最大工频电压，又称电弧电压。

3. 对避雷器的基本要求

（1）避雷器的伏秒特性的上限不得高于电气设备的伏特特性的下限。

（2）避雷器间隙绝缘强度的恢复程度应高于避雷器上恢复电压的增长程度。

4. 避雷器的型号

避雷器型号图如图 4-6 所示。

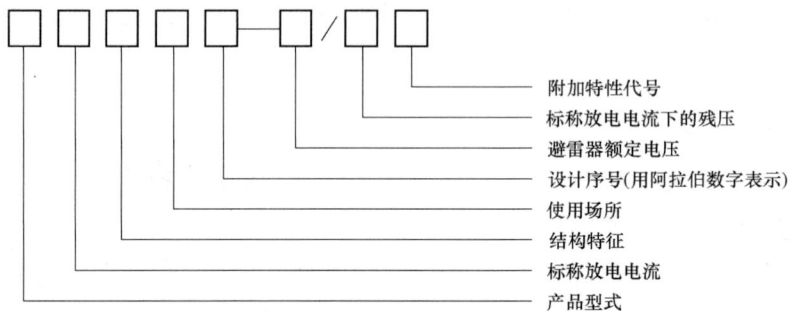

图 4-6　避雷器型号图

产品型式：Y—瓷套式金属氧化物避雷器；YH（HY）—有机外套金属氧化物避雷。

结构特征：W—无间隙；C—串联间隙；B—并联间隙。

使用场所：S—配电用；Z—电站用；R—并联补偿电容器用；D—电动机用；T—电气化铁道用；X—线路用。

附加特性：W—防污型；G—高原型；TH—湿热带地区用；DL—电缆型（优点：产品采用全密封结构，爬电距离大，能适用于重污染场所）。

5. 避雷器的类型

（1）管型避雷器。管型避雷器实际是一种具有较高熄弧能力的保护间隙，它由两个串联间隙组成，一个间隙在大气中，称为外间隙，它的任务就是隔离工作电压，避免产气管被流经管子的工频泄漏电流所烧坏；另一个装设在气管内，称为内间隙或者灭弧间隙，管型避雷器的灭弧能力与工频续流的大小有关。这是一种保护间隙型避雷器，大多用在供电线路上作避雷保护。

管型避雷器的伏秒特性较陡且放电分散性较大，而一般变压器和其他设备绝缘的冲击放电伏秒特性较平，二者不能很好配合。管型避雷器动作后，工作母线直接接地形成截波，对变压器纵绝缘不利。此外，其放电特性受大气条件的影响较大，因此管型避雷器目前只用于线路保护（如大跨越和交叉档距，以及发、变电站的进线保护）。

（2）阀型避雷器。阀型避雷器由火花间隙及阀片电阻组成，阀片电阻的制作材料是特种碳化硅。利用碳化硅制作的阀片电阻可以有效地防止雷电和高电压，对设备进行保护。当有雷电高电压时，火花间隙被击穿，阀片电阻的电阻值下降，将雷电流引入大地，这就保护了线缆或电气设备免受雷电流的危害。在正常的情况下，火花间隙是不会被击穿的，阀片电阻的电阻值较高，不会影响通信线路的正常通信。

（3）氧化锌避雷器。目前，国内输电线路主要采用金属氧化物避雷器。氧化锌避雷器由一个或并联的两个非线性电阻片叠合圆柱构成。

1）特点。氧化锌避雷器是一种保护性能优越、质量小、耐污秽、性能稳定的避雷设备。它主要利用氧化锌良好的非线性伏安特性，使在正常工作电压时流过避雷器的电流极小（微安或毫安级）；当过电压作用时，电阻值急剧下降，泄放过电压的能量，达到保护的效果。这种避雷器和传统避雷器的差异是它没有放电间隙，利用氧化锌的非线性特性起到泄流和开断的作用。6～10kV 氧化锌避雷器实物图如图 4-7 所示。

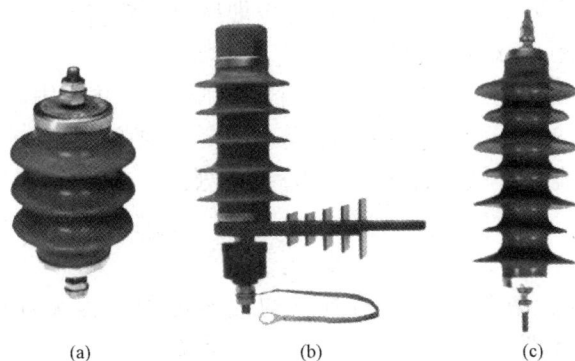

图 4-7　6～10kV 氧化锌避雷器实物图
(a) 实物图（一）；(b) 实物图（二）；(c) 实物图（三）

2）优点。

a. 优异的保护性能，具有很好的非线性特性。

b. 大的通流能力，具有良好的吸收雷击过电压和暂态过电压的能力。

c. 正常的工作状态下接近绝缘状态，工频续流仅为微安级，能量释放快，且能快速恢复高阻状态，运行可靠性高，抗污秽能力强。

6.10kV 线路型氧化锌避雷器

（1）使用环境。

1）环境温度为−40～40℃。

2）海拔不超过 2000m。

3）电源频率为 48～62Hz。

4）最大风速不超过 35m/s。

5）地震烈度 7 度及以下的地区。

长期施加的电压不超过其最高持续运行电压。

（2）分类。

1）按电压等级分类。

a. 中压类：指 3～66kV（不包括 66kV 系列的产品）范围内的氧化锌避雷器系列产品，

大致可划分为 3kV、6kV、10kV、35kV4 个电压等级。

b. 低压类：指 3kV 以下（不包括 3kV 系列的产品）的氧化锌避雷器系列产品，大致可划分为 1kV、0.5kV、0.38kV、0.22kV4 个电压等级。

2）按标称放电电流分类。氧化锌避雷器按标称放电电流可划分为 20kA、10kA、5kA、2.5kA、1.5kA5 类。

3）按用途分类。氧化锌避雷器按用途可划分为系统用线路型、系统用电站型、系统用配电型、并联补偿电容器组保护型、电气化铁道型、电动机及电动机中性点型、变压器中性点型 7 类。

4）按结构分类。氧化锌避雷器按结构可划分为瓷外套氧化锌避雷器和复合外套氧化锌避雷器。

瓷外套氧化锌避雷器按耐污秽性能分为 4 个等级，Ⅰ级为普通型、Ⅱ级为用于中等污秽地区（爬电比距 20mm/kV）、Ⅲ级为用于重污秽地区（爬电比距 25mm/kV）、Ⅳ级为用于特重污秽地区（爬电比距 31mm/kV）。

复合外套氧化锌避雷器是用复合硅橡胶材料作为外套，并选用高性能的氧化锌电阻片，内部采用特殊结构，用先进工艺方法装配而成，具有硅橡胶材料和氧化锌电阻片的双重优点。该系列产品除具有瓷外套氧化锌避雷器的一切优点外，另具有绝缘性能好、高的耐污秽性能、良好的防爆性能，以及体积小、质量小、平时不需维护、不易破损、密封可靠、耐老化性能优良等优点。

5）按结构特征分类。氧化锌避雷器按结构性能可划分为无间隙（W）、带串联间隙（C）、带并联间隙（B）3 类。

（3）避雷器的安装。

1）避雷器应安装牢固、排列整齐，相间距离不小于 350mm，连接部位不应使避雷器产生外加应力。

2）避雷器跳线短而直、连接紧密，跳线应使用截面积不小于 35mm² 的铝线。

3）避雷器上端跳线和下端接地线应使用铜铝端子连接。

（4）避雷器的巡视与检修。

1）每次经受过电压后的特殊检查项目。

a. 电气过电压后，应检查并记录计数器动作情况，检查避雷器表面有无闪络、放电痕迹。

b. 检查避雷器引线有无松动和烧伤，以及避雷器本体有无摆动痕迹。

c. 结合停电机会，检查避雷器上法兰泄水孔是否畅通。

2）氧化锌避雷器的检修。

a. 清扫积灰，防止污垢引起避雷器局部过热。

b. 用示波器监测通过避雷器电流的阻性分量的变化，判断电阻片的老化、受潮状况。

c. 避雷器原有刷漆的部位应每 1～2 年涂刷一次漆。

d. 每年雷雨季节前，按相关要求进行预防性试验。

（5）预防性试验。

1）绝缘电阻试验。该试验是各种氧化锌避雷器的必做项目，主要用于判断避雷器阀片是否受潮及内部零件装配是否合格。试验前，应将避雷器瓷套管擦净，用 2500V 手摇式绝缘电阻表测出的绝缘电阻值应大于 1000MΩ。

2）测量避雷器通过 lmA 电流时的直流电压值 U_{1mA}。该电压又称标称直流电压、参考电压、最小参考电压、临界动作电压、起始动作电压等。该电压是反应氧化锌避雷器由小电流工作区到大电流工作区的分界点，是无间隙氧化锌避雷器的必测项目。10kV 氧化锌避雷器在 12.7kV 电压下，应能工作 24h；在 15kV 电压下，应能工作 2h。U_{1mA} 直接反应避雷器承受短时过电压和系统额定电压的运行能力，可以检查避雷器的保护特性、装配质量和老化程度。相关规范规定，该值与初始值相差不得大于 5%。由于避雷器各型号的规格不同、通流量不等、厂家不同等原因，该电压差值较大。

凡有厂家提供数据的，将实测 U_{1mA} 值与厂家数据进行比较，判断合格与否；凡厂家没提供数据的，安装时实测 U_{1mA}。U_{1mA} 值与下式计算值相比较，若在系数范围之内，可认为合格，以后试验数值与这次实测值相比较，差值不应超过 5%。

$$U_{1mA} = \sqrt{2}KU_{eN}$$

式中：K 为系数，一般去为 1.0～1.39 之间；U_{eN} 为氧化锌避雷器额定工作电压。

3）测量 75%U_{1mA} 时的泄漏电流。75%U_{1mA} 的值稍大于运行相电压的峰值，该试验主要检查长期允许工作电流是否符合规定。泄漏电流越大，说明阀片老化越严重，避雷器寿命越短。在 75%U_{1mA} 电压数值下保持 1min，泄漏电流应不大于 50μA，且不应有大的波动。

4）测量运行电压下的交流泄漏电流。该试验主要检查正常运行相电压下的最大工作电流。氧化锌避雷器在运行电压下工作时，可等效为一个电阻和电容的并联回路。相关规程规定，实测电流有功分量与初始值相比较，当有功分量大于初始值的两倍时，应缩短监测周期为 3 个月一次。运行中，如该值超标，常采用更换新避雷器的办法，以减少检修、测试的工作量，并保证设备安全运行。相关规程中还要求测试泄漏电流的无功分量，但数值没做规定。交流泄漏电流的测试需要一些专用设备，现场测试较难。一般测量持续运行电压下的最大泄漏电流，将其与厂家提供的数值相比较，当泄漏电流超过厂家提供的最大全电流值时，避雷器应退出运行。由于泄漏电流受温度影响较大，测量时要记录好环境温度，并在同一温度下进行比较。

5）测量交流泄漏电流 1mA 时的参考电压。该试验与测量直流泄漏电流 lmA 时的参考电压试验的作用相同，该电压稍大于避雷器承受的短时过电压和系统额定电压，使试验更接近于实际。由于阀片间电容电流的存在，不如测试直流 U_{1mA} 的试验灵敏。部分厂家的产品说明书提供该参考电压值，实测值与厂家提供的数值相差不应大于厂家提供数值的 5%。

6）测量电导、电流。相关规程对该项试验没做要求。对并联间隙的氧化锌避雷器，厂家要求用户进行该项试验。试验电压 10kV，泄漏电流不大于 100μA。

7）工频放电电压试验。该试验是串联间隙氧化锌避雷器的必做项目。与阀型避雷器相同，主要检查避雷器工频放电特性。工频放电电压的范围参考阀型避雷器标准，应在 23～33kV 范围之内，实测值多在 25～30kV 范围内。氧化锌避雷器工频放电电压试验要求避雷器放电后，在 1s 内试验电压应降到 0，放电电流应限制在 0.02～0.1A 之间，防止通电时间过长烧毁避雷器阀片。

4.1.5 接地引下线

1. 接地装置的基本要求

(1) 人工接地装置或利用建筑物基础钢筋的接地装置必须在地面以下按设计要求设测试点。

(2) 测试接地装置的接地电阻值应不大于 4Ω,接地测试电阻模块的高度比室外地面高 0.5m。

(3) 接地装置顶面埋深不应小于 0.6m,接地体间距不小于 5m。

(4) 接地装置的焊接搭接应符合下列规定。

1) 扁钢与扁钢搭接的长度为扁钢宽度的 2 倍,双面施焊。

2) 圆钢与圆钢搭接的长度为圆钢直径的 6 倍,双面施焊。

3) 圆钢与扁钢搭接的长度为圆钢直径的 6 倍,双面施焊。

4) 扁钢与钢管、扁钢与角钢的焊接应紧贴角钢外侧 2 面或紧贴 3 面钢管表面上、下两侧施焊。

5) 除埋设在混凝土中的焊接头外,其他搭接部位均应有防腐措施。

(5) 建筑物基础钢筋为接地装置时,应与桩基础不小于 $\phi16$ 的对角钢筋搭接,采用焊接长度不低于 10mm 的双面焊接。

(6) 利用基础梁上端的两根外侧钢筋与接地体连接,形成均压环。

(7) 配电变压器台区台架应采用双接地,工作接地和保护接地应分开。每套接地体宜采用∟ 50×5×250 角钢和 ϕ 12×4mm 圆钢及∟ 4×40×6000 接地扁铁构成的成套接地装置,接地圆钢宜用 ϕ 16×4mm PVC 套管套住不裸露。接地体顶端埋入地下的深度不小于 0.6m,接地扁铁与接地角钢应焊接可靠,焊接点应有防腐措施。配电变压器台区接地体实物图如图 4-8 所示。

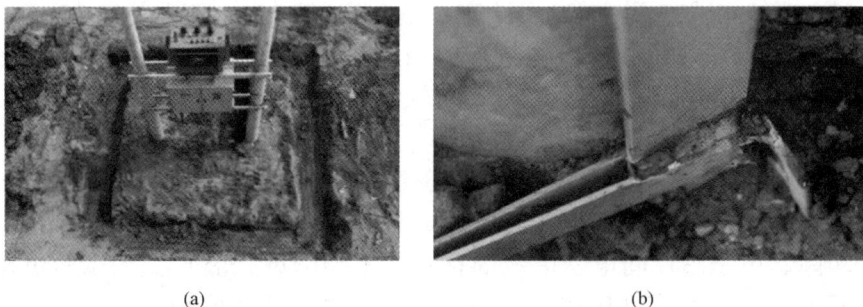

(a) 　　　　　　　　　　　　　　　　(b)

图 4-8　配电变压器台区接地体实物图
(a) 实物图 (一);(b) 实物图 (二)

(8) 配电变压器及综合配电箱外壳接地应使用铜铝端子连接。

2. 引下线安装的基本要求

(1) 明敷接地引下线及室内接地干线的支持件间距均匀:水平直线部分为 0.5~3m,弯曲部分为 0.3~0.5m。

(2) 变压器室、高压配电室内明敷接地干线的安装应符合下列规定。

1) 便于检查,敷设位置不妨碍设备的拆卸与检修。

2）当沿建筑物水平敷设时，距地面高度 250～300mm，与建筑物墙壁间的间距为 10～15mm；当接地线跨越建筑物变形缝时，设补偿装置。

3）接地线表面沿长度方向，每段 15～100mm，涂以黄色和绿色相间的条纹。

4）变压器室、高压配电室的接地干线上应设置不少于 2 个供临时接地用的接地柱和接地螺栓。

（3）利用柱筋暗敷引下线时，两根对角钢筋焊接不小于 φ16。

（4）柱内钢筋螺栓连接不小于 φ12 的圆钢做跨接，焊接长度为不小于跨接钢筋直径的 6 倍。

（5）每层引下线施工时，应做好油色标记。

（6）将长度 45m 以上的所有金属构件、窗户、栏杆等与引下线连接，用镀锌圆钢引出。

（7）避雷器接地引下线宜采用截面积 25mm² 的接地多股软铜线或截面积 35mm² 的铝线，与接地设备间的连接应采用接线端子，并连接可靠。接地引下线应紧靠电杆和横档，紧贴电杆内侧中心，安装应横平竖直。

3. 接地引下线安装

（1）工艺规范。

1）引下线的材料、规格及连接方式要符合规定，并要进行热镀锌处理。

2）接地引下线联板与杆塔的连接应接触良好，接地引下线应平敷于基础及保护帽表面。

3）杆塔接地孔安装位置成顺时针（逆时针）方向统一布置，接地引下线的引出方位与杆塔接地孔的位置相对应。接地引下线应平直、美观。

4）接地引下线与杆塔的连接应便于断开测量接地电阻。接地螺栓宜采用可拆卸的防盗螺栓。

（2）施工要点。

1）铁塔审图时注意接地孔的位置，确保接地引下线安装顺利。

2）接地引下线的规格、焊接长度应符合设计要求。

3）铁塔接地引下线要紧贴塔材和基础及保护帽表面引下，引下线煨弯宜采用煨弯工具。应避免在煨弯过程中，引下线与基础及保护帽磕碰造成边角破损，影响美观。

4）接地板与塔材应接触紧密。

5）使用的连接螺栓的长度应合适。

4. 接地体制作

（1）工艺规范。

1）接地体连接前应清除连接部位的浮锈，接地体间的连接必须可靠。

2）水平接地体的敷设宜满足下列规定。

a. 遇倾斜地形宜按等高线敷设。

b. 两接地体间的平行距离不应小于 5m。

c. 接地体铺设应平直。

d. 对无法满足上述要求的特殊地形，应与设计人员协商解决。

3）垂直接地体的打入深度应满足要求，应垂直打入，并防止晃动。

4）接地体的焊接部分应进行防腐处理。

（2）施工要点。

1）接地体的规格、埋深不应小于设计规定值。

2) 接地体应采用搭接施焊，圆钢搭接长度应不小于直径的 6 倍，并双面施焊；扁钢搭接长度应不小于宽度的 2 倍，并四面施焊。焊缝要平滑、饱满。

4.1.6　综合配电箱

1. 作用

综合配电箱是一种集电能分配、计量、保护、控制、无功功率补偿于一体的新型综合控制箱，广泛运用在变电站、工矿企业、大型电厂、石油企业、化工企业、大型钢厂、高层建筑动力中心、无功补偿、计量、电能分配等场合。

2. 安装要求

(1) 公用配电变压器综合配电箱应装设三相电能表、各分支路隔离开关、各分支路熔断器、无功功率自动补偿装置及左右副箱。低压配电箱内应留有今后安装集中抄表、负荷控制、通信等自动化装置的位置。

(2) 综合配电箱内，各分支路隔离开关、各分支路开关应有相对应的编号。

(3) 综合配电箱外门应上密码锁。

(4) 综合配电箱内的铜排应热缩包扎，配电箱进出线口应采用防火材料封堵严密。

3. 安装和接线

(1) 产品与配电变压器并列安装，直接固定在变压器台架槽钢上，配电箱与槽钢固定件由用户自备。

(2) 产品在安装时，进线采用电线或穿管绝缘导线，与变压器或低压馈电架空线连接。

(3) 互感器的连接采用电缆或穿管绝缘导线接入该装置。

(4) 通电前的检查与试验产品安装完毕后，投入运行前需进行如下项目的检查和试验：

1) 检查箱体表层有无锈蚀，箱内是否干燥、清洁。

2) 电气元件的操动机构是否灵活，不应有卡滞或操作力过大现象。

3) 主要电器的通断是否可靠、准确，辅助触点的通断是否可靠、准确。

4) 母线连接是否良好，其绝缘支撑件、安装件及附件是否安装牢固、可靠。

5) 辅助触点是否符合要求，熔断器的熔体规格的选用是否正确。

6) 电路的接线是否符合电气原理图要求。

4. 通电调试

(1) 无功功率补偿控制器的调试。无功功率补偿控制器出厂时，功率因数预置，投切延时，分补、共补电容器容量等控制参数已按有关标准进行整定。

(2) 投切接触器的调试。将投切接触器调至手动功能依次投入，按智能无功功率补偿控制器的使用说明操作，看投切接触器能否正常投切。

4.1.7　低压引线电缆

1. 要求

(1) 配电变压器低压侧出线应采用多股软铜电缆。容量 100kVA 及以下采用截面积 95mm^2 的电缆，100～250kVA 采用截面积 120mm^2 的电缆，250kVA 以上采用截面积 185mm^2 的电缆。

(2) 多股软铜电缆头必须热缩包扎，进配电箱两侧副箱内的电缆应有低于进口的滴水弯。

(3) 采用软铜电缆必须使用 ϕ110PVC 管护套。出线多股软铜电缆上杆处与电缆支架间应留有裕度（60～80mm），用 BV 线固定在低压线上，并预留防水弧度，与线路连接处应使用铜铝异型线夹，每间隔 20mm 一个。铜铝异型线夹铝线侧内的导线应使用铝包带绑扎，铜线侧严禁使用铝包带。

2. 施工准备

（1）所采用的器材、材料应符合国家现行技术标准的规定，并应有产品合格证。

（2）检查电缆。电缆不应有折叠、断裂及破损等缺陷，绝缘层表面应平整、光滑、色泽均匀，绝缘层厚度应符合相关规定。绝缘层应挤包紧密且易剥离，电缆端部应有密封措施。

（3）金具。金具表面应光洁，无裂纹、毛刺、飞边、砂眼、气泡等缺陷，镀锌良好，镀锌层无剥落、锈蚀现象。

（4）螺栓。螺栓表面不应有裂纹、砂眼、锌皮剥落及锈蚀现象。螺杆与螺母的配合应良好。

（5）主要机器具。主要机器具包括放线架、穿线器、活扳手、压线钳、手锤、钢锯、铁线、大小尼龙绳等。

3. 操作工艺

（1）放电缆。将电缆运到放线首端，用放线架架好线轴，将穿管器沿波纹管穿至放线首端，再将电缆与穿管器连接牢固，进行电缆防线；放电缆过程中，应对电缆进行外观检查，不应发生磨伤、扭曲等现象，不应损伤电缆线的绝缘层。

（2）接线端子压接：将接线端子与电缆头压接，压接应牢固、美观。

（3）室外低压电缆分接箱安装：安装应满足相关的保护接地要求。室外低压电缆分接箱应选用充分考虑非正常情况下由于导电物体进入箱体可能发生的触电事故，并采取措施预防，室外低压电缆分接箱的安装应牢固、可靠。

（4）低压搭火：搭接引线应呈均匀弧度、无硬弯；电缆导线与变压器、断路器的连接应使用铜铝过渡接线端子，防雷与接地应符合设计图纸及规范的规定。

4.1.8　护套管

1. 作用

护套管通常应用于中低压电力产品的绝缘防护及通信产品分支处的防水，产品内壁涂有螺旋形、直涂高性能的热熔胶黏剂，该产品收缩后具有良好的密封效果，分为内壁不涂胶和内壁涂胶产品。

2. 分类

（1）单一电线护套管。该类护套管采用非磁性材料以减少发热。单一电线护套管的绝缘结构分为有空气腔和空气腔短路两类。空气腔护套管用于 10kV 及以下电压等级，导体与瓷套之间有空气腔作为辅助绝缘，可以减少套管电容，提高套管的电晕电压和滑闪电压。当电压等级较高时（20～30kV），空气腔内部将发生电晕而使上述作用失效，这时采用空气腔短路结构。空气腔短路护套管的瓷套内壁涂有半导体釉，并用弹簧片与导体接通使空气腔短路，用以消除内部电晕。

（2）复合电线护套管。该类护套管以油或气体作为绝缘介质，一般制成变压器套管或断路器套管，常用于 35kV 以下的电压等级。复合电线护套管的导体与瓷套间的内腔充满变压器油，起径向绝缘作用。当电压超过 35kV 时，在导体上套以绝缘管或包电缆线，以加强绝缘。复合电线护套管的导体结构有穿缆式和导杆式两种。穿缆式利用变压器的引出电缆直接穿过套管，安装方便。当工作电流大于 600A 时，穿缆式的安装比较困难，一般采用导杆式。

（3）电容式电线护套管。该类护套管由电容心子、瓷套、金属附件和导体构成。电容式电线护套管的电容心子用胶纸制造时，机械强度高，可以任何角度安装，抗潮气性能好，结构和维修简单，可不用下套管，还可将心子下端车削成短尾式，缩小其尺寸。其缺点是在高电压等级时，绝级材料和工艺要求较高，心子中不易消除气隙，造成局部放电电压低。

（4）不锈钢护套管。不锈钢护套管的材质为 304 不锈钢或 301 不锈钢，用作电线、电缆、自动化仪表信号的电线电缆保护管，规格为 3～150mm。超小口径不锈钢护套管（内径 3～25mm）主要用于精密光学尺的传感线路保护、工业传感器线路保护，具有良好的柔软性、耐蚀性、耐高温性、耐磨损性、抗拉性。

3.10kV 配电变压器台区护套管的施工要求

（1）低压软铜电缆应使用 ϕ 110PVC 套管护套，安装应横平竖直，两侧 PVC 管的电缆抱箍应保持同一水平线。接头处应使用快速黏胶剂，并安装牢固。

（2）配电变压器低压出线侧及软铜电缆上杆处应使用 PVC 管 90°防水弯头。配电变压器低压出线侧的 PVC 管应使用 L 5×50×1200×350 铁横担悬挂固定。

4.1.9　验电接地环的安装位置

（1）公用配电变压器的 10kV 验电接地环应安装在 10kV 进线侧。

（2）0.4kV 验电接地环应安装在距离软铜电缆与导线连接末端铜铝异型线夹的 20mm 处。其中，0.4kV 验电接地环安装图如图 4-9 所示。

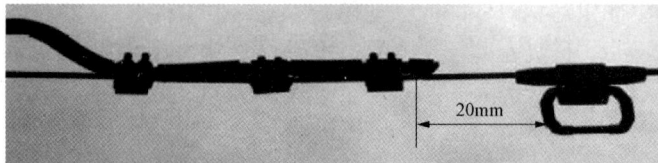

图 4-9　0.4kV 验电接地环安装图

4.2　配电变压器台区施工

4.2.1　接地体敷设

1.接地沟槽开挖

（1）施工流程。施工流程：测量定位→挖沟槽→验槽→钻孔放入垂直接地体→敷设水平接地体→放热焊接接地引上线→回填夯实→检测接地电阻→防护处理→引上线止水环防水处理→设置接地端子固定件。

（2）施工工艺。

1）综合接地测量放线。根据接地装置平面布置图进行测量放线，主体结构土方开挖及基底平整后进行测量放线，用白灰标记。

2）沟槽开挖。接地沟开挖的槽位应避开道路、地下管道及电缆等，在山区沿等高线开挖，防止接地体受到山洪的冲刷。接地槽的深度应符合设计要求，一般为 0.5～0.8m。在耕地施工应敷设在耕地深度以下。接地沟的宽度以工作方便为原则，一般为 0.3～0.4m。沟底面应平整，并清除沟中一切影响接地体与土壤接触的杂物，如遇大石头等障碍物，可绕道避开。若接地装置为环形，则改变路径后仍保持环形；若接地装置为放射形，则路径方面不受限制。

2. 接地网敷设

(1) 台区接地网采用 4 根 L 50mm×5mm×2500mm 的热镀锌角钢垂直接地极和－40mm×4mm×40mm 的热镀锌扁铁水平接地极相配合焊接成环形接地网。接地体埋深：耕作区域，不小于 0.8m；其余区域，不小于 0.6m。热镀锌钢材焊接后应在焊痕外 100mm 内进行防腐处理。

(2) 接地体的焊接应采用搭接焊，其搭接长度必须符合下列规定。

1) 扁钢的搭接长度为其宽度的 2 倍，四面施焊。

2) 圆钢的搭接长度应为其直径的 6 倍，双面施焊。

3) 圆钢与扁钢连接时，其搭接长度应为圆钢直径的 6 倍。

4) 扁钢与钢管、扁钢与角钢焊接时，除应在其接触部位两侧进行焊接外，还应焊以由钢带弯成的弧形（或直角形）卡子或直接由钢带本身弯成弧形（或直角形）与钢管（或角钢）焊接，并进行防腐处理。

(3) 采用垂直接地体时，应垂直打入，并与土壤保持良好接触，采用水平敷设的接地体，且应符合下列规定。

1) 接地体应平直，无明显弯曲。

2) 地沟底面应平整，不应有石块或其他影响接地体与土壤紧密接触的杂物。

3) 倾斜地形沿等高线敷设。

(4) 总容量为 100kVA 以上的变压器，其接地装置的接地电阻值不应大于 4Ω；总容量为 100kVA 及以下的变压器，其接地装置的接地电阻值不应大于 10Ω。否则应增加接地极以达到以上要求。

(5) 待料浆初步凝固后，回填素土或黏土，回填每隔 200mm 夯实一次，回填土的夯实程度对接地电阻值有明显的影响，回填土应高出地面 200mm，作为防沉层。回填土要求用细土，不允许有砖头、大块石头、混凝土建筑及垃圾，以免影响接地电阻值。

3. 设备与接地装置连接

(1) 接地主引线应采用—40×4 扁钢分别与台架抱箍和接地网焊接，接地主引线分为上引线和下引线，上、下引线之间应采用接地连铁连接。

(2) 接地主引线应刷黑色油漆，下引线距地面 600mm 段应刷黄绿相间油漆，分别为 6 行，每行 100mm。

(3) 变压器零线及变压器外壳接地引线采用—40×4 热镀锌扁钢经变压器外壳、变压器横梁与接地主引线相连，变压器零线及变压器外壳接地引线应用不锈钢扎带固定在变压器横梁上，引线应横平竖直。

(4) 避雷器接地引线应采用—40×4 热镀锌扁钢与避雷器下接线柱连接，经变压器外壳、变压器横梁与接地主引线相连，避雷器接地引线应用不锈钢扎带固定在变压器横梁上，引线应横平竖直。

(5) 低压综合配电箱外壳接地引线采用—40×4 热镀锌扁钢经配电箱外壳、配电箱横梁与接地主引线相连，配电箱接地引线应用不锈钢扎带固定在配电箱横梁上，引线应横平竖直。

4. 接地电阻值测量

接地电阻值的测量采用的主要测量仪器是接地电阻测量仪。接地电阻测量仪用于电力、通信、铁路等部门及工矿企业中各种装置的接地电阻值的测量。接地电阻测量仪分为大型地网接地电阻测试仪与接地电阻表，两者功能、范围不同。接地电阻表适用于小型电阻的测量。接地电阻测试仪摒弃传统的人工手摇发电工作方式，采用先进的中、大规模集成电路，应用 DC/AC 变换技术将三端钮、四端钮测量方式合并，发展为一种机型的新型接地电阻测量仪。

大型地网接地电阻测试仪可满足超大型、大型常规接地网的测量，可用于精确测量接地阻抗值、接地电阻值、接地电抗值、场区地表电位梯度、接触电压、接触电位差、跨步电压、跨步电位差、转移电位、导通电阻值、土壤电阻率、地网电流分布情况等，完全满足《接地装置特性参数测量导则》（DL/T 475—2017）的要求。

接地电阻值测量的步骤如下：

（1）接地电阻值测量前，应在采取必要的安全措施后，断开接地主引线的分断点。

（2）将两根长度分别不短于 500mm 的接地针分别插入离接地体 10m 与 20m 的地下，均应垂直插入且深度不小于 400mm，尽量使接地极和两接地针在同一直线上，然后用专用导线把接地电阻测试仪上的 3 个端钮 E、H、S 分别连接到接地主引线和两个接地针上，要求 S 端钮在另一个接地针和变压器的接地极中间，接线图如图 4 - 10 所示。

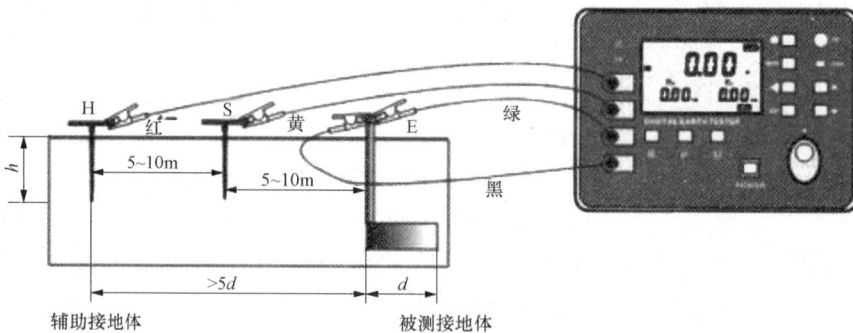

图 4 - 10　接地电阻测试接线图
h—辅助接地体的深度；d—被测接地体离测试仪 E 极的水平距离

（3）测量时，将接地电阻测量仪水平放置。根据所要求的接地电阻值的大小和现场的实际情况，将倍率开关放在合适的挡位上，并以 120r/min 的转速摇动，边摇动手柄边调节微调标度盘，直至表针指向中心线稳定后，停止发动机转动。

（4）用微调标度盘上的读数乘以倍率即为变压器接地极的接地电阻值。

（5）测试完成后，拆除接地电阻测量仪的接线，并恢复接地主引线的分断点。

（6）总容量为 100kVA 以上的配电变压器，其接地装置的接地电阻值不应大于 4Ω；总容量为 100kVA 及以下的配电变压器，其接地装置的接地电阻值不应大于 10Ω。

5. 其他注意事项

（1）熔模、焊剂、连接体在使用前用烘干箱或喷灯予以加热，驱除潮气。

（2）凡附着于熔接物表面的尘土、油脂、镀锌、氧化膜等，需在熔接前完全去除，使熔接物表面光亮后才可以进行熔接作业。

（3）完全清除熔模内遗留的矿渣，否则将使熔接接头表面不平滑或不光亮。每次熔接后，趁熔模热时，利用自然性毛刷（不可用塑胶毛刷）及布将矿渣轻拭除去。

（4）接地棒的口径小于熔模口径者，很容易使铜水泄漏，不能保证熔接质量，此时应利用铜带包扎接地棒的末端予以补救。

4.2.2　立杆

1. 基坑放线

首先，沿线路方向在两杆坑坑边中心处做 3 个方向桩，并用细线连接，在细线上标注距离为 2.5m 的 2 个黑色标记；然后，用水平仪找准地面基准，测量两杆坑的水平度，测量杆坑的深度为 1.7m＋底盘厚度，两坑高差不得大于 20mm。

2. 底盘安装

使用吊盘法安装，在底盘中心用粉笔画一白点，将底盘放在坑内，调整底盘放置的位置，使线坠、细线黑色标记、白点在一条直线上，确定两杆之间的距离为 2.5m。

3. 立杆

（1）电杆选择。电杆杆长根据下层导线对地安全距离的要求，并留有余地的原则确定，宜采用梢径 $\phi19$ 的非预应力杆，一般主干线路的电杆杆长不小于 10m，接户杆不小于 8m。

（2）立杆准备。电杆表面应光洁、平整、壁厚均匀，无露筋、跑浆、裂纹等现象，杆身弯曲不应超过杆长的 1/1000，电杆顶端应封堵良好。

立杆前，用记号笔在电杆上标注设备及横担（一线六点）的安装位置，即标注电杆中轴线、电杆埋深位置点、变压器横担安装点、避雷器横担安装点、熔断器横担安装点、配电柜出线固定点、10kV 线路铁附件（顶套、横担、拉线抱箍）安装点。

（3）立杆操作。在底盘上以白点为圆心、电杆底部为半径画圆，组立电杆时使电杆底部与所画圆圈重合，保证电杆位置的准确度，吊车组立电杆时，当电杆底部与底盘所画圆圈重合，电杆基本正直后，对电杆进行回填土，每 50cm 一层进行夯实，夯实两层后，用吊车对电杆倾斜度进行粗调。

4. 电杆校正

立杆后，直线杆的横向位移不应大于 50mm，直线杆的杆梢位移不应大于杆梢直径的 1/2；转角杆的横向位移不得大于 50mm，且应向外角预偏，其杆梢位移应不大于杆梢直径，紧线后不应向内角倾斜；终端杆应向拉线侧预偏，其预偏值不应大于杆梢直径，紧线后不应向受力侧倾斜。

5. 填土夯实

电杆校正后，进行回填土并夯实，每 50cm 夯实一次，松软土质的基坑回填土时，采用增加夯实次数的加固措施。回填土后的电杆基坑应设置防沉土层，培土高度超出地面 30cm。

6. 安装卡盘

卡盘上平面距离地面 50cm，用半圆抱箍将卡盘与电杆固定，深度允许偏差为 ±50mm。

4.2.3　台架横担及主要设备安装

1. 金具及铁附件检验

（1）表面光洁，无裂纹、毛刺、飞边、砂眼、气泡等缺陷。

（2）线夹转动灵活，与导线接触的表面光洁，螺杆与螺母配合紧密适当。

（3）镀锌良好，表面光洁，无锌皮剥落、锌渣及锈蚀等现象。

（4）金具的孔径应与设备材料配套。

（5）弹簧销、垫的弹力适宜。

（6）开口销应对称开口，开口角度应为30°～60°，闭口销或开口销不应有折断、裂纹等现象，严禁用线材或其他材料代替开口销子。

2. 绝缘子检验

（1）瓷件与铁件组合无歪斜现象，且结合紧密，铁件镀锌良好。

（2）瓷釉光滑，无裂纹、缺釉、斑点、烧痕、气泡或瓷釉烧坏等缺陷。

3. 高压引下线横担及绝缘子安装

（1）10m杆在横担下0.8m处安装高压引下线横担。横担的水平偏差不大于20mm，左右扭斜不大于20mm。

（2）12m杆，在其杆顶向下2m处安装高压引下线横担。横担的水平偏差不大于20mm，左右扭斜不大于20mm。

（3）15m台架，在其杆顶向下2m和4m处分别安装上层和下层高压引下线横担。横担的水平偏差不大于20mm，左右扭斜不大于20mm。

（4）在横担上安装柱式绝缘子，使用直径不小于2.5mm的单股塑料铜线将导线固定在绝缘子顶槽上。

4. 高、低压横担及绝缘子安装

（1）高压横担装于受电侧，中心水平面距离杆顶650mm，与线路方向垂直。安装后，横担若出现上下歪斜、左右扭斜，其端部位移不应大于20mm。

（2）线路顶头包箍的上层抱箍中心距离杆顶150mm，也装于受电侧。

（3）在高压横担上安装柱式绝缘子，使用直径不小于2.5mm的单股塑料铜线将导线固定在绝缘子顶槽上。

（4）15m台架在下层高压引下线横担中心线向下500mm处安装低压四线横担。

5. 熔断器支架安装

（1）熔断器横担长度2250mm，外偏支架长度1110mm，斜撑支架长度1035mm，支架上、下方安装跳线10kV柱式绝缘子，如图4-11所示。

图4-11　熔断器支架安装图

（2）熔断器横担校平后，使用螺栓进行固定。横担中心水平面距变压器台架的槽钢中心线2.5m；横担的水平偏差不大于20mm，左右扭斜不大于20mm；斜撑与电杆的夹角为45°。

（3）熔断器安装时，应与杆塔保持15°～30°的倾斜度，熔断器水平排列的相间距离为600mm。

6. 低压综合配电箱检查

（1）检查并确认低压综合配电箱外观完整，无损伤、锈蚀、变形，防水、防潮、防尘、通风措施可靠，箱门开闭灵活，门锁可靠，关闭严密，箱内各元件的型号、规格符合设计要求，各元件组装牢固、连接紧密、接触可靠。

（2）检查并确认箱内接线正确，连接牢固，附件齐全，相位、相色排列正确且工艺美观。

7. 低压综合配电箱及台架安装

（1）配电箱台架的槽钢使用螺栓固定、槽钢抱箍支撑，槽钢抱箍与杆体贴实，紧贴上层槽钢，方向与槽钢垂直。低压综合配电箱台架的槽钢中心线距地面高度为 2m。

（2）量取配电箱和台架的中心点，吊装后保证设备落位在台架中心位置，采用 $\angle 50 \times 5$ 的热镀锌铁夹固定。

（3）电源进线孔就在变压器低压侧。

8. 配电变压器检查

（1）变压器应符合设计要求，附件、备件应齐全，外观检查无损伤及变形，油漆完好。

（2）箱体封闭良好，无漏油、渗油现象，油标处油面正常。

（3）变压器的压力释放阀应打开。

（4）变压器的高、低压套管外观经检查无损伤，绝缘良好。

9. 变压器及台架安装

（1）变压器二次搬运。

1）变压器二次搬运应由专业起重人员作业，电气安装人员配合。图 4-12 所示为变压器吊装图。

2）干式变压器在运输途中，应采取防潮措施。

3）变压器吊装时，索具应检查合格，钢丝绳应挂在油箱的吊钩上，上盘的吊环仅作吊芯用，不得用此吊环吊装整台变压器。

4）干式变压器安装、维修的最小环境距离应符合设计要求。

5）变压器的安装应采取防振、降噪措施。

6）其他注意事项。

a. 变压器搬运时，应注意保护瓷套管，使其不受损伤。

图 4-12　变压器吊装图

b. 变压器在搬运或装卸前，应核对高、低压侧方向。

c. 当利用机械牵引变压器时，牵引着力点应在设备重心以下，运输角度不得超过 15°。

d. 变压器就位时，应注意其方位，距墙尺寸应与图纸相符，允许误差为 ±25mm，图纸无标注时，纵向按轨道定位，横向距离不得小于 800mm，距门不得小于 1000mm。

e. 装有气体继电器的变压器，应使其顶盖沿气体继电器气流方向有 1‰～1.5‰ 的升高坡度。

（2）变压器安装。

1）变压器台架的槽钢中心线高度距地面 3～3.2m。螺栓穿入必须加装垫铁或垫片，装设方向：水平方向者由内向外，垂直方向者由下向上。变压器的平面坡度（变压器压力释放阀端高）不应大于 1‰～1.5‰。

2）经检查并确认台架安装紧固后，才能吊装变压器且就位固定。

3）高、低压引线的相序应正确，且连接紧密。

4）吊起的变压器不得在空中长期停留。

5）一、二次引线应排列整齐、绑扎牢固。

6）变压器桩头应加装绝缘护套。

7）分接开关位置正确，切换灵活，呼吸器安装正确。

8）变压器进出线一律用 PPR 管护套，PPR 管用组合抱箍固定，进出线管应横平竖直。

图 4-13 所示为变压器安装图。

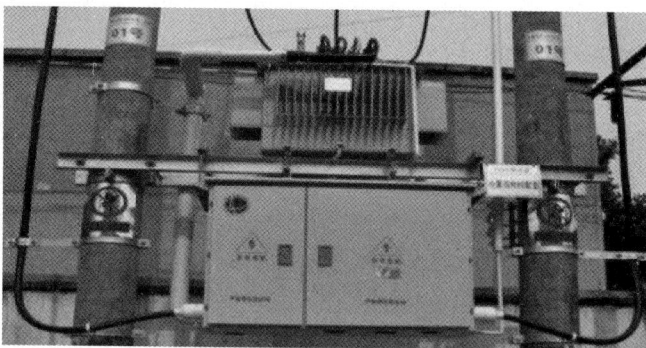

图 4-13　变压器安装图

9）其他注意事项。

a. 台架各层横担的安装符合安全距离。

b. 高压引线宜提前制作，安装时连接要牢固、受力要均匀，顺直无碎弯，有一定的弧度，并保持三相弧度一致，防止接线端子受力。

c. 变压器使用角铁钢固定在托担上，距离地面 3.4m。变压器高压侧出线柱头与熔断器在同一侧。

d. 低压综合配电箱采取悬挂式安装（吊装），利用双头螺栓（可采用防盗螺栓）和背铁角钢固定在变压器托担上，最下沿离地面不小于 1.9m。

e. 引线横担、跌落式熔断器横担、避雷器横担使用单横担。

f. 跌落式熔断器、避雷器、变压器接线柱应加装与相序同色的绝缘护罩。

g. 验电接地环安装在跌落式熔断器与避雷器之间的高压线上，挂接地线时，跌落式熔断器下端接线点不应受力。

h. 低压侧电缆出线可采用侧面出线，不穿护管。

i. 台架接地网为闭合环形，长度和宽度不应小于 5000mm，坑深不应小于 800mm，坑宽为 400mm。回填后，沟面应设有防沉土层，其高度宜为 100～300mm。

（3）变压器本体防腐、防锈处理。

1）变压器进行防腐、防锈处理必须在停电情况下进行。

2）变压器若出现脱漆、锈蚀，应进行表面清扫，完成后进行表面打磨。

3）补漆时应对油位计、压力释放阀、调压开关、高低压套管等附件做好防护措施，防止油漆覆盖。

4）进行喷漆，一般需要喷 3 次。

10. 低压综合配电箱进线固定横担

低压综合配电箱进线固定横担校平后，使用螺栓进行固定。横担中心水平面距变压器台架的槽钢中心线 1.2m，横担的水平偏差不大于 20mm、左右扭斜不大于 20mm。

4.2.4　附属设备安装

1. 跌落式熔断器检验

（1）跌落式熔断器的各部分零件应完整，转轴光滑、灵活，铸件不应有裂纹、砂眼、锈蚀。

（2）绝缘部件完好，熔管不应有吸潮膨胀或弯曲现象。

（3）操作时，灵活可靠、接触紧密。合熔管时，上触头应有一定的压缩行程。

（4）熔丝选择正确，容量在 100kVA 及以下的配电变压器，其高压侧熔丝按变压器容量的 0.1 倍选择，不足 5A 的选 5A；容量在 100kVA 以上的配电变压器，同样按变压器容量的 0.1 倍选择，大于 5A 的选 10A，大于 10A 的选 20A，其低压侧熔丝按 1.5～2 倍的变压器额定电流选择。配电变电器在选择熔丝时应考虑到熔丝的机械强度。

2. 配电变压器熔断器安装

熔断器安装时应与杆塔保持 15°～30°的倾斜度，熔断器水平排列的相间距离为 600mm。

3. 配电变压器避雷器安装

（1）施工前现场检查。

1）避雷器的技术性能、参数符合设计要求，密封可靠，绝缘部件完好，无裂纹、气泡。

2）设备出厂资料及交接试验报告应齐全，并与现场设备一致。

3）经常开路运行而又带电的各种柱上开关，应在两侧都装设防雷装置，其接地线应与柱上断路器的金属外壳连接共同接地，接地电阻值应不大于 10Ω。

4）对 10kV 避雷器用 2500V 绝缘电阻表测量，绝缘电阻值不低于 1000MΩ，合格后方可安装。

（2）避雷器安装。

1）避雷器支架采用热镀锌扁铁件。

2）避雷器支架安装在配电变压器高压侧的箱体上部，去掉变压器箱体的两个螺母，确保避雷器安装后位于变压器的中心位置，如图 4-14 所示。

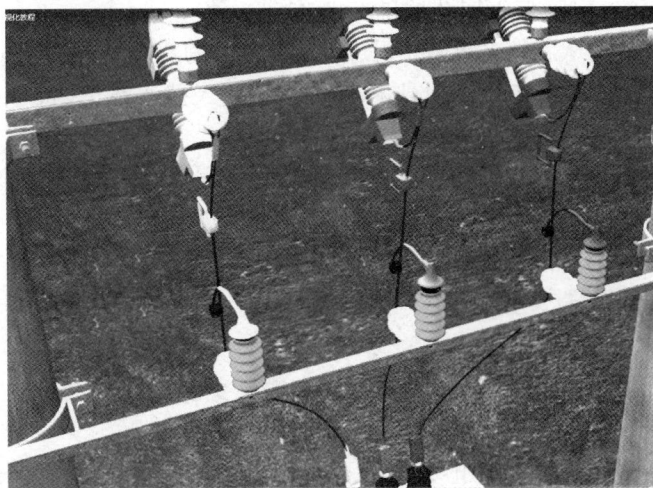

图 4-14　配电变压器避雷器安装图

3）接线端子与引线的连接应可靠。

4）避雷器安装应垂直、排列整齐、高低一致。

5）避雷器引下线应可靠接地。

6）其他注意事项。

a. 避雷器的带电部分与相邻导线或金属架的距离不应小于 350mm。

b. 杆上避雷器排列整齐、高低一致。相间距离：1～10kV 时，不小于 350mm；1kV 以下时，不小于 150mm。

c. 引线应短而直，连接应紧密，引线相间距离不应小于 300mm，对地距离不应小于 200mm，采用绝缘线时，其截面积应符合以下规定。

　　a）引上线：铜线，不小于 16mm^2；铝线，不小于 25mm^2。

　　b）引下线：铜线，不小于 25mm^2；铝线，不小于 35mm^2。

d. 避雷器的引线与导线连接要牢固，紧密接头长度不应小于 100mm。

e. 避雷器必须垂直安装，倾斜角不应大于 15°，倾斜度应小于 2%。

f. 避雷器上、下引线不应过紧或过松，与电气部分连接，不应使避雷器产生外加应力。

g. 若为避雷器检修，在拆除原避雷器上引线后，应采取有效措施固定引线（针对带电作业法），防止解开后的引线反弹或相间放电、短路。

h. 瓷套与固定抱箍之间需加垫层。

i. 引下线接地要可靠，接地电阻值不大于 10Ω。

4. 引线连接

（1）10kV 引下线采用 JKLYJ—10/1×50 的架空绝缘导线，经高压引线横担、柱式绝缘子、熔断器、柱式绝缘子、验电接地环（位于跌落式熔断器与避雷器之间上面 1/3 处）、避雷器到变压器高压套管接线柱，连接引线应顺直、无碎弯。

（2）引线应使用 T 型线夹或双并沟线夹与 10kV 主线连接，使用并沟线夹时，若引下线造成线路受力较大，要在线路导线上缠绕一圈后进行连接，两线夹之间的距离应为 100～150mm，并加装绝缘护套，连接处导线应先用铝包带进行缠绕，缠绕长度应超出接触部分 30mm。铝包带的缠绕方向应与外层线股的绞制方向一致。

（3）接线鼻子压接。从芯线端头量出长度为线鼻子的深度，另加 5mm，剥去电缆芯线绝缘，并在电缆芯线上涂上导电膏或凡士林，将芯线插入接线鼻子内，用压线钳子压紧接线鼻子，压接应在两道以上。

（4）跌落熔断器上、下口应使用铜铝接线端子与引线进行连接。连接引线应顺直、无碎弯，工艺美观，应与支柱绝缘子之间有一定弧度，并保证三相弧度一致。

（5）避雷器 10kV 引线采用 DTLB-50 型（爆炸焊）铜铝鼻端子固定在高压柱上，并安装绝缘罩。连接引线应顺直、无碎弯、工艺美观，引线应有一定弧度，并保证三相弧度一致。

4.2.5　柱上变压器台 0.4kV 进出线安装（电缆不穿管）

1. 低压电力电缆检验

（1）低压侧出线一般采用单根电缆，采用的电缆及附件均应符合国家现行标准及相关产品标准的规定，并应有产品标识和合格证件。

（2）电缆及附件的型号、规格应符合设计要求，电缆长度符合订货要求，附件部件应齐全，材质质量应符合产品技术要求。

（3）电缆外观不应受损，电缆封端应严密。当外观检查有怀疑时，应进行受潮判断及试验。

2. 电缆支架的配制与安装

（1）进线电缆支架分上、下两层，均安装在电杆内侧中心线位置便于电缆回弯处。出线电缆有 3 层支架，均安装在两电杆内侧中心线位置。

（2）组装后，支架横撑的水平误差不应大于其宽度的 2‰。

3. 包缠电缆及套电缆终端指套

（1）剥去电缆统包绝缘层，将电缆终端指套下部先套入电缆。

（2）根据电缆头的型号、尺寸，以及电缆终端指套的长度和内径，用塑料带采用半叠法包缠电缆，包缠应紧密，形状呈枣核状。

（3）根据相位的不同，使用黄、绿、红、黑四色套管分别套入每根芯线上，采用喷枪均匀加热收缩管材。操作时，火焰要缓慢接近材料，在其周围做前后移动，然后绕热缩管做旋转移动，确保径向均匀收缩后再缓慢延伸；火焰要朝收缩方向，以便使预热管材收缩均匀；从中间向两端加热收缩，便于气体排除。

（4）按标准压接工艺，对电缆芯线接线鼻子进行压接。图 4 - 15 所示为电缆操作流程图。

4. 电缆不穿 PVC 管的安装和连接

（1）进线电缆使用抱杆线夹与变压器低压侧接线柱连接，弯头处用绝缘胶带整齐包扎，做好防水处理，并安装绝缘护罩。

（2）进线电缆向低压套管方向弧度调整一致，变压器低压端子无受力情况，配电箱内低压电缆使用接线端子连接到断路器的进、出线端，各相排列整齐有序，相间距离不少于20mm，有明显相序标表。

（3）出线电缆回弯到低压线路上层，使用两个并沟线夹进行连接，线夹整齐一致，且电缆相色应与低压侧出线相色相对应。

（4）完工后，使用防火泥做好上、下孔洞的封堵。图 4 - 16 所示为电缆安装、连接图。

图 4 - 15　电缆操作流程图

图 4 - 16　电缆安装、连接图

4.2.6　柱上变压器台 0.4kV 进出线安装（绝缘线穿管）

1. 导线检查

（1）不应有松股、交叉、折叠、断裂及破损等缺陷。

（2）不应有腐蚀现象。

（3）钢绞线表面镀锌层应良好、无锈蚀。

（4）绝缘线表面应平整、光滑、色泽均匀，绝缘层厚度均匀且符合相关规定。绝缘线的绝缘层应挤包紧密、易剥离，且绝缘线端部应有密封措施。

2. 电缆支架的配制与安装

（1）进线 PVC 管支架（电缆组合抱箍φ280、φ330）分上、下两层，均安装在电杆内侧便于电缆回弯处。出线 PVC 管支架（电缆组合抱箍φ240、φ280、φ330）有 3 层支架，均安装在两电杆内侧。

（2）组装后，支架横撑的水平误差不应大于其宽度的 2‰。

3. PVC 管的安装

（1）选用硬质厚壁 PVC 塑料管不应有穿孔、裂缝、显著的凹凸不平等情况，管子内壁应光滑、无毛刺。

（2）PVC 塑料管内径不应小于电缆外径的 1.5 倍，PVC 塑料管的弯曲半径应符合所穿入电缆弯曲半径的规定。

（3）侧出时，PVC 管应与变压器横担水平平行，且与低压综合配电箱连接处的 PVC 管应进入柜内，并采用防火材料封堵严密；上引时，PVC 管应用电缆抱箍进行固定，并位于电杆中心线内侧。

（4）单根电缆采用90°弯头，多芯电缆拐弯处应使用 2 个 45°防水弯头进行连接，接头处应保证连接牢固、严密。

（5）出线 PVC 保护管经电杆从低压综合配电箱出口敷设至低压出线横担上端 400mm 处，出口处使用 45°防水弯头，导线与主线的连接应横平竖直。

4. 绝缘线敷设及连接

（1）绝缘导线的进线经 PVC 管与变压器低压侧接线柱连接（使用抱杆线夹）。

（2）绝缘导线的进线向低压套管方向弧度调整一致，变压器低压端子无受力情况，配电箱内的绝缘导线使用接线端子连接到断路器的进、出线端，各相排列整齐有序，相间距离不少于 20mm，有明显相序标志。

（3）绝缘导线的出线到低压线路上层应横平竖直，并使用两个并沟线夹进行连接，线夹间距 150mm，线夹整齐一致，电缆相色应与低压侧出线相色相对应。

4.2.7 配电变压器台区附件安装

1. 10kV 验电接地环安装

（1）熔断器下端柱式绝缘子与避雷器之间上 1/3 处约 400mm 安装验电接地环。

（2）验电接地环的型号为 JDL－50，并保证裸露挂点应朝下，接地环安装高度水平一致。

（3）12m、15m 电杆变压器台架安装图如图 4-17 所示。

2. 绝缘罩安装

（1）变压器高、低压端子，避雷器和熔断器均加装绝缘防护罩。

（2）绝缘罩在安装时，应与变压器的相序完全对应，扣件应扣紧完整，并扣住设备的裸露部分，安装前，测试绝缘罩的绝缘性能应合格；安装中，避免绝缘罩受到机械伤害；安装后，检查绝缘罩是否齐全、完好及扣紧无裸露部分。图 4-18 所示为绝缘罩安装图。

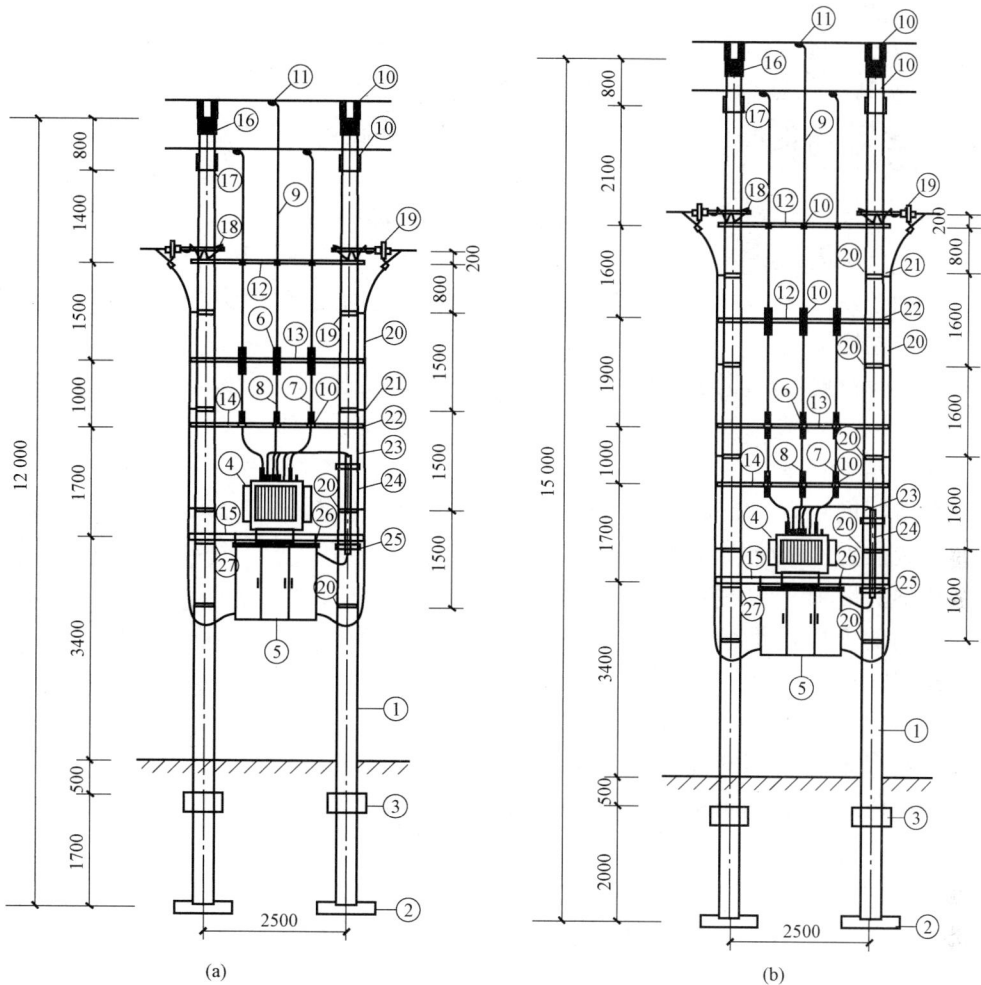

图 4 - 17　12m、15m 电杆变压器台架安装图

（a）12m 电杆安装图；（b）15m 电杆安装图

①—混凝土电杆；②—底盘；③—卡盘；④—变压器；⑤—低压综合配电箱；⑥—跌落式熔断器；⑦—避雷器；
⑧—验电接地环；⑨—10kV 引下线；⑩—导线支持绝缘子；⑪—楔型并沟线夹；⑫—10kV 引下线横担；
⑬—熔断器横担；⑭—避雷器横担；⑮—变压器双杆支持架；⑯—杆顶瓷瓶架；⑰—10kV 线路横担；
⑱—低压线路横担；⑲—低压耐张串；⑳—低压出线电缆；㉑—低压出线电缆支架；㉒—横担抱箍；
㉓—低压进线；㉔—UPVC 管；㉕—UPVC 管固定抱箍；㉖—角铁连接片；㉗—HBG 型横担抱箍

4.2.8　标志牌安装

1. 相序牌

相序牌宜装在对应相最下层过渡横担的 3 个绝缘子脚下，相序牌正面面向跌落式熔断器操作面。

2. 变压器警告标志牌

（1）规格。"禁止攀登　高压危险"标志牌的尺寸为 300mm×240mm。变压器警告标志牌外形图如图 4 - 19 所示。

图 4 - 18　绝缘罩安装图

图 4-19　变压器警告标志牌
外形图

（2）安装位置。变压器警告标志牌应安装在变压器槽钢横担上，位于变压器正面左侧。警告标志牌上沿与变压器槽钢上沿对齐，并将其用钢包带固定在槽钢上。

（3）标志牌材质。标志牌材质可选用铝质板或搪瓷牌等。

3. 变压器运行标志牌

（1）规格：尺寸为 320mm×260mm，白底，红色黑体字。

（2）安装位置：安装在变压器槽钢横担上，位于变压器正面右侧。运行标志牌上沿与变压器槽钢上沿对齐，并将其用钢包带固定在槽钢上。

（3）标志牌材质：材质可选用铝质板或搪瓷牌等。变压器运行标志牌外形图如图 4-20 所示。

4. 电杆杆号标志牌

（1）规格：尺寸为 320mm×260mm，白底，红色黑体字。

（2）安装位置：变压器台架电杆杆号标志牌在标志牌下沿距变压器槽钢上沿 1m 处安装，线路杆号标志牌安装在面向道路或人员活动的方向，距地平面 4～6m 的醒目位置安装，并用钢包带固定。

5. 接地装置标志牌

接地线露出地面扁钢的部分应喷刷（或粘贴）有 100mm 宽度相等的绿色和黄色相间的条纹，在接地主引线分断点处安装接地装置标志牌。

图 4-20　变压器运行标志牌
外形图

4.3　配电变压器受电及试运行

4.3.1　试验前的检查及准备

（1）检查铭牌数据及其他标牌有无错误，有无机械损坏；附件是否齐全。

（2）检查高、低压绝缘子有无裂缝和缺陷，并把其上的灰尘打扫干净。

（3）将配电变压器上的高、低压母线拆除，准备好现场试验用的电流设施及有关试验设备、仪器仪表、应用工具和连接导线等。

（4）试验时，要保证被试物外壳可靠接地。

（5）测量绕组连同套管的直流电阻值。各相测得值的相互差值应小于平均值的 4%，线间测得值的相互差值应小于平均值的 2%。测量完毕后，与同温下产品出厂实测数值比较，相应变化不应大于 2%。经现场测量，变压器合格才能允许受电。

（6）检查所有分接头的电压比，应与制造厂铭牌无明显差别。

（7）检查变压器的三相联结组别，必须与设计要求及铭牌上的标记和外壳符号相符。并列运行的配电变压器必须组别相同，金宏树脂的变压器全部为 Dyn11。

（8）测量绕组连同套管的绝缘电阻值、吸收比，应不低于产品出厂试验值的 70%。

（9）绕组连同套管的交流耐压试验。试验时应无击穿和放电现象，且耐压后绝缘良好。注意，对油浸式变压器绕组进行的交流耐压试验，必须在绝缘油耐压或理化试验合格后进行。

（10）测量与铁心绝缘的各紧固件及铁心接地线引出套管对外壳的绝缘电阻值。

（11）检查相位与电网的相位应一致。额定电压下的冲击合闸试验 5 次应无异常现象。

（12）配电变压器试运行前，所有试验数据应交甲方校核，征得甲方同意后，方可进行试运行。

4.3.2 配电变压器空载调试运行

配电变压器空载投入冲击试验，即配电变压器不带负荷投入，所有负荷侧开关应全部拉开。试验程序如下：

（1）全电压冲击合闸，高压侧投入，低压侧全部断开，受电持续时间应不少于 10min，经检查应无异常。

（2）配电变压器受电无异常，每隔 5min 进行一次冲击。连续进行 3～5 次全电压冲击合闸，励磁涌流不应引起保护装置误动作，最后一次进行空载运行。

（3）配电变压器的全电压冲击试验，检验对象是其绝缘和保护装置。但应注意，有中性点接地的变压器在进行冲击合闸前，中性点必须接地。否则，冲击合闸时将造成变压器损坏事故的发生。

（4）配电变压器空载运行的检查方法：主要是听声音辨别配电变压器的空载运行情况，正常时，发出嗡嗡声；异常时，有以下几种情况发生：①声音比较大而均匀时，可能是外加电压偏高；②声音比较大而嘈杂时，可能是芯部有松动；③有"滋滋"放电的声音，可能套管有表面闪络，应严加注意，并应查出原因，及时进行处理或是更换变压器。

（5）在进行冲击试验的过程中，应注意观测冲击电流，空载电流，一次电压、二次电压，变压器温度等，做好详细记录。

4.3.3 配电变压器半负荷调试运行

（1）经过空载冲击试验运行 24～28h（其时间长短视实际需要而定），确认无异常后，才可进行半负荷试运行试验。

（2）将配电变压器负荷侧逐渐投入，直到半负荷状态时停止，观察变压器温升，一次电压、二次电压和负荷电流的变化情况，应每隔 2h 记录一次。

（3）经过配电变压器半负荷通电调试运行，达到安全运行标准后，再进行满负荷调试运行。

4.3.4 配电变压器满负荷运行

（1）继续调试变压器负荷侧，使其达到满负荷状态，再运行 10h 观测温升，一次电压、二次电压和负荷电流的变化情况，每隔 2h 记录一次。

（2）经过满负荷变压器试运行合格后，向业主（建设单位）办理移交手续。

4.3.5 配电箱试验

（1）元器件的安装布局是否合理、符合图纸。

（2）检查主、辅电路接线是否正确、可靠，导线截面积是否符合设计要求。

（3）机械操作及特性试验。

1）本项试验主要是验证断路器与机构配装与调试是否灵活、可靠，可移开的部件能否完成预定的操作功能。

2）开关柜内所装断路器在规定的操作条件下的机械特性应符合供货方所提供的技术参

数，设备及绝缘子安装前应进行绝缘电阻试验，台架设备安装完成后要对隔离开关、熔断器进行拉合试验。检查隔离开关、熔断器、低压刀闸是否在断位。

3）手动、电动分、合断路器，检查控制回路，电流、电压回路，信号电路及各保护回路接线的正确性，模拟运行状态下的各种故障现象，验证信号及各项保护功能的准确性和可靠性应符合原理图。

4）经过以上各种操作试验，柜子机构及元器件不应有变形及性能改变等不良现象。

（4）电气间隙。用卡尺测量所有带电部件与不带电部件之间，以及带电部件相互之间的直线最短距离，10kV电压等级部件电气间隙不得小于125mm。

（5）工频耐压试验。

1）主回路工频耐压试验：对金属封闭式开关设备的主回路进行耐压试验，将电流互感器、电压互感器、传感器二次侧短接地，试验电压要符合耐压试验电压的要求，1min内应无击穿、闪络现象。

2）有关辅助回路、控制回路的耐压试验：应能经受2kV、1s工频耐压试验无击穿、闪络、放电现象。其工频耐压表见表4-4。

表 4-4   工 频 耐 压 表   （kV）

额定电压	额定短时工频耐受电压		雷电冲击耐受电压	
	通用值	隔离断口	通用值	隔离断口
12	42	48	75	85
15	46	56	105	115
24	50	60	125	145
35	95	110	185	215

（6）主回路电阻值的测量。主回路电阻值用回路电阻测试仪根据供货方提供的技术参数进行测量。

第 5 章 配电室施工

5.1 配 电 室

配电室指带有低压负荷的室内配电场所，主要为低压用户配送电能，设有中压进线（可有少量出线）、配电变压器和低压配电装置。10kV 及以下电压等级设备的设施，分为高压配电室和低压配电室。高压配电室一般指 6～10kV 的高压开关室，低压配电室一般指 10kV 或 35kV 站用变压器出线的 400V 配电室。

配电室是大厦供电系统的关键部位，未经管理处经理、部门主管的许可，非工作人员不得入内。值班员必须持证上岗，熟悉配电设备状况、操作方法和安全注意事项。值班员必须密切注意电压表、电流表、功率因数表的指示情况，严禁空气断路器超载运行，保持配电房地面及设备外表无尘。配电室设备的倒闸操作由值班员单独进行，其他在场人员只负责监护，不得插手；严禁两人同时倒闸操作，以免发生错误。

配电室分为专用配电室与公用配电室。

从权限来讲，专用配电室是由业主自主管理的，公用配电室属于供电公司管理。

专用配电室提供小区内的公共设施设备用电，如消防泵、生活泵、风机、电梯、公共照明和配套商业等设备的用电；公用配电室提供专供居民生活用电。

5.1.1 配电室的组成

1. 进线柜

作用：分配电量，进线柜一般配真空断路器用于开断，真空断路器具备短路、防过电流等保护功能，同时配以隔离开关用于保护检修过程中检修人员的安全。另外，进线柜还配备电流互感器和电压互感器用于计量电流值、电压值。因此，进线柜具备了保护、计量、监控等综合功能。

组成：真空断路器、隔离开关、3 组三线圈电流互感器、避雷器、带电显示器、电压互感器、导线等元器件。

2. 计量柜

作用：电能计量装置的一种，采用高供高计的方式，通过电流互感器、电压互感器、电能表等计量装置反映负载的用电量。安装在用户处的计量装置，由用户负责保护、封印完好，装置本身不受损坏或丢失。

组成：电流互感器、熔断器、Vv 接线的电压互感器、带电显示器。

3. 电压互感器柜

作用：①电压测量，提供测量表计的电压回路；②可提供操作盒操作电源；③每段母线过电压保护器的装设；④继电保护装置运行的前提需要，如是母线绝缘、过电压、欠电压、备用电源自动投入装置条件。

组成：电压互感器、隔离开关、熔断器、避雷器。

接线方式：Vv 接线、Yyn 接线、YNyn 接线。

4. 出线柜

作用：主要是起分配电能的作用，将主电源分配到各个用电支路开关上去，对各支路过电流、过负荷保护盒起接通、断开支路电源的作用。

组成：3组三线圈电流互感器、隔离开关、断路器、带电显示装置。

5. 联络柜

作用：一般起联络母线的作用。当两路电源同时送电的时候，联络柜则从中间断开（两路不同的电源，通常不能重合）；当其中某一段电源因事故而停电或断电的时候，联络柜则自动接通，以保障用户用电；而当原来停电的那一端恢复通电的时候，联络柜则自动断开，处于原来的备用状态。

组成：隔离开关、断路器、电流互感器、带电显示装置。

6. 隔离柜

作用：用来隔离两端母线或者隔离受电设备与供电设备，它可以给运行人员提供一个可见的端点，以方便检修和维护作业。

组成：断路器、隔离开关、接地开关、电流互感器、电压互感器、避雷器、带电显示装置。

5.1.2　组成部分的作用

（1）断路器：当回路发生短路或过电流故障时，能迅速切断电源，防止故障扩大，同时可以作为一般开关使用，实现电能的分配和控制，采用电动操作。

（2）熔断器：在电流异常升高到一定数值时自身熔断切断电流，从而起到保护电路安全运行的作用。

（3）隔离开关：用于隔离电源，将高压检修设备与带电设备断开，使其间有一明显可见的断开点；隔离开关与断路器配合，按系统运行方式的需要进行倒闸操作，以改变系统的运行接线方式。

（4）电压互感器、电流互感器：将高电压或大电流按比例变换成标准低电压（100V）或标准小电流（5A或1A，均指额定值），以便实现测量仪表、保护设备及自动控制设备的标准化、小型化。同时，互感器还可用来隔开高电压系统，以保证人身和设备安全。

（5）避雷器：通过并联放电间隙或非线性电阻的作用，对入侵流动波进行削幅，降低被保护设备所受的过电压值。

5.1.3　配电室的硬件要求

（1）配电室应靠近电源，并应设在灰尘少、潮气少、振动小、无腐蚀介质、无易燃易爆物及道路畅通的地方。

（2）成列的配电柜和控制柜两端应与重复接地线及保护零线做电气连接。

（3）配电室和控制室应能自然通风，并应采取防止雨雪侵入和动物进入的措施。

（4）配电室的布置应符合下列要求。

1）配电柜正面的操作通道宽度：单列布置或双列背对背布置，不小于1.5m；双列面对面布置，不小于2m。

2）配电柜后面的维护通道宽度：单列布置或双列面对面布置，不小于0.8m；双列背对背布置，不小于1.5m。个别地点有建筑物结构凸出的地方，通道宽度可减少0.2m。

3）配电柜侧面的维护通道宽度不小于1m。

4）配电室的顶棚与地面的距离不低于 3m。

5）配电室内设置值班或检修室时，该室边缘距配电柜的水平距离大于 1m，并采取屏障隔离。

6）配电室内的裸母线与地面的垂直距离小于 2.5m 时，采用遮栏隔离，遮栏下面通道的高度不小于 1.9m。

7）配电室围栏上端与其正下方带电部分的净距不小于 0.075m。

8）配电装置的上端与顶棚的距离不小于 0.5m。

9）配电室内的母线涂刷有色油漆，以标记相序。

10）配电室的建筑物和构筑物的耐火等级不低于 3 级，室内配置砂箱和可用于扑灭电气火灾的灭火器。

11）配电室的门向外开，并配锁。

12）配电室的照明分别设置正常照明和事故照明。

（5）配电柜应装设电能表，并应装设电流表、电压表。电流表与计费电能表不得共用一组电流互感器。

（6）配电柜应装设电源隔离开关及短路、过负荷、漏电保护电器。电源隔离开关分断时，应有明显可见的分断点。

（7）配电柜应编号，并应有用途标记。

（8）配电柜或配电线路停电维修时，应挂接地线，并应悬挂"禁止合闸 有人工作"停电标志牌。停、送电必须由专人负责。

（9）配电室应保持整洁，不得堆放任何妨碍操作、维修的杂物。

5.1.4 配电室的安全要求

（1）值班电工必须具备必要的电工知识，熟悉安全操作规程，熟悉供电系统和配电室各种设备的性能和操作方法，并具备在异常情况下采取措施的能力。

（2）值班电工要有高度的工作责任心，严格执行值班巡视制度、倒闸操作制度、工作票制度、安全用具及消防设备管理制度和出入制度等各项制度的规定。

（3）允许单独巡视高压设备及担任监护人的人员，应经动力部门领导批准。

（4）不论高压设备带电与否，值班人员不得单人移开或越过遮栏直接进行工作。若要移动遮栏，必须有监护人在场，并符合设备不停电时的安全距离。

（5）雷雨天气需要巡视室外高压设备时，应穿绝缘鞋，并不得靠近避雷器与避雷针。

（6）巡视配电装置，进出高压室，必须随手将门锁好。

（7）与供电单位或用户联系，进行停、送电倒闸操作时，值班负责人必须复核无误，并且将联系内容和联系人姓名做好记录。

（8）停电拉闸必须按照油断路器（或负荷开关等）、负荷侧隔离开关、母线侧隔离开关的顺序依次操作。

（9）高压设备和大容量低压总盘上的倒闸操作必须由两人执行，并由对设备更为熟悉的一人担任监护人。远方控制或隔墙操作的油断路器和隔离开关（和油断路器有联锁装置的）可以由单人操作。

（10）用绝缘棒拉合高压隔离开关或经传动拉合高压隔离开关和油断路器，都应戴绝缘手套。雨天操作室外高压设备时，应穿绝缘靴。雷电时，禁止进行倒闸操作。

（11）带电装卸熔断器时，应戴防护眼镜和绝缘手套，必要时使用绝缘夹钳，并站在绝缘垫上。

（12）电气设备停电后，在未拉开隔离开关和做好安全措施以前，应视为有电，不得触及设备和进入遮栏，以防突然来电。

（13）施工和检修需要停电时，值班人员应按照工作票要求做好安全措施，包括停电、检电、装设遮栏和悬挂标志牌，会同工作负责人现场检查确认无电，并交代附近带电设备的位置和注意事项，然后双方办理许可开工签证，方可开始工作。

（14）工作结束时，工作人员撤离，工作负责人向值班人交代清楚，并共同检查，然后双方办理工作终结签证后，值班人员方可拆除安全措施，恢复送电。

在未办理工作终结手续前，值班人员不准将施工设备合闸送电。

（15）高压设备带电工作时，距离工作人员工作中的正常活动范围小于0.35m必须停电；距离大于0.35m但小于0.7m的设备，必须在与带电部分不小于0.35m的距离处设牢固的临时遮栏，否则必须停电。带电部分在工作人员的后面或两侧无可靠措施者也必须停电。

（16）停电时必须切断各回线可能来电的电源。不能只拉开油断路器进行工作，而必须拉开隔离开关，使各回线至少有一个明显的断开点。变压器与电压互感器必须从高、低压两侧断开。电压互感器的一、二次熔断器都要取下。油断路器的操作电源要断开。隔离开关的操作把手要锁住。

（17）验电时，必须用电压等级合适并且合格的验电器，在检修设备时，对出线两侧分别验电。验电前，应先在有电设备上试验证明验电器良好。高压设备验电必须戴绝缘手套。

（18）当验明设备确已无电压后，应立即将检修设备的导体接地，并互相短路。对可能发生送电至停电设备的各方面或可能产生感应电压的部分都要装设接地线。接地线应用多股裸软铜线，截面积不得小于25mm^2。接地线必须先接接地端，后接导体端，必须接触牢固，拆除时的顺序与其相反。装、拆接地线都应使用绝缘手套。装、拆工作必须由两人进行。不许检修人员自行装、拆和变动接地线。接地线应编号并放在固定地点。装、拆接地线应做好记录，并在交接班时交代清楚。

（19）在电容器回路上工作时，必须将电容器逐个放电，放电后接地。

（20）在一经合闸即可送电到工作地点的断路器和隔离开关操作把手上都应悬挂"禁止合闸　有人工作"的标志牌。在工作地点两旁和对面的带电设备遮栏上和禁止通行的过道上悬挂"止步　高压危险"的标志牌。

（21）线路或用户检修要求停电时，值班人员应采取安全措施，然后通知对方负责人开始工作，并进行登记。工作结束后，必须在接到原负责人通知后方可恢复送电，严禁约时停、送电。

（22）在带电设备附近工作时，必须设专人监护。带电设备只能在工作人员的前面或一侧，否则应停电进行。

（23）低压回路停电检修时，应断开电源，取下熔断器。在隔离开关的操作把手上挂"禁止合闸　有人工作"的标志牌。

（24）低压设备带电工作时，应设专人监护。工作中要戴工作帽，穿长袖衣服，戴绝缘手套，使用有绝缘柄的工具，并站在干燥的绝缘物上进行工作。相邻的带电部分，应用绝缘板料隔开。严禁使用锉刀、金属尺和带有金属物的毛刷、毛掸工具。

（25）在带电的电流互感器二次回路上工作时，要严防电流互感器二次侧开路产生高电压。断开电流回路时，必须使用短路线在电流互感器二次侧的专用端子上短路。严禁用导线缠绕。工作中，不得将回路的永久接地点断开。工作时，必须有专人监护，使用绝缘工具，并站在绝缘垫上。

（26）发生人身触电事故和火灾事故，值班人员应不经联系立即断开有关设备的电源，以进行抢救。

（27）电气设备发生火灾时，应该用四氯化碳、二氧化碳灭火器或 1211 灭火器扑救。

5.2 开关站、配电室基础施工

5.2.1 管沟预埋施工

1. 工艺规范

（1）所有预埋件均按设计埋设并符合要求。

（2）电缆沟排水良好，盖板齐全、平整。

（3）所有电缆沟的出（入）口处应预埋电缆管。

（4）电缆敷设完毕后，需按要求进行封堵。

2. 施工要点

（1）地沟混凝土垫层。

1）对电缆沟进行放线，确定位置。

2）根据标高控制点线量出面层标高，在墙柱上弹出标高线或测设标高控制点。

3）对于土、灰土、砂石类基层，其压实系数应符合设计要求，将基层表面的杂物清理干净，并按标高整平。

4）施工前一天对基层表面进行洒水湿润并晾干，不得有明水。

5）用方木配竹胶板对四周进行支模，封堵 10cm 高边模，并调平上标高。

6）对于面积过大的区域，用与混凝土相同配合比的细石混凝土抹灰饼，纵横间距 1.5m，灰饼上标高与面层标高相同。

7）混凝土的强度等级应符合设计要求，振捣密实，表面刮平拉毛，待表面泛白后洒水养护。

（2）砌筑沟壁及砖垛。

1）对电缆沟壁及砖垛放线（弹墨线），并标出砖垛和留空位置。

2）在砌筑前一天对黏土砖进行浇水湿润（水进砖 1.5cm 为宜）。

3）按要求先将沟壁两侧砌至比设计地面标高低 120mm 处（预留压顶），再按要求砌筑中间砖垛，并砌至比设计地面标高低 240mm 处（通垛）。

（3）混凝土压顶及通渠。

1）支设通梁底的模板。

2）按图纸要求绑扎砖垛上的通梁钢筋。

3）支设通梁及压顶侧模板，在支设侧模板时，要比设计标高低 60mm（预留二次浇筑）。

4）按图纸要求的混凝土等级浇筑压顶混凝土，在浇筑过程中，对属于盖钢盖板的压顶

预埋 $\phi 8$ 的钢筋头（上部外露 70～100mm，下部要设置弯钩锚在混凝土中），每隔 500mm 预埋一根，预埋钢筋距沟内侧 30mm 左右为宜。对于通梁的混凝土也要留 60mm，不需要预埋钢筋（通梁上部两根受力钢筋要外露）。将混凝土振捣密实，表面要收平拉毛。

（4）电缆沟抹灰。

1）将沟底部清扫干净，并提前一天对砖墙浇水湿润。

2）基层处理、吊直，制作灰饼、冲筋。

3）用比例为 1∶3 的水泥耗资浆抹底灰（厚度为 10～12mm），并用木抹子搓平拉毛。

4）用比例为 1∶2.5 的水泥砂浆抹面层（厚度为 8～10mm），并将上口压顶及通梁截齐，以利于下次抹灰收口。

5）沟底部扫浆，并用砂浆刮平压光。

（5）焊护角、铁件及钢盖板二台钢筋。

1）用┗ 50mm×50mm 的角钢做电缆沟两侧上口护角，将角钢与沟壁压顶上预埋 ϕ 8mm 的钢筋头焊接，并在角钢角内侧与预埋钢筋最下端成 45°斜向焊一根 ϕ 8mm 的钢筋，形成两道连接。焊接时，角钢的内侧面要求与沟内侧的抹灰层在同一平面上，且必须保证角钢在通长方向顺直。标高也要控制在偏差以内，角钢的上表面要比设计的完成地面低 10mm。另一侧角钢与通梁的受力钢筋焊接间距为 500mm 一道，焊接方法同上。

2）加工预埋铁件，将 5mm 厚的钢板切割成 100mm×100mm 的方块，并将表面打磨平整。制作 ϕ 6mm 锚钩筋时，下面弯钩以竖向 30～40mm 为宜，横向 50～80mm 为宜，焊点要牢固。

3）用调直 ϕ 10mm 的圆钢焊在角钢上面，离角钢上平面的最外边缘 5mm 左右，焊点不宜多，其焊点只能在外侧（迎混凝土面）。内侧保留 30mm 左右，作为铺设花纹钢板的二台用（铺设花纹钢板时，在二台上垫 5mm 厚的胶皮垫子）。

（6）二次制作压顶、预埋铁件。

1）将配电室电缆沟以外的回填土回填到设计地面标高。

2）对电缆沟两侧及通梁压顶二次支设模板。

3）混凝土浇筑时要与配电室地面整体浇筑，且浇筑时角钢下面一定要密实，混凝土表面要与角钢上 ϕ 10mm 的圆钢筋收平压光。

4）配电室内配电柜安装位置无角钢处要预埋铁件，铁件边缘紧贴沟内侧面模板，每间距 1.5m 一道，铁件表面要与混凝土表面在同一平面上。

5）混凝土表面用原浆一次性压光，达到验收标准。

6）养护：混凝土完工后，第二天要及时浇水养护，养护不少于 7 天。

3. 注意事项

（1）电缆沟壁及砖垛抹灰时，要按一般抹灰要求，制作灰饼、冲筋，拉通线，并要保证同一条沟内的尺寸保持一致。

（2）焊角钢及 ϕ 10mm 圆钢筋之前，要对角钢和钢筋先调直，与角钢的连接点要牢固，支撑点要有一定的强度，角钢的侧立面要于沟内侧抹灰层保持平行。

（3）配电室地面整体浇筑混凝土时，要对水泥混凝土面层施工前，应将基层表面的浆皮、浮土和油污清理干净，并浇水湿润。再涂刷聚合物水泥浆，要求稠度适宜，涂刷均匀。浇筑过程中，振捣一定要密实，并且不得漏振。

（4）对混凝土面层压光时，掌握好时间，配备足够的操作人员，第三遍要用力抹压，把所有保证压平压光。使用磨光机时，最后一遍将刀片角度调小，加大与混凝土面层的接触面积，并进行抛光，达到面层表面密实、光洁。

5.2.2 防雷接地施工

1. 工艺规范

（1）在各个支架和设备位置处，应将接地支线引出地面；所有电气设备的底脚螺栓、构架、电缆支架和预埋铁件等均应可靠接地；各设备接地引出线应与主接地网可靠连接。

（2）接地引线应按规定涂以标志。

（3）接地线引出建筑物内的外墙处应设置接地标志，室内接地线距地面高度不小于0.3m，距墙面距离不小于10mm。接地引上线与设备连接点应不少于2个。

（4）建筑物内的接地网应采用暗敷的方式，根据设计要求留有接地端子。

（5）接地体埋深应符合设计规定，当设计无规定时，不宜小于0.6m。

（6）主接地网的连接方式应符合设计要求，一般采用焊接，焊接应牢固、无虚焊。

（7）对于接地材料为有色金属的宜采用螺栓搭接，钢接地体的搭接应使用搭接焊，裸铜绞线与铜排及铜棒接地体的焊接应采用热熔焊。

2. 施工要点

（1）接地装置。

1）按照设计图上的尺寸、位置要求，将底板内两条结构主筋焊接连通，与所经桩台及柱内的有关钢筋焊接（不同标高处利用两根钢筋竖向结构上下贯通），并将两根主筋用油漆做好标记，便于引出和检查。

2）所有焊接处的焊缝应饱满，并有足够的机械强度，不得有夹渣、咬肉、裂纹、虚焊、气孔等缺陷，焊接处的药皮敲净后，刷沥青进行防腐处理。采用搭接焊时，其焊接长度要求如下：

a. 镀锌扁钢不小于其宽度的2倍，且至少3个棱边焊接。

b. 镀锌圆钢的焊接长度为其直径的6倍，并应二面焊接。

c. 镀锌圆钢与镀锌扁钢连接时，其长度为圆钢直径的6倍。

d. 在十字搭接处，应采取弥补搭接面不足的措施，以满足上述要求。

3）热熔焊的具体要求。

a. 对应焊接点的模具规格应正确、完好，焊接点导体和焊接模具应清洁。

b. 大接头焊接应预热模具，将模具内热熔剂填充密实。

c. 接头内导体应熔透。

d. 铜焊接头表面光滑、无气泡，应用钢丝刷清除焊渣，并涂刷防腐清漆。

4）每一处施工完毕后，应及时请质检部门进行隐蔽工程检查验收，合格后方能隐蔽，同时做好隐蔽工程验收记录。

（2）引下线安装。

接地引上线应涂以不同的标志，便于接线人员区分主接地网和避雷网。

利用建筑钢筋做引下线的情况，钢筋截面一定要满足设计要求。

钢筋的连接要满足规范要求，如建筑施工采用埋弧焊工艺，可不予处理，否则要进行接地跨接，搭接长度不应小于跨接钢筋直径的6倍。

（3）避雷带。

1）支架安装。在土建屋面结构施工时，应配合预埋支架。所有支架必须牢固、灰浆饱满、横平竖直。支架间距不大于 1.5m 且间距均匀，允许偏差 30mm，转角处两边的支架距转角中心不大于 250mm，成排支架水平度每 2m 检查段允许偏差 3/1000，但全长偏差不得大于 10mm。

2）避雷带安装。将镀锌扁钢调直。

避雷线安装时应平直、牢固，不得有高低起伏和弯曲现象，与建筑物的距离应一致，每 2m 检查段的平直度允许偏差为 3/1000，但全长偏差不得大于 10mm。

避雷线弯曲处不得小于 90°，弯曲半径不得小于镀锌扁铁直径的 2.5 倍。

在建筑物的变形缝处应做防雷跨越处理。

（4）电气接地施工方法。

1）高、低压变压器配电房设备的接地系统，在房间内四周设置一条距地面 300mm 的水平接地环形带，其规格应按照设计要求。

2）开关柜、配电屏（箱）、电力变压器及各种用电设备、因绝缘破损而可能带电的金属外壳、电气用的独立安装的金属支架及传动机构、插座的接地孔，均应以专用接地支线（PE 线）可靠相连，PE 线应与接地装置连通并做重复接地。

3）当保护线（PE 线）所用的材质与相线相同时，PE 线的最小截面积应符合表 5-1 的要求，当 PE 线采用单芯绝缘导线时，按机械强度要求，截面积不应小于：有机械性保护时为 2.5mm²，无机械性保护时为 4mm²。

表 5-1 PE 线的最小截面积

相线芯线截面积 S（mm²）	PE 线最小截面积 S（mm²）
$S \leqslant 16$	S
$16 \leqslant S \leqslant 35$	16
$S > 35$	$S/2$

4）接地干线明敷时，与建筑物墙壁的间隙为 17mm；水平敷设时，与地面之间的距离应大于 250mm，在水平直线部分与地面之间的距离应大于 250mm（支持件间的距离）；支持件间的距离，在水平直线部分为 1000mm，转弯部分为 100mm。接地干、支线的表面应涂黄、绿相间的条纹，条纹宽度为 100mm，中性线应涂蓝色标志。

5）火灾自动报警系统，楼宇设备自动监控系统（Building Automation System，BAS）及其他弱电设备机房采用专用接地线，由接地装置引入控制室。

6）接地电阻测试。在测试前先将检流计的指针调零，再将倍率标准杆置于最大倍数，慢摇，同时调整测量标度盘，使检流计为零。加速摇到 120r/min 左右，再调到平衡后，读取标度盘的刻度，乘以倍率即可得到所测的电阻值。注意：电流探针的接线长度为 40m，电位探测的接线长度为 20m。

5.2.3 通风系统施工

1. 工艺规范

（1）通风一般采用自然通风，且应完全满足设备散热的要求，同时应安装事故排风装置。

（2）通风机的外形应与开关站、配电室的环境相协调，采用耐腐蚀材料制造，噪声不大于 45dB。通风机停止运行时，其朝外一面的百叶窗可自动关闭。

（3）开关站、配电室内宜配置符合暖通要求的空调，户外机应设置防盗装置。

（4）通风设施等通道应采取防止雨、雪及小动物进入室内的措施。

2．施工要点

（1）室内装有六氟化硫（SF$_6$）设备，应设置双排风口。

（2）低位应加装强制通风装置，风机中心距离室内地坪 400mm。

（3）风机的吸入口应加装保护网或其他安全装置，保护网孔的尺寸为 5mm×5mm。

（4）开关站、配电室位于地下层时，其专用通风管道应采用阻燃材料。环境污秽地区应加装空气过滤器。

5.2.4　通风照明系统施工

1．工艺规范

（1）电气照明应采用高效节能光源，安装牢固，亮度满足设计及使用要求。

（2）在室内配电装置及室内主要通道等处，应设置供电时间不小于1h 的应急照明。

（3）灯具、配电箱全部安装完毕后，应通电试运行。通电后，应仔细检查开关与灯具的控制顺序是否相对应，电气元件是否正常。

2．施工要点

（1）照明灯具不应设置在配电装置的正上方。

（2）开关站、配电室动力照明总开关应设置双电源切换装置。

（3）建筑照明系统通电连续试运行时间为 24h，所用照明灯具均应开启，每 2h 记录一次运行状态，连续试运行时间内无故障即可判定正常。

5.2.5　安全设施施工

1．工艺规范

（1）开关站、配电室应配备专用安全工器具柜，用于存放备品备件、安全工具及运行维护物品等。

（2）开关站、配电室内应设置报警装置，发生盗窃、火灾、SF$_6$ 含量超标等异常情况时应自动报警。

2．施工要点

（1）开关站、配电室出入口应加装防小动物挡板，其高度为 0.4m，材质为塑料、金属或木板，安装方式为插入式，防小动物板上部刷防止绊跤线标志。所有门（含防小动物板）关上后，缝隙不大于 0.5cm。

（2）当开关站、配电室位于地下室，且室内无集水坑及排水通道时，防小动物板应为高度为 0.4m 的水泥墩（防电房进水）。

（3）开关站、配电室窗户应加装防小动物不锈钢网，其规格、型号应符合设计要求。

5.3　站室配电变压器施工

5.3.1　干式配电变压器施工

1．干式配电变压器搬运

（1）工艺规范。

1）配电变压器二次搬运应由专业起重人员作业，电气安装人员配合。

2）干式配电变压器在运输途中，应采取防潮措施。

（2）施工要点。

1）在搬运或装卸前，应核对高、低压侧方向。

2）配电变压器就位时，应注意其方位和距墙尺寸与图纸相符，允许误差为±25mm。图纸无标注时，纵向按轨道定位，横向距墙不得小于800mm，距门不得小于1000mm。

2. 干式变压器安装前检查

（1）工艺规范。

1）开箱检查应根据施工图、设备技术资料文件、设备及附件清单判定配电变压器的附件、备件是否齐全，外观检查无损伤及变形，油漆完好。

2）按照随箱清单清点变压器的安装图纸、使用说明书、产品出厂试验报告、出厂合格证、箱内设备及附件的数量等，与设备相关的技术资料、文件均需齐全。

3）带有防护罩的干式变压器，防护罩与配电变压器的距离应符合相关标准的规定。

4）土建的标高、尺寸、结构及预埋件焊件强度均应符合设计要求。

（2）施工要点。室内相对湿度宜保持在70%以下。

3. 干式变压器安装过程

（1）工艺规范。

1）一、二次的引线施工不应使配电变压器的套管直接承受应力。

2）裸露带电部分宜进行绝缘处理。

（2）施工要点。

1）配电变压器型钢基础的安装。型钢金属构架的几何尺寸，应符合设计基础配制图的要求与规定。如设计时对型钢构架超出地面的高度无要求，施工时可使其顶部高出基础地面100mm。型钢基础构架与接地扁钢之间的连接不宜少于2个端点，在基础钢构架的两端，用不小于40mm×4mm的角钢相焊接，焊缝长度应为扁钢宽度的2倍，焊接处进行防腐处理后再刷2遍灰面漆。

2）配电变压器二次搬运。配电变压器二次运输、吊装时，运、吊具必须合适，并设专人指挥，确保安全、可靠。

3）配电变压器本体安装。应按照设计要求的方位和距墙尺寸，将配电变压器通过预留通道运至室内并就位到基础上。其横向距墙不宜小于800mm，距门不宜小于1000mm，并应适当考虑推进方向，开关操作方向应留有1200mm以上的净距。

4）配电变压器附件安装。干式配电变压器一次元件应按产品说明书指出的位置安装，二次仪表装在便于观测的护栏网上。

配电变压器电压切换装置各分触点与线圈的连接线压接正确、牢固、可靠，其接触面接触紧密、良好。电压切换时，转动触点停留位置正确，并与指定位置一致。

配电变压器的一次、二次引线连接不应使变压器的套管直接承受应力。配电变压器中性线在中性点处与保护接地线同接在一起，并应分别敷设，中性线宜用绝缘导线，保护地线宜采用黄绿相间的双色绝缘导线。配电变压器中性点的接地回路中，靠近变压器处，宜做一个可拆卸的连接点。

5）配电变压器调试。测量线圈连同套管一起的直流电阻值，检查所有分接头的变压比、三相变压器的联结组标号，测量线圈同套管一起的绝缘电阻值，并进行做交流耐压试验。试验标准应符合相关规范及生产厂家产品技术文件的有关规定。

5.3.2　油浸式配电变压器施工

1. 油浸式配电变压器搬运

（1）工艺规范。

1）配电变压器的二次搬运应由专业起重人员作业，电气安装人员配合。

2）在运输途中，应采取保护绝缘子的措施。

（2）施工要点。

1）吊装前应检查索具，索具必须合格。

2）钢丝绳必须挂在油箱的吊钩上，上盘的吊环仅作为吊芯用，不得用此吊环吊装整台变压器。

3）配电变压器搬运时应具有保护措施。

4）用千斤顶顶升大型变压器时，应将千斤顶放在油箱特定位置。

5）搬运配电变压器时，不应有冲击或严重振动情况，运输倾斜角不超过 15°。

6）配电变压器就位时，应注意其方位和距墙尺寸与图纸相符，允许误差为 ±25mm，图纸无标注时，纵向按轨道定位，横向距离不得小于 800mm，距门不得小于 1000mm。

2. 油浸式配电变压器安装前检查

（1）工艺规范。

1）配电变压器本身外观无损伤及变形，油漆完好、无损伤。

2）油箱封闭良好，无漏油、渗油现象，油标处的油面应正常，绝缘瓷件、环氧树脂无损伤、裂纹。

3）压力释放阀、吸湿器玻璃筒、气体继电器、温度控制器等易损件应完好。

4）土建的标高、尺寸、结构及预埋件焊件的强度均应符合设计要求。

（2）施工要点。

1）配电变压器基础的轨道应水平，轨距与轮距应配合。对于装有气体继电器的变压器，应使其顶盖沿气体继电器的气流方向有 1%～1.5% 的升高坡度。

2）防潮呼吸器的硅胶若失效，应使其复原或更换，浅蓝色变为浅红色即已失效；白色硅胶，不加鉴定一律烘烤。

3. 油浸式配电变压器安装过程

（1）工艺规范。

1）油浸式配电变压器的安装，应考虑在带电的情况下，便于检查储油柜和套管中的油位、上层油温及气体继电器等。

2）配电变压器的安装应采取抗震措施。

3）配电变压器的重要附件（气体继电器、防潮呼吸器、温度计等）应安装正确。

4）对于配电变压器连接线、引线的施工，不应使变压器的套管直接承受应力。

5）附件的控制导线应采用具有耐油性能的绝缘导线。对于靠近箱壁的导线，应用金属软管保护，并将其排列整齐，接线盒应密封良好。

6）配电变压器的交接试验应合格，试验对象包括直流电阻、交流耐值、分接头电压比、直流泄漏电流、绝缘油等。

（2）施工要点。

1）稳装配电变压器。配电变压器就位时，可用吊车将其直接放入室内，或用道木搭设临时轨道，用三步搭、吊链将其吊至临时轨道上，然后用吊链将其拉入室内合适位置。配电变压器就位时，应注意其方位和距墙尺寸与图纸相符，允许误差为±25mm。图纸无标注时，纵向按轨道就位，横向距墙不得小于 800mm，距门不得小于 1000mm。

配电变压器台架的安装：双杆柱上安装变压器，两杆的根开为 2m。配电变压器台架用 2 条或 4 条槽钢固定于两电杆上，台架距地面高度不低于 25m，台架的平面坡度不大于 1/100。腰栏应采用直径不小于 4mm 的铁线缠绕 2 圈以上，缠绕应紧牢，腰栏与带电部分的距离不小于 0.2m。同时，为配电变压器高压柱头加装防尘罩，为配电变压器悬挂警告牌。

2）跌落式熔断器的安装。配电变压器的高、低压侧应分别装设熔断器。高压侧熔断器的底部对地面的垂直高度不低于 4.5m，各相熔断器的水平距离不应小于 0.5m，为了便于操作和熔丝熔断后熔管能顺利地跌落下来，跌落式熔断器的轴线应与垂直线成 15°~30°倾角。低压侧熔断器的底部与地面的垂直距离不低于 3.5m，各相熔断器之间的水平距离不小于 0.2m。跌落式熔断器熔丝的选择按"保证配电变压器内部或高、低压侧出线套管发生短路时迅速熔断"的原则来选择，熔丝的熔断时间必须小于或等于 0.1s。按《配电变压器运行规程》（DL/T 1102—2009）规定：容量在 100kVA 及以下者，高压侧熔丝的额定电流按变压器容量额定电流的 2~3 倍选择；容量在 100kVA 以上者，高压侧熔丝的额定电流按变压器容量额定电流的 1.5~2 倍选择。配电变压器的低压侧熔丝按低压侧的额定电流选择。

3）避雷器的安装。为使避雷器能有效地保护变压器，高压避雷器应装设在熔断器与变压器之间，并尽量靠近变压器，同时便于检修。避雷器的安装应垂直于地面，底部牢固地安装在角钢横担上。因为无间隙合成绝缘外套金属氧化物避雷器的工频电压耐受能力强、密封性好、保护特性稳定，所以避雷器应选用无间隙合成绝缘外套金属氧化物避雷器。

4）接地装置。雷雨季节，10kV 配电变压器经常遭受雷击，由于接地电阻值过大，达不到相关规程的规定值，雷电流不能迅速泄入大地，造成避雷器自身残压过大，或在接地电阻上产生很高的电压降，引起变压器烧毁事故。因此，接地装置的接地电阻值必须符合相关规程的规定值。对 10kV 配电变压器：容量在 100kVA 以下，其接地电阻值不应大于 10Ω；容量在 100kVA 以上，其接地电阻值不应大于 4Ω。接地装置施工完毕后，应进行接地电阻测试，合格后方可回填土。同时，变压器外壳必须良好接地，外壳接地应用螺栓拧紧，不可用焊接直接焊牢，以便检修。接地装置的地下部分由水平接地体和垂直接地体组成，水平接地体采用一根长度为 6m 的 40mm×4mm 的扁钢，垂直接地体则采用 3 根（应根据不同的土壤电阻率的情况决定垂直接地体采用的根数）长度为 2m 的 L 50mm×50mm×5mm 的角钢分别与水平接地体焊接。水平接地体在土壤中的埋深为 0.7m 以下（可根据土壤电阻率的情况确定深度），垂直接地体则是在水平接地体基础上打入地里的。接地引上线采用 40mm×4mm 的扁钢，扁钢的搭接焊接长度不得低于 2 倍的扁钢宽度，应采用 3~4 边焊接，为了检测方便和用电安全，对于柱上安装的变压器，引上线的连接点应设在变压器底下的槽钢位置。

5）配电变压器台区引落线。新建和改造的变压器台的引落线均应采用多股绝缘线，其截面应按变压器的额定容量选择。杜绝使用单股导线及不合格导线。

（3）注意事项。

1）配电变压器宽面推进时，低压侧应向外；窄面推进时，储油柜侧一般向外。在装有开关的情况下，操作方向应留有 1200mm 以上的宽度。

2）装有滚轮的变压器，滚轮应能转动灵活，在就位后，应将滚轮用能拆卸的制动装置加以固定。

3）气体继电器应水平安装，观察窗应装在便于检查的一侧，箭头方向应指向储油柜，与连通管的连接应密封良好；截油阀应位于储油柜和气体继电器之间，需打开放气嘴放出空气；事故喷油管口应换为割划十字线的玻璃。

4）防潮呼吸器安装时，必须将呼吸器盖子上的橡皮垫去掉，并在下方隔离器具中装适量变压器油进行滤尘。

5）套管温度计应直接安装在配电变压器上盖的预留孔内，并在孔内加以适当的变压器油，刻度方向应便于检查。电触点温度计安装前应对其进行校验。一次元件应安装在变压器顶上的温度计套筒内，并加适当的变压器油；二次仪表应挂在变压器一侧的预留板上。

5.3.3 其他注意事项

（1）配电变压器宜选用干式变压器，应采取屏蔽、减振、防潮措施。

（2）配电变压器外观检查完好，闭锁装置齐全，闭锁二次回路动作正确；柜门上应印有"确认配电变压器无电后方可打开柜门"等安全警示标志。

（3）配电变压器的高压侧电缆头与联结组别的连接杆之间应确保足够的安全距离，电缆吊牌（标志牌）应齐全。

（4）配电变压器柜体上的安全警示标志、配电变压器名称、铭牌、设备保管须知等应齐全。

（5）配电变压器的闭锁装置与高压开关配合应正确：在配电变压器带电时，禁止开启网门，一旦开启，配电变压器的高压侧开关应能实现自动跳闸。需检查电磁锁二次回路的正确性，高压开关的锁臂两端：一端通过转轴枢接于支架上，另一端接于联锁锁体。

（6）配电变压器的柜门应加装"五防"挂锁。

5.4 母 线 施 工

5.4.1 0.4kV 母线施工

1. 工艺规范

（1）母线应按设计进行组装，组装前应对每段进行绝缘电阻值的测定，测量结果应符合设计要求。

（2）母线安装高度应符合设计要求。

（3）金属构件的连接工艺应符合国家现行标准的有关规定。

（4）母线相间、对地电气距离应符合要求，铁件、瓷件完整无损、清洁。

2. 施工要点

（1）色标、相序清晰，附件齐全，热缩完整，无起皮和麻面，相色正确。

（2）螺栓、垫圈、弹簧垫圈、锁紧螺母等金属配件应齐全，母线螺栓的搭接面应平整，符合相关规范的要求。

（3）0.4kV 的母线铜排应连为一体，不宜采用铜排拼接方式，以免降低载流量，严禁在铜排上有多余孔洞。

（4）须合理选用 0.4kV 母线的材料、截面形状、截面积，以符合安全、经济运行的要求。

（5）母线与母线搭接后，其接触面积为母线宽度的乘积，如宽度 40mm 的母线和宽度 60mm 的母线搭接后，其接触面积为 40mm×60mm。对于平行搭接的母线，其接触面积应大于单根母线截面积的 4 倍。

（6）接触面连接应紧密、可靠，应用 0.05mm×10mm 的塞尺进行检测，合格标准：母线宽度在 60mm 以下者不能塞入 4mm，母线宽度在 60mm 及以上者不能塞入 6mm。

（7）交、直流母线的不同级的裸露载流部分之间及裸露载流部分与未经绝缘的金属体之间的电气间隙和爬电距离应不低于表 5-2 中的规定。

表 5-2　　　　　　　　　　　　　电气间隙和爬电距离

额定绝缘电压 U_i（V）	电气间隙（mm）	爬电距离（mm）
300＜U_i≤660（YXRM）	5.5	6.3
300＜U_i≤660（XL、GCS）	10	12.5
300＜U_i≤660（GGJ）	10	14
300＜U_i≤660（GGD）	10，主母线排≥20	12.5，主母线排≥20

5.4.2　10kV 母线施工（母线排安装准备）

1. 工艺规范

（1）母线排材料检查：是否符合设计的要求，尺寸的误差是否符合标准；母线排表面应光洁、平整，无坑陷、裂纹、气孔等缺陷，材质不含其他杂质。

（2）根据系统图确认母线排长度及热缩套管的规格及电压等级，母线排热缩套管的表面应无破损、污秽。

2. 施工要点

（1）带弯的母线排应从远离打弯的一端开始套套管，套管的热缩应平整、无气泡。

（2）搭接面的划割应使用角尺，双面划割，对产生的毛边应清理。

（3）开关柜触头盒绝缘夹块需根据静触头的宽度进行调整。

（4）母线排的尺寸偏差应符合表 5-3 的要求。

表 5-3　　　　　　　　　　　　　母线排的尺寸偏差　　　　　　　　　　（mm）

项目		硬铜母线		硬铝母线	
外形尺寸偏差	厚	4～5	±0.05	4～5	±0.30
		5.9～9	±0.07	5.6～8	±0.30
		10～14	±0.07	9～14	±0.40
	宽	16～20	±0.12	16～25	±0.50
		22.4～35.5	±0.20		
		40～56	±0.25	28～50	±0.70
		63～80	±0.30		
		90～125	±0.30	56～125	±0.90

5.4.3　10kV 母线施工（母线排安装过程）

1. 工艺规范

（1）母线应按设计进行组装，组装前应对每段进行绝缘电阻值的测定，测量结果应符合设计要求。

（2）母线的安装高度应符合设计要求，安装排列应层次分明。

（3）母线排与母线排、母线排与电器接线端子的接触面之间应自然贴合。

（4）母线连接面的接触应紧密，其紧固值应符合要求。

（5）母线的支撑件应有足够的机械强度，能承受线路短路电流产生的机械应力；如果母线两个支撑点的距离太大，应在中间增加支撑点。

（6）母排弯曲处不准出现裂纹。

（7）母线安装好后，应整齐、美观，便于电器和母线的维护及检修，同时要检查相间和对地距离，应满足要求。

2. 施工要点

（1）紧固用的螺母应放在维修面，螺钉长度应在螺母拧紧后高出螺母 2～3 个螺纹；平垫片尽量选用加大垫圈（大外圆垫圈），禁止使用小垫圈；必须使用标准弹簧垫圈或蝶形弹簧垫圈。

（2）母线排与母线排、母线排与电器接线端子应保证接触面紧密，应用 0.05mm×10mm 的塞尺进行检测，合格标准：母线宽度在 60mm 以下者不能塞入 3mm，在 60mm 及以上者不能塞入 5mm。

（3）母线由多片矩形母线排并联使用时，每片母线排间的距离等于每片母线排的厚度。

（4）母线太长时，应在中间适当部位设置伸缩补偿接头。

（5）当通过交流 600A 及以上的电流时，三相母线应同时从一个铁架或一个铁板孔中穿过，可避免因涡流引起的损耗和过热。

（6）一般情况下，10kV 配电柜两支撑点的距离不允许超过 1000mm。

（7）母线排与设备端子连接时，若母线为铝排，设备端子为铜排，应安装铜铝过渡板。

（8）母线排在校正、校平时，不允许用铁锤直接敲打，母线排支持夹板和支持绝缘子间的固定应平整、牢固，不应使支持的母线排受到机械应力。

（9）母线排侧弯处的皱纹高度不得超过 1mm。

（10）母线在正常运行时应保持其爬电距离和电气间隙。

（11）母线排安装若无其他特殊要求，搭接处均需搪锡。

5.5　开关柜（柜体）施工

5.5.1　施工前检查

1. 工艺规范

（1）检查开关柜规格、型号，应符合设计图纸的要求和规定。

（2）检查开关柜的外观，应无机械损伤、变形和脱落，附件齐全。

（3）基础预埋件及预留孔洞应符合设计要求。

（4）手车上的导电触头与静触头应对中、无卡涩、接触良好。

2. 施工要点

（1）活动部件动作灵活、可靠，传动装置动作正确，现场试操作3次。

（2）基础槽钢水平度误差小于1mm/m，全长水平度误差小于5mm；柜体槽钢直线度误差小于1mm/m，全长直线度误差、位置误差及平行度误差均小于5mm。

5.5.2　开关柜安装

1. 工艺规范

（1）开关柜与基础应固定可靠，平行排列的柜体安装应以联络母线桥两侧柜体为准，保证两面柜就位正确，其左右偏差小于2mm，其他柜依次安装。

（2）开关柜箱内配电设备均应采用扁钢与接地装置相连，每处设备的连接点应不少于2处。

（3）进入开关柜的三芯电缆用电缆卡箍固定在高压套管的正下方。

（4）电缆接线端子压接时，接线端子的平面方向应与母线套管铜平面平行；电缆从基础下方进入开关柜时应有足够的弯曲半径，能够垂直进入。

（5）柜体、互感器外壳、底座应可靠接地，装有电器可开启屏门的接地用截面积为4mm^{2}的软铜导线可靠接地，备用电流互感器二次短路接地。

2. 施工要点

（1）柜体应满足垂直度误差小于1.5mm/m；相邻两柜顶部的水平误差小于2mm，成列柜顶部的水平误差小于5mm；相邻两柜边盘面误差小于1mm，成列柜面误差小于5mm，柜间接缝误差小于2mm。

（2）电缆各相线芯应垂直对称，与套管的垂直距离应不小于750mm。

（3）柜内带电部分的对地距离：一次回路，大于125mm；二次回路，大于8mm。

（4）安装过程中，应使用水准仪或水平尺找平、找正，找平过程中需要垫片的地方不能超过3片，基础型钢顶部宜高出抹平地面10mm。

（5）手车式、抽屉式配电柜的动、静触头中心线应调整一致，接触紧密。

（6）充气式柜GIS采用SF$_6$、N$_2$等气体或其复合气体作为绝缘介质，绝缘性能强，宜配置气体泄漏监测仪。

（7）环网柜安装后，应用连接铜板将各环网柜之间的接地铜板连接起来；带有气压表的全密封环网柜应确认工作气压在正常绿色范围内，安装时要注意不要破坏气箱防爆片；需检查环网柜防电气操作的"五防"装置，其动作要灵活、可靠。

5.5.3　二次接线施工

1. 工艺规范

（1）按二次接线图进行施工，接线正确。

（2）配线整齐、美观、导线绝缘良好、无损伤。

（3）柜上装置的元件、零部件均应完好无损，标志清晰、正确，各指示灯指示正确；控制开关、按钮及信号继电器等型号、规格与有关图纸相符，接线无松动、脱落现象，且标志正确；连接片标志准确、齐全；空置处标注"备用"；柜内照明应完好。

（4）柜内二次接线正确、接触良好，接线工艺良好、美观，端子排号牌及二次空气断路器标志正确。

（5）二次插头完好无损，插接可靠。

2. 施工要点

(1) 导线先用黑色，二次保护接地线为黄绿双色线，工程有特殊要求时则按工程要求选线，电流回路采用截面积为 2.5mm² 的导线。

(2) 导线与电气元件采用螺栓连接、插接、焊接等，导线的芯线应无操作；每个接线端子最多接 2 根导线。

(3) 用于连接可动部分的导线应采用多股软导线，并留有适量的裕度；手车式高压开关柜门上的电气元件导线应采用多股导线，并套上波纹管。

(4) 所配导线的两端应用号码管，号码管的编号应正确，号码的视读方向在装配位置以开关板维护面为准，字的顺序自下而上、自左而右。各导线号码管的长度应基本一致。

(5) 线束穿越金属孔或在过门处、转角处，应在线束穿越部位缠上胶带；当悬挂线束的未固定长度超过 300mm 时，应固定导线。

(6) 对于柜后二次配线（如互感器线、行程开关线等）在下线时，应注意柜体的宽度、深度及柜体结构，选择合适的走线方式。

(7) 站内各小开关及二次回路的各元件，如断路器，隔离开关，指示灯，交、直流熔丝，连接片板名称等应有明确的标志，其标牌均采用计算机打印，粘贴标示；开关站、配电室变压器的温控箱名称应采用计算机打印的标牌，粘贴标示；设备标志均采用标签机（12mm）的标签色带打印，黄底黑字。

5.5.4　其他注意事项

1. 工艺规范

(1) 安装完成后，应进行绝缘试验、工频耐压试验、继电保护装置整定试验、主回路电阻值的测量及接地电阻值的测量。

(2) 开关柜（柜体）设备名称、双重编号应完整，柜前、柜后的设备名称、编号应一致。

(3) 切换开关操作灵活，柜内照明充足，照明设备完好。

(4) 状态指示器及带电显示器工作正常。

(5) 接地开关操作灵活，合、分位正确无误，合位时，操作孔封闭要良好，各连接部分应紧固，螺纹连接部分应无脱牙及松动。

(6) 手车在柜外推动应灵活，无卡滞现象；手车在柜内能轻便地推入及推出，可靠地定位于"工作位置"与"试验位置"。机械联锁装置可靠、灵活，无卡滞现象，柜内机械转动部分要涂抹润滑油。

2. 施工要点

(1) 柜的名称、编号正确，粘贴整齐。配电柜双重编号，反光标志牌，手车开关上贴断路器的双重名称，银灰底，红字，红边框，规格为 160mm×110mm。在开关的操作把手上贴开关编号（如 9K1 开关），间隔双重名称，银灰底，红字，红边框，贴在开关柜前门上的规格为 270mm×220mm，贴在开关柜后门上的规格为 270mm×220mm。接地开关的双重名称为银灰底，黑字，红边框；贴在线路接地开关的操作孔上，规格为 220mm×70mm。

(2) 带电显示器应用感应式且为 Ⅱ 型的，带电显示器的电源应独立。

(3) 行程开关的位置应合适，保证手车联锁杆能与行程开关触点可靠接触；行程开关二次接线时，可同电流互感器的线一起捆扎，手车室部分应在柜体母线下穿越，并固定于底盘。开关柜为并列柜时，当行程开关装至柜右前立柱内侧时，应保证上门关闭时行程开关的动断触点断开。

5.6　互感器施工

5.6.1　互感器安装
1. 工艺规范

（1）互感器（电流、电压）、避雷器必须根据产品组件编号进行安装，不得随意互换，保证法兰间的连接可靠。

（2）互感器（电流、电压）、避雷器的电气试验应合格，符合运行规范。二次接线符合规范，接地应可靠。

（3）电流互感器安装在负荷柜电缆出线侧，宜采用扎带固定在电缆上，不同的极性应对应正确接线，负极端应可靠接地，保护接地应牢固。

（4）电流互感器安装完毕，应测量回路电阻值，确保无开路和寄生回路存在。

2. 施工要点

（1）互感器（电流、电压）、避雷器的各项铭牌的安装朝向应一致（应位于易于观察的一侧）。

（2）安装过程中，应采取防止电流互感器二次开路、防止电压互感器二次短路的安全措施。

5.6.2　零序电流互感器安装
1. 工艺规范

（1）电流互感器安装在电缆护套接地引线端上方时，接地线直接接地。

（2）电流互感器安装在电缆护套接地引线端下方时，接地线必须回穿电流互感器一次，回穿的接地线必须采取绝缘措施。

2. 施工要点

（1）拆下电流互感器"K1′""K2′"的连接片（圆形互感器无此项要求）。

（2）将电流互感器顶部的两个内六角螺栓松开拆下（圆形互感器是将两侧的紧固螺栓松开拆下），互感器便分为两部分。

（3）把电流互感器套在电缆上，将接触面擦干净，薄薄涂上一层防锈油，对好互感器两部分后，拧上内六角螺栓（两侧的紧固螺栓），电流互感器两部分要对齐，以免影响性能。

（4）将连接片固定在"K1′""K2′"上（圆形电流互感器无此项要求）。

（5）内孔大于120mm的电流互感器如水平安装时，请加装非导磁支架。

3. 其他注意事项

（1）零序电流互感器应装在开关柜底板上面，应有可靠的支架固定。但有些厂家或施工单位将零序电流互感器安装在开关柜底板下面的支架上，更有甚者将零序电流互感器捆绑在电缆上，这违背了开关柜的全封闭原则，既不安全，又不防尘，更不防小动物，留下很多隐患。

（2）电缆外皮在零序电流互感器前不要接地，并且与零序电流互感器要绝缘。

（3）当零序电流互感器安装在电缆接地线的下部时，接地线要穿过零序电流互感器。

（4）穿过零序电流互感器的接地线在零序电流互感器前不要接地，并且与零序电流互感器要绝缘。

（5）零序电流互感器上标注的箭头指向负荷侧。

5.7 屏柜（端子箱）施工

5.7.1 施工前准备

1. 工艺规范

（1）检查屏柜（端子箱）的规格、型号应符合设计图纸的要求和规定。

（2）外观应无机械损伤、变形和脱落，附件齐全。

（3）基础预埋件及预留孔洞应符合设计要求。

2. 施工要点

（1）开箱检查。

1）根据设备清单及装箱单由建设单位、监理工程师、施工单位和设备生产厂家共同进行检查，并做好检查记录。

2）开箱前，先检查设备在运输过程中的外包装有无损坏现象。

3）开箱后，检查设备与原设计是否相符，备品是否齐全，有无损坏、腐蚀等情况，随机文件清单、零配件是否齐全，电气元件有无破损或其他异常情况。

（2）基础制作、安装。

1）基础型钢常用角钢或槽钢制作，钢材规格大小的选择应根据配电柜的尺寸和质量而定。

2）首先将型钢调直，清除铁锈，然后根据施工图纸及设备图纸的尺寸下料和钻孔。

3）对加工好的基础型钢进行防锈处理。

4）按施工图纸所标的位置，将预制好的基础型钢架放在预留铁件上，用水准仪或水平尺找平、找正。找平过程中，需用垫片的地方不能超过 3 片。然后，将基础型钢、预埋铁件、垫片用电焊焊牢。

5）基础型钢安装完毕后，用 40mm×4mm 的扁钢将基础型钢的两端与接地网焊接，以保证设备可靠接地，在焊缝处进行防腐处理。

（3）屏柜（端子箱）搬运。

1）屏柜（端子箱）由生产厂家或仓储地点至施工现场的运输，采用汽车结合汽车吊的方式在施工现场运输时，根据现场的环境、道路的长短，可采用人力平板车运输，垂直运输可采用卷扬机结合滑轮的方式。

2）设备运输前，需对现场情况进行检查，对于必要部位需搭设运输平台和垂直吊装平台。

3）设备运输须由起重工作业，电工配合进行。

4）屏柜（端子箱）运输、吊装时的注意事项如下：

a. 对体积较大的配电柜，在搬运过程中应采取防倒措施，同时避免发生碰撞和剧烈振动，以免损坏设备。

b. 运输平台、吊装平台搭设完毕，须经安全管理人员检查合格后，方可使用。

c. 屏柜（端子箱）顶部有吊环者，吊索应穿在吊环内；无吊环者，吊索应挂在四角主要承力结构处，不得将吊索吊在配电柜部件上。吊索的绳长应一致，以防柜体变形或损坏部件。

5.7.2　屏柜（端子箱）安装

1. 工艺规范

（1）屏柜（端子箱）与基础应固定可靠。

（2）柜体应可靠接地。屏柜（端子箱）内各断路器、熔断器位置应正确，所有内部接线、电气元件应紧固。

（3）二次连接应将电缆分层逐根穿入二次设备，在进入二次设备时，应在最底部的支架上进行绑扎。

（4）二次接线可靠，绝缘良好，接触良好、可靠。

2. 施工要点

（1）屏柜稳装、固定。

1）依据靠墙后入口的原则进行。

2）依次将配电柜放到各自的安装位置上，先找正两端的配电柜，再从柜下至柜上 2/3 高处的位置拉一条水平线，逐台进行调整。

3）调整找正时，可以采用厚度 0.5mm 的钢垫片找平，每处垫片不应超过 3 片。

4）在调整过程中，垂直度、水平度、柜间缝隙等应符合允许偏差的规定。不允许强行靠拢，以免配电柜产生安装应力。

5）屏柜（端子箱）调整结束后，即可用螺栓对柜体进行固定。按配电柜底座的尺寸、配电柜地脚固定螺栓孔的位置和固定螺栓的尺寸，用扁钢焊接一个模具，模具的尺寸和孔距完全与配电柜底座一致，然后将模具放在基础槽钢的适当位置，在基础上划好固定孔位置后进行钻孔，再用镀锌螺栓将柜体与基础槽钢固定。如果配电柜地脚螺栓孔的位置不在基础槽钢上，可以根据地脚螺栓孔的位置在基础槽钢上加焊角钢，然后在所加的焊角钢上打孔固定。

6）屏柜（端子箱）就位找正、找平后，除柜体与基础型钢的固定外，柜体与柜体、柜体与侧挡板均用镀锌螺栓连接固定。

7）对于设置接地母线排的成套配电柜接地，在接地母线排两端分别与主接地网进行连接，根据设计可选用铜排、镀锌扁钢或电缆连接。为便于检修和更换，在配电柜处的连接需采用螺栓连接。

（2）柜内一、二次接线。

1）柜内一次接线。

a. 主母线及柜内各电气接点在投入运行前均需将螺栓再检查、紧固一遍，紧固螺栓时应采用力矩扳手进行紧固。

b. 电缆应采用卡架固定在柜体支架上，严禁用铅丝或导线将电缆头固定在柜体支架上。

2）柜内二次接线。

a. 按屏柜（端子箱）配线图逐台检查柜内电气元件是否相符。

b. 按图敷设柜与柜之间的控制电缆。

c. 端子板的接线方式为插孔时，每根控制线按顺序压接到端子板上，端子板处 1 孔压 1

根控制线，不能超过 2 根。

d. 端子板的接线方式为螺钉压接时，同一端子压接不超过 2 根导线，2 根导线中间应加平垫，并用平垫加弹簧垫后用螺母紧固。

e. 当导线为多股软线时，与端子连接处必须进行涮锡处理。

3）柜内清扫。屏柜（端子箱）接线后，清除柜内的杂物和灰尘。

（3）屏柜（端子箱）的调整。

1）调整屏柜（端子箱）的机械联锁，重点检查 5 种防止误操作功能，应符合产品安装使用技术说明书的规定。

2）二次控制线调整：将所有的接线端子螺钉再紧一次；用绝缘电阻表测试配电柜间线路的线间和线对地间的绝缘电阻值：馈电线路，必须大于 0.5 MΩ；二次回路，必须大于 1MΩ。二次线回路如有晶体管、集成电路、电子元件，该部位的检查不得使用绝缘电阻表，应使用万用表测试回路接线是否正确。

（4）屏柜（端子箱）的试验。

1）高压试验。高压试验应由当地供电部门认可的试验单位进行，应符合 GB 50150—2016 的规定，以及当地供电部门的相关规定和产品技术文件中的产品特性要求。主要试验包括柜内母线的绝缘、耐压试验，电压互感器、电流互感器柜的变比、极性试验，开关及避雷器试验等。

2）定值整定。定值整定工作应由供电部门完成，定值严格按供电部门的定值计算书输入。对于继电器控制的配电柜，分别对电流继电器、时间继电器的定值进行调整；对于计算机操作的配电柜，直接将各参数输入至各配电柜控制单元。

3. 其他注意事项

（1）柜内带电部分对地距离大于 8mm。

（2）屏柜（端子箱）开启门应用软铜导线可靠连接并接地。

（3）柜内二次接线应用接线槽固定，并排列整齐。

5.8 环网柜施工

5.8.1 环网柜简介

环网柜是一组高压开关设备装在钢板金属柜体内或做成拼装间隔式环网供电单元的电气设备，其核心部分采用负荷开关和熔断器，具有结构简单、体积小、价格低、可提高供电参数和性能，以及供电安全等优点。它被广泛应用于城市住宅小区、高层建筑、大型公共建筑、工厂企业等负荷中心的配电站及箱式变电站中。

5.8.2 环网柜的技术要求

1. 本体结构的技术要求

（1）环网柜为户外型、全绝缘、全密封、全屏蔽结构，无须绝缘距离，并且抗重污秽、抗凝露、抗水淹，满足户外全天候运行的条件。

（2）结构紧凑、体积小，安装简单，操作、维护方便。

（3）户外箱体材料全部采用表面喷塑的覆铝锌钢板，厚度不小于 1.5mm，具有很强的抗腐蚀能力，箱体零件均为钣金构件，不得采用焊接工艺，质量小，美观大方。

（4）箱体具有足够的机械强度，在起吊、运输和安装过程中不变形。

（5）箱体设有足够的通风口和隔热措施，确保在正常环境下运行时，所有电气设备的温升不超过其最高允许值。

（6）箱体的所有门向外开，开启角度大于 90°，并设有定位装置。所有的门均具有密封措施，并装有把手、暗闩，箱门装有外挂锁孔。

（7）箱体顶盖的倾斜度不小于 3°，并装设防雨檐。

（8）外箱体高度必须小于 1800mm，电缆采用树脂绝缘夹件在箱体底部固定。

（9）外箱体内部元件及说明采用中文标识，箱体设置有醒目的安全标志。四周有"高压危险"的警示标志。

（10）箱体内各螺栓、螺杆、布线槽、垫片等均采用防锈蚀材料。箱体基座和所有外露金属件均进行防锈处理，并喷涂耐久防护层。箱体两侧上、下部分分别装设防尘、防雨百叶窗。

（11）内部安装的高压间电器组件均具有耐久而清晰的铭牌，并固定在明显可见的位置。铭牌所标示的内容清晰可见，包括以下内容：名称、型号、制造厂名、出厂日期、额定电压、额定电流、质量等。

（12）每回路进出线装设带电显示器 1 组，并且具备核相功能，每回路配短路与接地二合一故障指示器。面板上装设带电指示器、故障指示器、核相孔、分合闸位置指示标识。

（13）每回路进出线可 T 接两路电缆。

（14）环网柜如配置电压互感器柜，电压互感器柜内配 2 只电压互感器，电压比为 10/0.1，二次侧准确级次为 0.5 级，采用标准 Vv 接线方式，二次容量为 100VA。柜内配置氧化锌避雷器，避雷器接母线侧，电压互感器柜内装加热器、保护电压互感器的熔断器、DC24V 充电器及优质免维护电池，电池的使用寿命大于 5 年。

（15）真空开关、负荷开关能够实现手动及电动操作功能，预留配网自动化接口及远程终端（Remote Terminal Unit，RTU）安装空间。

（16）所有安装与运行操作工作均在箱体正面进行，使安装和运行维护工作十分方便、简单。

2. 硅橡胶电缆头技术要求

（1）电缆头采用优质硅橡胶原料，经高温硫化工艺（High Temperature Voleanization，HTV）制成，电缆头憎水性能强，具有防老化、防紫外线的能力，质地柔软，具有高抗撕裂的特性，电气绝缘性能良好。

（2）电缆采用可触摸全密封 T 型电缆头螺栓逐级紧固连接，电缆无相互交叉现象。

3. 接地技术要求

（1）环网柜的箱体设专用铜接地导体，接地导体上需设有与接地网相连的固定连接端子，其数量不少于 2 个，并有明显的接地标志。接地端子所用螺栓为直径不得小于 M12 的镀锌螺栓，在通过短路电流时，接地铜排的截面积应满足电流密度不大于 $200A/mm^2$，截面积不小于 $100mm^2$。

（2）环网柜的所有非带电金属的裸露部分均可靠接地，门和在正常运行条件下抽出部分的接地保证在打开或隔离位置时，仍可靠接地。

（3）与接地回路相连的部分包括环网柜外壳、气箱体本体、高压金属屏蔽和电缆接地导体。

5.8.3 环网开关本体的结构特点

（1）采用新型环网开关单元，主回路开关采用多回路共箱式结构，所有电气主回路均封装在一个不锈钢箱体内，采用 SF_6 气体绝缘。

（2）环网开关本体具有体积小、结构紧凑、功能强、回路方案多、安装简便、操作方便、免维护的特点。

（3）SF_6 气箱的不锈钢厚度不小于 3.0mm，气箱体密封性好，年泄漏率小于 0.025%，可保证 20 年不加气。

（4）负荷开关和接地开关的操作轴分置，"闭合""断开""接地"3 工位操作，并配备联动闭锁装置，充分满足"五防"要求。如采用电动弹簧操动机构，操作电源为 24V 的直流电源，同时可以实现手动操作。

（5）箱体上应装有 SF_6 气体压力计和充气阀，可随时检查气体压力，并预留低气压报警装置，通过配电开关监控终端（Feeder Terminal Unit，FTU）可远传到控制中心。

（6）组合方式灵活，断路器单元、负荷开关单元、无开关直通单元、内部分段单元等可在一个气箱内任意组合。

（7）负荷开关采用 SF_6 气体绝缘和压气式灭弧装置。

（8）断路器为内置于 SF_6 绝缘气体内的真空灭弧断路器。

（9）断路器保护应选用新型数字式保护，能灵敏地检测故障和切除故障线路，具备测量功能、故障记录功能、自诊断功能、重合功能、动作记数和继电器设定功能，应预留有 RS-232 接口，具有多种 $I-T$ 特性曲线供用户根据需要进行保护的整定。

5.8.4 环网柜的施工要求

1. 基础的施工

（1）在施工前，首先要充分熟悉图纸，在此基础上由放线员根据施工图在图上指定位置进行基础位置的定位放线，定位放线完成后，由质检员实行自检。

（2）在位置定位以后，由施工员安排（人工挖土时）普工，按现场放线位置进行基坑开挖，开挖完成后，由质量员进行自检，在自检合格的前提下，请监理工程师到现场验收。开挖时要注意下列几点。

1）注意操作人员之间保留一定的间距，并不得面对面进行操作，以防间距过小在挥锹时发生互相伤害事故。

2）开挖时，要按交底要求将弃土放置到尽可能离坑边较远或指定的位置，如基坑较深，要充分考虑放坡系数，以防重力压垮侧壁发生塌方事故。

3）在挖到距图纸标高位 100mm 时，将余下部分的泥土用小铲清除，以利于坑底的成型和保持坑底的强度，注意不得超挖。

（3）在基坑施工完成后，由模具工进场按图纸要求制作垫层混凝土模板，垫层混凝土模板制作完成后，有钢筋的由钢筋工进行配筋。模板施工过程中，要注意模板制作时的机械作业安全、用电安全等。

（4）在模板施工完成并验收后，进行垫层混凝土浇筑的施工，在此过程中，应先浇水湿润模板，因为混凝土板较薄（200mm）且为素混凝土，所以可直接一次成型，在成型后，应用棒式振动器沿模板中心呈"棉花型"振动，并向底板边缘拖动完成施工。

（5）在底板垫层完成后，进行墙板模板的施工，方法与底板模板施工相同。

（6）墙板混凝土的施工方法与底板混凝土的施工方法大致相同。

（7）墙板混凝土浇筑完成后，在满足强度要求的前提下，进行模板拆除，并将浇筑时流淌出来的混凝土和残渣清理干净。

（8）按图纸要求的配比进行砂浆的搅拌，在清理干净后的坑壁上进行抹灰，要注意抹灰的质量。

（9）施工完成后，对施工现场进行清理，力争做到"工完、料尽、场地清"。

2．环网柜安装

（1）当原有柜型的安装尺寸与新柜不一致时，安装新柜前须对原有基础进行修改。施工时按照图纸或盘柜规格安装基础槽钢，安装位置必须符合图纸要求，水平度、垂直度应符合相关规程、标准。直线度、水平度误差均要小于 5mm。

（2）若原有接地网阻值不符合要求，须新建接地网。盘柜基础必须与接地网可靠连接，必须保证接地扁钢截面满足设计要求，并做好防腐处理。

（3）盘柜设备运至现场后，与业主、监理工程师共同开箱检查，设备应完好无损，不能有掉漆、变形现象，盘内元件间连接牢靠，元件型号、规格应符合设计要求，防止误操作的"五防"装置齐全，并且动作灵活、可靠，附件、备件及产品的技术文件应齐全。妥善保管好设备资料及工器具。

（4）设备安装前，预埋件及预留孔应符合设计要求，预埋件应牢固。

（5）复测设备安装基础型钢，水平度应符合相关规程的要求。

（6）将高压盘柜运输到安装地点应采用专用的运输台车，装车前，应先把断路器小车从柜内拉出，待柜体安装好之后，再将小车推进相应的柜内。

（7）高压盘柜单独或成排安装时，其垂直度应小于 1.5mm；水平偏差：相邻两盘顶部，小于 2mm；成列柜顶部，小于 5mm。柜面偏差：相邻两盘边，小于 1mm；成列盘面，小于 5mm；盘间接缝，小于 2mm。为了减少安装时的积累误差，高压开关柜应从中间位置开始拼装，开关柜组合拼装调整好之后，将开关柜基础框架与预埋基础槽钢在柜内侧点焊牢固，盘柜框架与型钢基础的接地线应可靠连接。

（8）按照图纸要求的安装位置和数据严格进行安装，用尺子量出第一面柜的准确位置，将其就位，并在顶部悬挂一垂球，垂球距地 100mm，不得靠在屏柜上。用尺子量上、下端线与柜面的间距，若误差大于 1.5mm，则用平垫片衬垫，待屏面两侧及侧面垂直度均达到要求后，将屏柜脚底与基础型钢点焊或用螺栓固定。依次将其他各屏用上述方法安装就位，相互间用螺栓连接。

（9）屏柜就位完成后，再用拉线垂球角尺复测一遍，合格后方可与基础型钢焊接，保证设备安装的水平度、垂直度符合相关规程的要求，设备与基础应固定可靠。设备外壳与基础应可靠接地。

（10）盘柜安装工作结束后，应进行全面的清扫检查，做好安装记录。

（11）电气设备接线与检查。保护及控制回路接线，按图纸确保接线正确。芯线终端要焊接或压接，且接线牢固，盘内导线不能有接头。电缆芯线号头要标明回路号、编号、端子号，字迹清晰且不宜脱色。配线整齐、美观且绝缘良好。控制电缆进入盘柜要排列整齐、编号清晰、固定牢靠，铠装电缆要在进盘后切断钢带、在断口处扎紧，且钢带引出接地线要可靠接地。电缆的屏蔽层要可靠接地。

在控制回路接线完成以后，试验人员要对盘内外接线进行全面检查，且要在机组启动之前完成所有单项和联动试验。

5.9 二次电缆施工

5.9.1 二次电缆的施工要求

1. 工艺规范

（1）材料规格、型号符合设计要求。电缆外观完好无损，铠装无锈蚀、机械损伤，无明显皱褶和扭曲现象。

（2）橡套、塑料电缆外皮及绝缘层无老化及裂纹。

（3）电缆布置宽度应适于芯线固定及与端子排的连接。

（4）电缆绑扎应牢固，在接线后不应使端子排受机械应力。

2. 施工要点

（1）直径相近的电缆应尽可能布置在同一层。

（2）电缆绑扎应采用扎带，绑扎的高度一致、方向一致。

（3）弯圈或接入端子前需套上对应的线帽管，线帽管的规格应和芯线的规格一致。

（4）线帽管长度要一致、字体大小一致，线帽的内容包括回路编号和端子号，且易于辨认。

5.9.2 其他注意事项

1. 工艺规范

（1）电缆吊牌（标志牌）采用专用的吊牌打印机进行打印，电缆牌字迹清晰，电缆起、止、用途、施工班组、日期一应俱全。

（2）对于电缆二次芯线两端标志，施工班组应核对正确。

2. 施工要点

（1）盘柜内的电缆芯线应有规律地配置，不得任意歪斜、交叉连接。

（2）电缆备用芯应留有适当的裕量，剪成统一长度，每根电缆单独垂直布置，也可以将备用芯按照每一根同时弯圈布置，可以单层或多层布置，并加装统一封帽。

5.10 直流、远动装置与蓄电池组施工

5.10.1 盘柜

1. 盘柜开箱检查

（1）盘柜到达现场后，甲方会同监理工程师、设备管理人员及厂方代表对设备进行开箱检验，并做好详细记录。

（2）设备包装密封良好，设备外观合格，产品技术文件齐全。

（3）设备型号、规格符合设计要求，无损伤，附件、备件齐全。

2. 盘柜基础检查

（1）按照设计图纸的要求核实土建槽钢基础的尺寸，并用水平仪检查槽钢基础的水平度，槽钢基础要高出地面 5mm。基础槽钢的检查标准如下：

1) 允许直线度误差：每米不大于 1mm，全长不大于 5mm。

2) 允许水平度误差：每米不大于 1mm，全长不大于 5mm。

3) 位置误差及平面度误差不大于 5mm。

(2) 按设计要求将接地线牢固焊接在基础上，且每列盘柜基础接地点的数量不少于 2 点。

3. 盘柜就位

(1) 核对盘柜型号、安装位置，按先后顺序进行运输，运输时用麻绳捆牢。车速限制在 15km/h 以内，转弯处缓慢行进，装、卸车时操作平稳。

(2) 将盘柜用吊车放到手推液压升降车上，然后置于安装位置上。

4. 盘柜安装

(1) 安装前，先将开关柜接地线按照开关柜尺寸安装完毕，先安装 35kV 进线柜，精确调整第一块，用磁性线坠分别在盘的正面和侧面两次找盘的垂直度，用垫铁将盘调到垂直度不大于 $1.5/1000H$（H 为柜高），便可用焊接进行固定。焊接时应焊在内侧，每块高压柜内焊接柜底四角，每处焊缝长 20～40mm，并且同垫铁一起焊在底柜上。然后以第一块为标准，逐次调整以后各块。找正时可增减垫铁，并利用柜间连接螺栓进行固定，两相邻柜间无明显缝隙，使该列开关柜成一整体。相邻两柜顶部的水平偏差小于 1.5mm，两柜面的偏差为 0mm，整列柜顶部的水平偏差小于 4mm，柜面偏差小于 4mm，柜间接缝小于 1.5mm。

(2) 所有盘柜安装牢固，外观完好、无损伤，内部固定元件固定牢固。

(3) 盘柜底座与槽钢基础接地良好，盘柜可开启门应用软铜导线可靠连接。

5. 盘柜母线安装

(1) 检查母线，应光滑、平整，无裂纹、褶皱、变形、扭曲现象。相序标志清晰，母线标号正确。

(2) 母线接触面要涂导电膏，用力矩扳手紧固连接螺栓，螺栓露出长度为 2～3 个螺纹。10kV 母线允许对地距离不小于 120mm，400V 的不小于 20mm。

(3) 柜顶上小母线不同相或不同极的裸露载流部分之间，裸露载流部分与未经绝缘的金属体之间，电气间隙不得小于 12mm，爬电距离不得小于 20mm。

6. 盘柜安装后检查

(1) 设备外观完好且附件完整、排列整齐，固定可靠，密封良好，瓷件无掉瓷，柜面油漆应无脱漆、反锈。两侧及顶部隔板完整，门锁开闭应灵活，柜内照明装置齐全。

(2) 二次回路接线正确。熔断器熔丝配置符合设计要求。开关柜上的设备型号、规格符合设计要求。

(3) 严格按照说明书检查开关柜，防止带负荷分、合隔离开关，防止误入带电间隔，防止误合断路器，防止带电挂接地线，防止带接地线合上、下隔离开关，"五防"闭锁应灵活、可靠。

(4) 配电盘和母线安装完毕，要对盘内电气元件、母线进行绝缘检查，电气元件对地电阻值不小于 0.5MΩ，母线绝缘电阻值为 2500MΩ。母线检查完后进行电气强度试验。

5.10.2 蓄电池施工

1. 铅酸蓄电池组施工

(1) 安装。

1) 铅酸蓄电池安装前，应按下列要求进行外观检查。

a. 蓄电池槽应无裂纹、损伤，槽盖应密封良好。

b. 蓄电池的正、负端柱必须极性正确，并应无变形；防酸栓、催化栓等部件应齐全、无损伤；滤气帽的通气性能应良好。

c. 对于透明的蓄电池槽，极板应无严重受潮和变形，槽内部件应齐全、无损伤。

d. 连接条、螺栓及螺母应齐全。

e. 温度计、密度计应完整无损。

2) 清除蓄电池槽表面污垢时，对用合成树脂制作的槽，应用脂肪烃、酒精擦拭，不得用芳香烃、煤油、汽油等有机溶剂擦洗。

3) 蓄电池组的安装应符合下列要求。

a. 蓄电池放置的平台、基架及间距应符合设计要求。

b. 蓄电池的安装应平稳，间距均匀。同一排、列的蓄电池槽应高低一致，排列整齐。

c. 连接条及抽头的接线应正确，接头连接部分应涂以电力复合脂，螺栓应紧固。

d. 有抗震要求时，其抗震设施应符合有关规定，并牢固可靠。

e. 温度计、密度计、液面线应放在易于检查的一侧。

4) 蓄电池的引出电缆的敷设，除应符合《电气装置安装工程电缆线路施工及验收规范》（GB 50168—2016）的有关规定外，还应符合下列要求。

a. 宜采用塑料外护套电缆。当采用裸铠装电缆时，其室内部分应剥掉铠装。

b. 电缆的引出线应用塑料色带标明正、负极的极性，正极为赭色，负极为蓝色。

c. 电缆穿出蓄电池室的孔洞及保护管的管口处应用耐酸材料密封。

5) 蓄电池室内裸硬母线的安装，除应符合《电气装置安装工程 母线装置施工及验收规范》（GB 50149—2010）的有关规定外，还应采取防腐措施。

6) 每个蓄电池应在其台座或槽的外表面用耐酸材料标明编号。

（2）配液与注液。

1) 配制电解液应采用符合《蓄电池用硫酸》（HG/T 2692—2015）规定的硫酸，并应有制造厂的合格证件。当采用其他品级的硫酸时，其物理及化学性能应符合 HG/T 2692—2015 的规定。

蓄电池用水应符合《铅酸蓄电池用水》（JB/T 10053—2010）的规定。新配制的稀酸仅在有怀疑时才进行化验。

2) 配制或灌注电解液时，必须采用耐酸、耐高温的干净器具。应将浓硫酸缓慢地倒入蒸馏水中，严禁将蒸馏水倒入浓硫酸中，并应使用相应的劳动保护用品及工具。

新配制的电解液的密度必须符合产品技术条件的规定。

3) 注入蓄电池的电解液，其温度不宜高于30℃。当室温高于30℃时，注入蓄电池的电解液温度不得高于室温。注入液面的高度应接近上液面线。全组蓄电池应在同一次注入电解液。

（3）充放电。

1) 电解液注入蓄电池后，应静置3～5h，液温冷却到30℃以下，室温高于30℃时，待液温冷却到室温时方可充电。但自电解液注入第一个蓄电池内开始至充电之间的放置时间，应符合产品说明书的规定；当产品说明书无规定时，不宜超过8h。

蓄电池的防酸栓、催化栓及液孔塞在注液完毕后应立即回装。

2) 蓄电池的初充电及首次放电应按产品技术条件的规定进行，不得过充、过放，并应符合下列要求。

a. 初充电前，应对蓄电池组及其连接条的连接情况进行检查。

b. 初充电期间，应保证电源可靠，不得随意中断充电。

c. 充电过程中，电解液温度不应高于 45℃。

3）蓄电池初充电时，应符合下列要求。

a. 采用恒流充电法充电时，其最大电流不得超过制造厂规定的允许最大电流值。

b. 用恒压充电法充电时，其充电的起始电流不得超过允许最大电流值，单体电池的端电压不得超过 2.4V。

c. 装有催化栓的蓄电池，当充电电流大于允许最大电流值时，应将催化栓取下，换上防酸栓。充电过程中，催化栓的温升应无异常。

4）蓄电池充电时，严禁明火。

5）蓄电池初充电结束时，应符合下列要求。

a. 充电容量应达到产品技术条件的规定。

b. 恒流充电法，电池的电压、电解液的密度应连续 3h 以上稳定不变，电解液产生大量气泡；恒压充电法，充电电流应连续 10h 以上不变，电解液的密度应连续 3h 以上不变，且符合产品技术条件规定的数值。

6）初充电结束后，电解液的密度及液面高度需调整到规定值，并应再进行 0.5h 的充电，使电解液混合均匀。

7）蓄电池组首次放电终了时，应符合下列要求。

a. 电池的最终电压及密度应符合产品技术条件的规定。

b. 不合标准的电池的电压不得低于整组电池中单体电池的平均电压的 2%。

c. 电压不合标准的蓄电池数量不应超过该组电池总数量的 5%。

d. 温度为 25℃时的放电容量应达到其额定容量的 85%以上。当温度不为 25℃而在 10～40℃范围内时，其容量可按下式进行换算

$$C_{25} = \frac{C_t}{1 + 0.008(t - 25)}$$

式中：t 为电解液在 10h 充放电过程中最后 2h 的平均温度（℃）；C_t 为液温为 t℃时实际测得的容量（A·h）；C_{25} 为换算成标准温度（25℃）时的容量（A·h）；0.008 为 10h 充放电的容量温度系数。

8）首次放电完毕后，应按产品技术要求进行充电，间隔时间不宜超过 10h。

9）蓄电池组在 5 次充、放电循环内，当温度为 25℃时，放电容量应不低于 10h 充放电容量的 95%。

10）充、放电结束后，对透明槽中的电池，应检查其内部情况，极板不得有严重弯曲、变形或活性物质的严重剥落。

11）在整个充、放电期间，应按规定时间记录每个蓄电池的电压、电流及电解液的密度、温度。充、放电结束后，应绘制整个蓄电池组的充、放电特性曲线。

12）蓄电池充好电后，在移交运行后，应按产品的技术要求进行使用与维护。

2. 镉镍碱性蓄电池组施工

（1）安装。

1）蓄电池安装前应按下列要求进行外观检查。

a. 蓄电池外壳应无裂纹、损伤、漏液等现象。

b. 蓄电池的正、负极性必须正确，壳内部件应齐全、无损伤。有孔气塞的通气性能应良好。

c. 连接条、螺栓及螺母应齐全、无锈蚀。

d. 带电解液的蓄电池，其液面高度应在两液面线之间。防漏运输螺塞应无松动、脱落。

2）清除壳表面污垢时，对用合成树脂制作的外壳，应用脂肪烃、酒精擦拭，不得用芳香烃、煤油、汽油等有机溶剂清洗。

3）蓄电池组的安装应符合下列要求。

a. 蓄电池放置的平台、基架及间距应符合设计要求。

b. 蓄电池的安装应平稳，同列电池应高低一致，排列整齐。

c. 连接条及抽头的接线应正确，接头连接部分应涂以电力复合脂，螺母应紧固。

d. 有抗震要求时，其抗震设施应符合有关规定，并牢固可靠。

e. 镉镍蓄电池直流系统成套装置应符合 GB 9369—1988《镉镍碱性蓄电池组标准》的规定。

4）蓄电池引线电缆的敷设，应符合 GB 50168—2006 的有关规定。电缆引出线应采用塑料色带标明正、负极的极性，正极为赭色，负极为蓝色。

5）蓄电池室内裸硬母线的安装，除应符合 GB 50149—2010 的有关规定外，尚应采取防腐措施。

6）每个蓄电池应在其台座或外壳表面用耐碱材料标明编号。

（2）配液与注液。

1）配制电解液应采用符合 GB/T 1919—2014《工业氢氧化钾》标准的三级（即化学纯）的氢氧化钾（KOH），配制电解液应用蒸馏水或去离子水。

2）电解液的密度必须符合产品技术条件的规定。

3）配制和存放电解液应用耐碱器具，并将碱慢慢倾入水中，不得将水倒入碱中。配制的电解液应加盖存放并沉淀 6h 以上，取其澄清液或过滤液使用。

4）注入蓄电池的电解液温度不宜高于 30℃，当室温高于 30℃时，注入蓄电池的电解液温度不得高于室温。其液面高度应在两液面线之间。注入电解液后，宜静置 1～4h 方可初充电。

（3）充、放电。

1）蓄电池的初充电应按产品的技术要求进行，并应符合下列要求。

a. 初充电期间，其充电电源应可靠。

b. 初充电期间，室内不得有明火。

c. 装有催化栓的蓄电池，应将其催化栓旋下，待初充电全过程结束后重新装上。

d. 带有电解液并配有专用防漏运输螺塞的蓄电池，初充电前应取下运输螺塞，换上有孔气塞，并检查液面，不应低于下液面线。

e. 充电期间电解液的温度宜为（20±10）℃；当电解液的温度低于 5℃或高于 35℃时，不宜进行充电。

2）蓄电池初充电达到规定时间时，单体电池的电压应符合产品技术条件的规定。

3）蓄电池初充电结束后，应按产品技术条件的规定进行容量校验，高倍率蓄电池还应进行倍率试验，并应符合下列要求。

a. 在 5 次充、放电循环内，放电容量在（20±5）℃时应不低于额定容量。当放电时，电解液初始温度若低于 15℃，放电容量应按制造厂提供的修正系数进行修正。

b. 用于有冲击负荷的高倍率蓄电池倍率放电，在电解液温度为（20±5）℃条件下，以 $0.5C_5$（C_5 为碱性蓄电池的额定容量值）电流值先放电 1h，继以 $6C_5$ 电流值放电 0.5s，其单体蓄电池的平均电压如下：超高倍率蓄电池，不低于 1.1V；高倍率蓄电池，不低于 1.05V。

c. 按 $0.2C_5$ 电流值放电终结时，单体蓄电池的电压应符合产品技术条件的规定，且最低不得低于 0.9V。电压不足 1.0V 的电池数不应超过电池总数的 5%。

4）充电结束后，应用蒸馏水或去离子水调整液面至上液面线。

5）在整个充、放电期间，应按规定时间记录每个蓄电池的电压、电流，以及电解液和环境的温度，并绘制整个蓄电池组的充、放电特性曲线。

6）蓄电池充好电后，在移交运行后，应按产品的技术要求进行使用和维护。

3. 端电池切换器施工

（1）端电池切换器的底板应绝缘良好；接触刷子应转动灵活，并与固定触头接触紧密；接线端子与端电池的连接应正确、可靠；接触刷子的并联电阻应良好。手动端电池切换器的旋转手柄顺时针方向旋转时，应使电池数增加。

（2）电动端电池切换器及其控制器尚应符合下列要求。

1）滑动接触面接触紧密。

2）接线正确。

3）远方操作正确。切换开关及终端开关动作可靠，且位置指示正确。

4）切换过程中不得有开路和短路现象。

5.10.3　直流屏施工

1. 工艺规范

采样线要求排列整齐，接线工艺美观。

2. 施工要点

（1）盘柜安装。

1）直流屏在装卸、搬运过程中应该设专人负责统一指挥，指挥人员发出的指挥信号必须清晰、准确，搬运过程应缓慢移动，防止严重的冲击和振荡，以免损坏柜体、构件或伤人。

2）对于易脱落、难固定或者容易倾倒损坏的门、屏柜内的设备等，一般应拆下分开运输。

3）直流屏的固定宜采用螺栓连接，应注意不得损伤屏体。

4）实施电焊时，应注意防止弧光伤害周围人员的眼睛，必要时可在周围设置挡光屏。

5）在潮湿的地方进行电焊工作，焊工必须站在干燥的木板上或穿绝缘鞋。

6）电焊机的外壳必须有良好的接地。

7）电焊工应具备镶有滤光镜的手把面罩或套头面罩、电焊手套、橡胶绝缘鞋及清除焊渣用的白光眼镜（防护镜）等防护用具。

8）电焊工更换焊条时，必须戴电焊手套，以防触电。

9）电焊工离开工作现场时，必须将电焊机的电源切断。

10）屏体的接地及屏内的保护接地都应直接与接地网相连，不得转接，接地使用相关规范要求规格的接地线。

11）盘、柜的固定及接地应可靠，盘、柜漆层应完好、清洁、整齐。

（2）电池组安装作业程序。

1）检查电池壳体有无裂缝、渗漏和变形；极柱、安全阀周围是否有液体溢出电池；极柱（板）、连接板（条）有无生锈氧化。

2）测量各单体电池的端电压。

3）蓄电池的安装顺序必须按照设计图纸或厂家图纸提供的连接排（线）进行合理布置，蓄电池应排列整齐一致，放置平稳。

4）安装使用的工具，如铁钳、扳手、螺钉旋具等，应做好安全措施，防止工作中发生误触碰而引发短路。

5）电池触点和搭接处应先清洁干净，清洁后可涂电力复合脂，并使用力矩扳手紧固，力矩大小符合相关规范及厂家的要求。厂家配的电池盖应盖上，以防止发生短路。

6）核对设计的施工图和厂家提供的图纸，进行直流系统内部连接线的敷设和接线工作。安装接线工艺符合相关规范的要求，接线排列整齐、工艺美观。

7）蓄电池引出线应采用塑料色带标明正、负极，每个蓄电池应在其台座或外壳表面标明编号。

（3）充电装置调试作业程序。

1）测量回路绝缘时，应验明无电压，回路上无人工作方可进行。测量过程中，禁止他人接近。

2）小母线在断开所有其他并联支路时，绝缘电阻值不应小于10MΩ。

3）测量绝缘值的前后，必须将设备对地放电。

4）确认交流电源输入系统、充电装置、监控模块直流母线等安装牢固、绝缘良好且符合设计要求。

5）用万能表测量电池的交流电源，检查确认电压无异常、大小符合厂家规定的范围，才可以合上电池输入熔丝（或开关），打开整流工作开关，让电源开始工作。

6）启动充电装置，充电装置监控模块应与高频电源开关通信正常，监视的状态与实际相符，监控模块内的参数设置符合厂家要求。

7）测量检查直流屏控制电源及储能、信号、闪光等电源的电压输出正常，符合设计要求。

8）检查直流屏上的电池电压、母线电压、电池电流、母线电流等表计，应标示清晰，显示与输出所测的数值对应正确。

9）模拟母线过电压、欠电压等故障，灯光信号动作正确、可靠，有警铃信号的，信号应该可靠、清晰。

10）检测绝缘监察装置，可在直流电源装置空载运行时进行。如果额定电压为220V，采用25kΩ电阻（额定电压为110V，用7kΩ电阻；额定电压为48V，用1.7kΩ电阻）使直流母线接地，应发出声光报警。

11）确认蓄电池组安装结束，单体电池的电压无异常，装置能监测到整组电池的电压，合上蓄电池组的充电熔断器，对电池进行充电。

12）密封电池在使用前不需进行初充电，但应进行补充充电。补充充电应采取恒压限流充电方式，充电电压应按说明书的规定进行。

13）密封电池如果出现以下 3 种情况应对电池更换或进行均衡充电：①单独搁置不用的时间超过 3 个月；②蓄电池组单独放电 20％以上；③有 2 节以上电池低于下限值。

14）如有必要对电池进行充、放电试验，应注意蓄电池的初充电及首次放电应按产品技术条件的规定进行，不得过充、过放，并应符合下列要求。

a. 初充电前应对蓄电池组及其连接条情况进行检查。

b. 初充电期间，应保证电源可靠，不得随意中断充电。

c. 充电过程中，电解液温度不应高于 45℃。

15）在 5 次充、放电循环内，放电容量在（20±5）℃时应不低于额定容量。

16）蓄电池充好电后，在移交运行后，应按产品的技术要求进行使用和维护。

17）充放电期间，应按规定时间记录每个蓄电池的电压、电流及电解液的密度、温度。

18）充放电结束后，绘制整个蓄电池组的充放电特性曲线。

3. 其他注意事项

直流屏上的电池电压、母线电压、电池电流、母线电流等表计指示对应、正确，校验合格，蓄电池装置信号动作正确、可靠。

5.10.4　远动屏施工

1. 工艺规范

（1）检查预埋槽钢应呈水平状态且略高出地面，要可靠接地。小电缆井的位置应和终端屏的电缆连接位置相对应。

（2）各电缆（含普通电缆和屏蔽电缆）的保护接地装置应符合要求。

2. 施工要点

（1）远动系统的通信通道在与被控站远动终端进行连接前，应进行接收和发送电平测试及通道环阻测试。

（2）"三遥"调试工作应在站内设备安装调试及二次接线结束、整组试验完成后进行。

5.11　电缆防火封堵施工

5.11.1　防火墙施工

1. 工艺规范

（1）防火墙内的电缆周围必须采用有机堵料进行封堵。

（2）防火墙上部的电缆盖板应涂刷红色的明显标记。

2. 施工要点

防火墙顶部应用有机堵料填平整，并加盖防火隔板；底部应预留有两个排水孔洞，排水孔洞处可利用砖块砌筑。

5.11.2　盘柜封堵施工

1. 工艺规范

（1）防火包堆砌采用交叉堆砌方式，且密实牢固、不透光、外观整齐。

（2）在预留孔洞上部应采用钢板或防火隔板进行加固，孔洞过大时，应采用槽钢或角钢进行加固，将孔洞缩小后方可加装防火隔板。

（3）在孔洞、盘柜底部铺设厚度为 10mm 的防火隔板，在孔隙口及电缆周围采用有机堵料进行密实封堵。

2. 施工要点

盘柜底部应先用防火隔板进行封堵，再用有机防火堵料覆盖，覆盖面应平整、结实，且呈长方形。

5.11.3 端子箱、二次控缆封堵施工

1. 工艺规范

端子箱、二次接线盒的进线孔洞口应采用防火包进行封堵，电缆周围应采用有机堵料进行包裹。

2. 施工要点

端子箱底部以厚度 10mm 的防火隔板进行封隔。

5.12 站室规范化施工

1. 工艺规范

（1）开关站、变电站、配电室等站室的主接线准确，高、低压电气设备均应有双重名称（名称和编号）；裸露带电部分应采取有效的防护措施。

（2）配电站室的通风、防潮、防小动物、照明、标志等应符合要求。

（3）站房大、小门上应悬挂"禁止烟火""未经许可不得入内""必须戴安全帽""注意通风""禁止吸烟"5 块标志牌。

（4）配电站室门前的地面上应画上禁止阻塞的标志线，配电站室门前的左侧或右侧应设置"禁止停车堆物"警示牌；配电站室门后及内侧门后应设置"随手关门"警示牌。侧门出口应悬挂（张贴）"紧急出口"等安全标志牌。

（5）配网维护部门应制定统一、规范的配电站室命名规则及高、低压设备的双重名称编号规则，并严格执行。

（6）高低压开关柜、变压器、直流柜、配电自动化终端等设备的前后应标有黄色安全警示线。

（7）开关柜下柜门应设置警示标志，开关柜前应铺设绝缘垫。

（8）配电站室应配置统一的安全工器具柜，用于存放安全工器具、安全警示牌、操作工具。

（9）应对配电站室电缆沟的盖板应进行编号，并设置巡视路线标记，防止电缆敷设过程中造成盖板翻动，无法复位。

（10）应按间隔数配置遮栏。

2. 施工要点

（1）若有带变压器的站室在一个图板上画不完，变压器及低压部分可单独设一图板，规格与高压图板相同。

（2）模拟图板规格：120cm×100cm，不锈钢边框，白底红线红字；模拟图也可采用 A3

纸，压膜过塑。

（3）站铭牌：500mm×350mm，不锈钢板制作；"禁止烟火""未经许可不得入内""必须戴安全帽""注意通风""禁止吸烟"几种警示牌的规格均为 200mm×160mm；各标志牌均应采用不锈钢板制作；需采用自攻螺钉安装。

（4）禁止阻塞线的规格：黄色条宽 100mm，间隔 100mm，其长度与配电站房大门的宽度一致，宽度为长度的 1/2。

（5）黄色安全警示线离设备前、后各 0.8m，是两条宽度为 150mm 的平行线。

（6）安全工器具柜日常应上锁，防止非运行人员擅自使用操作工具。

（7）电缆盖板应放置平稳，间隙小于 5mm。

第6章 接户线施工

6.1 接户线的基本要求

6.1.1 定义

接户线：从低压电力线路到用户室外第一支持物的一段线路，或由一个用户接到另一个用户的一段线路。

用户线：自第一支持物至用户电能计量装置的一段导线。

进户装置：凡用以引入户外线路的装置，包括木杆、混凝土杆、进户线、进户套管等，均称为进户装置。

6.1.2 接户线的接入方式

（1）通过低压架空线，采用架空方式接入。

（2）通过电缆线路接入的，应符合《中低压电力用户业扩接入工程规划设计导则》的有关规定。

6.1.3 架空接户线的基本要求

（1）第一支持物离地面高度不高于 4m，不低于 3m，在主要街道不应低于 3.5m，在特殊情况下最低不应低于 2.5m，否则应采取加高措施。

（2）接户线不宜由变压器构架两侧顺线路的方向引出。

（3）接户线杆应采用 8m 及以上的水泥电杆。

（4）金属横担及第一支持物应经热浸锌。

（5）导线连接。

1）导线的连接应符合以下要求。

a.铜芯绝缘线、铝芯绝缘线与架空线路应采用钳压、线夹连接方法。

b.铜芯绝缘线与铝芯或铝合金芯绝缘线连接时，应采取铜铝过渡连接。

2）接户线与架空绝缘导线的连接应符合下列规定。

a.剥离绝缘层、半导体层应使用专用切削工具，不得损伤导线，切口处绝缘层与线芯宜有 45°的倒角。

b.绝缘线连接后必须进行绝缘处理。绝缘线的全部端头、接头都要进行绝缘护封，不得有导线、接头裸露，防止进水。

（6）接户线采用的钢材横担应按受力情况进行强度计算，其规格不应小于∠63mm×∠63mm×6mm。

（7）接户线单横担的安装，应装于受电侧，横担抱箍装设在接户线侧。

（8）接户线横担安装应平整，安装偏差不应超过下列规定数值。

1）横担端部上下歪斜：20mm。

2）横担端部左右扭斜：20mm。

（9）低压接户线、接户线工程还应符合《低压电气装置规程》（DB32/T989—2007）、

《电力用户业扩工程　技术规范》(DB32/T1088—2007) 的相关规定。

6.2　接户装置施工

6.2.1　施工前准备

1. 绝缘导线

(1) 不应有扭绞,死弯、断裂及绝缘层破损等缺陷。

(2) 导线的最小截面积:铜导线,4mm²;铝导线,10mm²。

(3) 额定电压不应低于450V/750V。

2. 角钢、圆钢

横担、支架使用的角钢规格不应小于50mm×50mm×5mm,拉环使用的圆钢规格不应小于 ϕ 12。

3. 并沟线夹、钳压管

(1) 表面应光洁,无裂纹、毛刺、飞边、砂眼、气泡等缺陷。

(2) 线夹与导线接触面应符合要求。

4. 拉板、曲形垫

(1) 表面应光洁,无裂纹、毛刺、飞边、砂眼、气泡等缺陷。

(2) 应热镀锌,遇有局部锌皮剥落者,除锈后应涂刷红樟丹及油漆。

(3) 应符合现行技术标准。

5. 螺栓

(1) 螺栓表面不应有裂纹、砂眼、锌皮剥落及锈蚀等现象,螺杆及螺母应配合良好。

(2) 金具上的各种连接螺栓应有防松装置,采用的防松装置应镀锌良好、弹力合适、厚度符合规定。

6. 其他材料的准备

防水弯头、绝缘绑线、橡胶布、黑胶布、水泥、沙子、防锈漆等。

6.2.2　质量标准

1. 接户线

(1) 接户线的档距不大于25m,超过25m时,应装设接户杆。沿墙敷设的接户线,档距不应大于6m。对住宅大楼沿墙敷设的接户线支持物间的距离可适当加大,最大不应超过10m。同一幢住宅大楼两凸形单元之间的接户线可直接连接,第一支持物和连接线支持物应采用热浸锌角钢。

(2) 接户线应采用交联聚乙烯绝缘导线,导线截面应按持续载流量及电压损失选择。接户线的最小允许截面积:铜芯绝缘线,10mm²;多户合用的铜芯绝缘线,16mm²。

(3) 在电力光纤到户规划区内,当连接的用户接入点与楼宇单元内接户线连接的节点位置相同时,接户线光缆应选用光纤复合低压电缆;当连接的用户接入点与楼宇单元内接户线连接的节点位置不同时,配线光缆应选用普通垂直光缆。

(4) 接户线光缆(光纤复合低压电缆或普通垂直光缆)的芯数应按所带用户接入点处的最大用户容量进行配置,并为新业务开展预留20%的冗余,为光纤备份保护预留20%的冗余,即预留40%的冗余。

（5）接户线光缆（光纤复合低压电缆或普通垂直光缆）由楼宇配电间沿楼宇强电井槽敷设至用户接入点处。

（6）居住区内单元接户线的最小截面积应符合表 6-1 的规定。

表 6-1   居住区内单元接户线的最小截面积   （mm^2）

项目	交联聚乙烯绝缘铜导线的最小截面积
单元接户线	70

（7）不同金属、不同规格、不同绞向的接户线不应在档距内连接。

（8）一个用户的墙外第一支持物接到另一个用户的第一个支持物的连接线，包括接户线在内的总长度应不超过 60m。

（9）分相架设的绝缘接户线的线间最小距离应符合表 6-2 的规定。

表 6-2   分相架设的绝缘接户线的线间最小距离

架设方式		电压等级	线间最小距离（m）
自电杆	引下	25kV 及以下	0.15
沿墙敷设	水平排列	6kV 及以下	0.10
	垂直排列	6kV 及以下	0.15

（10）接户线跨越街道或靠近窗户、阳台等的最小距离应符合表 6-3 的规定。

表 6-3   接线户跨越交叉对象的最小距离   （m）

序号	线户跨越交叉对象		最小距离
1	跨越通车的街道		6.0
2	跨越通车困难的街道、人行道		3.5
3	跨越里、弄、巷		3.0
4	跨越阳台、平台		2.5
5	与通信、广播、有线电视等弱电线路交叉	接线户在上方时	0.6
		接线户在下方时	0.3
6	离开屋脊		0.6
7	在窗户上		0.3
8	在窗户或阳台栏杆下面		0.8
9	与阳台或窗户的水平距离		0.75
10	与墙壁或构架的距离		0.05
11	对树枝之间的距离		0.5

（11）接户线、连接线遇有铜、铝连接时，应采用铜铝过渡装置。

（12）接户线受电端对地面的距离不应小于 2.5m。

2. 第一支持物

（1）第一支持物的安装应符合下列规定。

1）第一支持物的安装应牢固、可靠。

2）第一支持物离地面的高度应不高于 4m，不低于 3m，在主要街道不应低于 3.5m，在特殊情况下最低不应低于 2.5m，否则应采取加高措施。

3）在多层居住区内的第一支持物可装设在 6～6.3m 处，若底层层高增加，可根据土建的具体情况确定。

（2）接户线杆应采用长度不小于 8m 的圆形非预应力钢筋混凝土杆。电杆表面光洁、平整、壁厚均匀，没有弯曲、裂缝、露筋及水泥疏松、剥落等现象，其埋深应符合表 6-4 的规定。

表 6-4　　　　　　　　　　　　　　　电 杆 埋 深　　　　　　　　　　　　　　（m）

杆高	8.0	9.0	10.0	12.0	13.0	15.0
埋深	1.5	1.6	1.7	1.9	2.0	2.3

（3）绝缘子应采用蝶式绝缘子，并安装牢固。

（4）第一支持物（包括接户线杆）的安装应牢固，一般采用热浸锌角钢，其埋深不得小于 120mm。根据受力情况，必要时应加拉线或支撑。

（5）蝶式绝缘子与建筑物之间的最小距离不应小于 200mm，特殊情况可适当延长支持物，并采取加固措施。

（6）绝缘铜绞线、电缆芯线的连接应符合下列规定。

1）导线截面积为 2.5mm² 及以下的多股铜芯线的芯线，应先拧紧，搪锡后再连接；截面积超过 2.5mm² 的多股铜芯线的终端，应焊接或压接端子后，再与电气器具连接。

2）导线截面积为 6mm² 以下的连接，本身自缠长度不应小于 5 圈。用裸绑线缠绕时，缠绕长度不应小于导线直径的 10 倍。

6.2.3　施工

1. 横担、支架制作

根据进线方式确定横担、支架的型式，计算角钢长度后，锯断。划出煨角线及孔位线，钻孔后，按煨角线锯出豁口，夹在台钳上煨制成型。然后，将豁口的对口缝焊牢。采用埋注固定的横担、支架、螺栓及拉环的埋注端应做出燕尾。最后，将横担、支架除锈后刷防锈漆 1 道、灰油漆 2 道（埋入砖墙部分只刷防锈漆）。

2. 横担、支架安装

待横担、支架的油漆干燥后，进行埋注、固定。当横担、支架固定处为砖墙时，可以随墙体实施预埋。

3. 导线连接

首先量好导线的长度，削出线芯，找对相序后，进行导线连接。然后，将接头用橡胶布和黑胶布半幅重叠各包扎一层。最后，整理好"倒人字"型接头，使之排列整齐。

铝导线间可采用铝钳压管压接，铜导线间可采用缠绕后锡焊，铜、铝导线间可将钢导线涮锡后在铝线上缠绕。

接户线与电杆上的主导线应使用并沟线夹进行连接；铜、铝导线间应使用铜、铝过渡线夹。

6.3　进 户 装 置 施 工

1. 供电方式

（1）供电装置的类型。进户线的供电相数应根据供电变压器容量，以及负荷的大小、性质及特点来决定。

1）永久装置。用户单相用电设备的总容量在 16kW 及以下时，可采用低压 220V 供电；用户用电设备总容量在 100kW 及以下时，可采用低压三相四线制供电。用电负荷密度较高的地区，经过技术经济的比较，低压供电的容量可适当提高，但不得超过 160kW。

2）单相供电的临时装置。可根据供电变压器的容量适当放宽接入负荷的容量。

（2）供电方式的类型。仅有三相设备的用户可采用三相三线制供电；若同时装有单相设备的，应以三相四线制供电。但系统保护型式应满足其他相应规范的要求。

商业用房（包括辅助用房）的面积在 80m² 及以上时，宜采用三相供电；商业用房（包括辅助用房）的面积在 80m² 以下时，采用单相供电。

为居住区内的公共服务设施供电的低压线路不应与为住宅供电的低压线路共用一路。

居住区内公建用电设备的总容量在 250kW 以下或需用变压器容量在 160kVA 以下者可采用低压方式供电。

2．进户方式

（1）原则：一个建筑物内部相互连通的房屋、多层住宅的每一个单元或同一围墙内一个单位的照明、动力用电，只允许设置一个进户点。

（2）进户点的选择。进户点的选择应满足下列规定。

1）进户点处的建筑应牢固和不渗水、漏水。

2）保证施工安全及便于维修。

3）宜接近供电线路和用电负荷中心。

4）与邻近房屋的进户点宜取得一致。

（3）进户时的其他注意事项。进户点应在接户线支持物或沿墙支持物的下方 0.2m 处，并使进户点与接户线的垂直距离在 0.4m 以内，进户点的离地高度应不低于 2.6m。进户线路在进户点处应采用绝缘导线穿热浸锌钢管或 PVC 刚性绝缘导管进户。

进户线路不宜与通信线、有线电视线、广播线、互联网线在同一进户点进户。

住宅的进户点应避开阳台、露台、走廊等。

建筑物内采用综合布线系统时，综合布线电缆与电力电缆的间距应符合表 6 - 5 的规定。

表 6 - 5　　　　　　　　　　　　　　综合布线电缆与电力电缆的间距

类别	与综合布线接近状况	最小净距（mm）
380V 电力电缆 （容量＜2kVA）	与缆线平行敷设	130
	有一方在接地的金属线槽或钢管中	70
	双方都在接地的金属线槽或钢管中	10
380V 电力电缆 （容量 2～5kVA）	与缆线平行敷设	300
	有一方在接地的金属线槽或钢管中	150
	双方都在接地的金属线槽或钢管中	80
380V 电力电缆 （容量＞5kVA）	与缆线平行敷设	600
	有一方在接地的金属线槽或钢管中	300
	双方都在接地的金属线槽或钢管中	150

3. 进户线

（1）绝缘导线进户。

1）导线选型应根据实际居民户数按相应规范进行合理配线，应考虑发展需要和设施标准化，避免重复换线或盲目扩大配线规格。

2）进户线应采用绝缘良好的铜芯导线，不应使用软导线，中间不应有接头。导线的持续载流量（A）应大于装表容量。其截面积：单相供电，不小于 $10mm^2$；三相供电，不小于 $6mm^2$。此外，还应符合下列规定。

a. 按 GB/T 5023.1～GB/T 5023.7 生产的有安全认证标志（CCC）的产品。

b. 常用 BV 型绝缘电线的绝缘层厚度不应小于表 6-6 的规定。

表 6-6　　　　　　　　　　　　BV 型绝缘电线的绝缘层厚度

序号	电缆线芯的标称截面积（mm^2）	绝缘层厚度的规定值（m）
1	1.5	0.7
2	2.5	0.8
3	4	0.8
4	6	0.8
5	10	1.0
6	16	1.0
7	25	1.2
8	35	1.2
9	50	1.4
10	70	1.4
11	95	1.6
12	120	1.6
13	150	1.8
14	185	2.0
15	240	2.2
16	300	2.4
17	400	2.6

（2）动力线和照明线不得穿在同一根管内。进户的相线上均应装设户外熔断器。

（3）居民与商业等单位合用的综合楼中，单位与居民用电的进户线必须分别敷设。

（4）进户线应采用穿 PVC 刚性绝缘导管或热浸锌金属管从户外接至电能表处，安装应安全、牢固、可靠。进户线应有足够的长度，一端应能接到电能计量表接线盒内；另一端与接户线搭接后要有一定的弛度，沿线路应做滴水弯，进户线及中性线（N）、保护线（PE）的绝缘层应采用黄、绿、红、淡蓝色标等明显标志。

（5）表后用户线路按原路径整理还原，延伸补装的导线不得低于原配线标准。

4. 进户管布线

（1）管内穿线。

1）对穿管敷设的绝缘导线，其额定电压不应低于 500V。

2）管内穿线宜在建筑物抹灰、粉刷及地面工程结束后进行；穿线前，应将电线保护管内的积水及杂物清除干净。

3）不同回路、不同电压等级和交流与直流的导线，不得穿在同一根管内，但下列几种情况或设计有特殊规定的除外。

a. 电压为 50V 及以下的回路。

b. 同一台设备的电动机回路和无抗干扰要求的控制回路。

c. 照明花灯的所有回路。

d. 同类照明的几个回路，可穿入同一根管内，但管内导线总数不应多于 8 根。

4）同一交流回路的导线应穿于同一钢管内。

5）导线在管内不应有接头和扭结，接头应设在接线盒（箱）内。

6）管内导线包括绝缘层在内的总截面积不应大于管子内空截面积的 40%。

7）导线穿入钢管时，管口处应装设护线套保护导线；在不进入接线盒（箱）的垂直管口，穿入导线后应将管口密封。

（2）瓷夹、瓷柱、瓷瓶配线。

1）在雨、雪能落到导线上的室外场所不宜采用瓷柱、瓷夹配线。室外配线的瓷瓶不宜倒装。

2）当室外配线跨越人行道时，导线距地面的高度不应小于 3.5m；室外配线跨越通车街道时，导线距地面的高度不应小于 6m。

3）导线敷设应平直，无明显松弛；导线在转弯处，不应有急弯。

4）电气线路相互交叉时，应将靠近建筑物、构筑物的导线穿入绝缘保护管内。保护管的长度不应小于 100mm，并应加以固定；保护管两端与其他导线外侧边缘的距离均不应小于 50mm。

5）绝缘导线的绑扎线应有保护层；绑扎线的规格应与导线规格相匹配；绑扎时不得损伤绝缘导线的绝缘层。

6）瓷夹、瓷柱或瓷瓶安装后应完好无损、表面清洁、固定可靠。

7）导线在转弯、分支和进入设备、器具处，应装设瓷夹、瓷柱或瓷瓶等支持件固定，其与导线转弯的中心点、分支点、设备和器具边缘的距离宜为：瓷夹配线，40～60mm；瓷柱配线，60～100mm。

8）当工业厂房内采用裸导线时，配线工程应符合下列要求。

a. 裸导线距地面的高度不应小于 3.5m；当装有网状遮栏时，不应小于 2.5m。

b. 在屋架上敷设时，导线至起重机铺面板间的净距不应小于 2.2m；当不能满足要求时，应在起重机与导线之间装设遮栏保护。

c. 在搬运和装配物件时，能触及导线的场所不得敷设裸导线。

d. 裸导线不得与起重机的滑触线同支架敷设。

e. 裸导线与网状遮栏的距离不应小于 100mm，与板状遮栏的距离不应小于 50mm。

f. 裸导线之间及其与建筑物表面之间的最小距离应符合表 6-7 的规定。

表 6-7　　　　　　　　　　　裸导线之间及其与建筑物表面之间的最小距离

固定点间距 l（m）	最小距离（mm）	固定点间距 l（m）	最小距离（mm）
$l \leqslant 2$	50	$4 < l < 6$	150
$2 < l \leqslant 4$	100	$l \geqslant 6$	200

9）线沿室内墙面或顶棚敷设时，固定点之间的最大距离应符合表6-8的规定。

表6-8 固定点之间的最大距离 （mm）

配线方式	线芯截面积（mm²）				
	1～4	6～10	16～25	35～70	95～120
瓷夹配线	600	800	—	—	—
瓷柱配线	1500	2000	3000	—	—
瓷瓶配线	2000	2500	3000	6000	6000

（3）槽板配线。

1）槽板配线宜敷设在干燥场所。槽板内、外应平整、光滑，无扭曲、变形。木槽板应涂绝缘漆和防火涂料；塑料槽板应经阻燃处理，并有阻燃标记。

2）槽板应紧贴建筑物、构筑物的表面敷设，且平直、整齐。多条槽板并列敷设时，应无明显缝隙。

3）槽板底板固定点间的距离应小于500mm，槽板盖板固定点间的距离应小于300mm，底板距终端50mm和盖板距终端30mm处均应固定。三线槽的槽板的每个固定点均应采用双钉固定。

4）槽板敷设时，底板接口与盖板接口应错开，其错开的距离不应小于20mm。

5）槽板的盖板在直线段上和90°转角处应成45°斜口相接，在分支处应呈丁字三角叉接。盖板应无翘角，接口应严密、整齐。

6）敷设于木槽板内的导线，其额定电压不应低于500V。一条槽板内应敷设同一回路的导线，在宽槽内应敷设同一相导线。

7）导线在槽板内不应设有接头，接头应置于接线盒或器具内。盖板不应挤伤导线的绝缘层。

8）槽板与各种器具的底座连接时，导线应留有裕量，底座应压住槽板端部。

（4）线槽配线。

1）线槽应平整，无扭曲、变形，内壁应光滑、无毛刺。

2）金属线槽应经防腐处理。

3）塑料线槽必须经阻燃处理，外壁应有间距不大于1m的连续阻燃标记和制造厂标。

4）线槽的敷设应符合下列要求。

a. 线槽应敷设在干燥和不易受机械损伤的场所。

b. 线槽的连接应连续无间断；每节线槽的固定点不应少于2个；在转角、分支处和端部均应有固定点，并应紧贴墙面固定。

c. 线槽接口应平直、严密，槽盖应齐全、平整、无翘角。

d. 固定或连接线槽的螺钉或其他紧固件，紧固后其端部应与线槽内表面光滑相接。

e. 线槽的出线口位置应正确、光滑、无毛刺。

f. 线槽敷设应平直、整齐，水平或垂直允许偏差为其长度的2‰，且全长允许偏差为20mm。线槽并列安装时，槽盖应便于开启。

5）线槽内导线的敷设应符合下列规定。

a. 导线的规格和数量应符合设计规定；当设计无规定时，包括绝缘层在内的导线总截面积不应大于线槽截面积的 60％。

b. 在可拆卸盖板的线槽内，包括绝缘层在内的导线接头处的所有导线截面积之和不应大于线槽截面积的 75％。在不易拆卸盖板的线槽内，导线的接头应置于线槽的接线盒内。

6）金属线槽应可靠接地或接零，但不应作为设备的接地导体。

（5）钢索配线。

1）在潮湿、有腐蚀性介质及易积贮纤维、灰尘的场所应采用带塑料护套的钢索。

2）配线时宜采用镀锌钢索，不应采用含油芯的钢索。

3）钢索的单根钢丝直径应小于 0.5mm，并不应有扭曲和断股。

4）钢索的终端拉环应牢固、可靠，并应承受钢索在全部负载下的拉力。

5）钢索与终端拉环应采用心形环连接；固定用的线卡不应少于 2 个；钢索端头应采用镀锌铁丝扎紧。

6）当钢索长度为 50m 及以下时，可在其一端装设花篮螺栓；当钢索长度大于 50m 时，两端均应装设花篮螺栓。

7）钢索中间固定点间距不应大于 12m；中间固定点的吊架与钢索连接处的吊钩深度不应小于 20mm，并应设置防止钢索跳出的锁定装置。

8）在钢索上敷设导线及安装灯具后，钢索的弧度不宜大于 100mm。

9）钢索应可靠接地。

10）钢索配线的零件间和线间距离应符合表 6 - 9 的规定。

表 6 - 9　　　　　　　　　钢索配线的零件间和线间距离　　　　　　　　（mm）

配线类别	支持件之间的最大距离	支持件与灯头盒之间的最大距离	线间最小距离
钢管	1500	200	—
硬塑料管	1000	150	—
塑料护套线	200	100	—
瓷柱配线	1500	100	35

（6）塑料护套线敷设。

1）塑料护套线不应直接敷设在抹灰层、吊顶、护墙板、灰幔角落内。室外受阳光直射的场所不应明配塑料护套线。

2）塑料护套线与接地导体或不发热管道等的紧贴交叉处应加套绝缘保护管。敷设在易受机械损伤场所的塑料护套线应增设钢管保护。

3）塑料护套线的弯曲半径不应小于其外径的 3 倍。弯曲处的护套和线芯绝缘层应完整、无损伤。

4）塑料护套线进入接线盒（箱）或与设备、器具连接时，护套层应引入接线盒（箱）内或设备、器具内。

5）沿建筑物、构筑物表面明配的塑料护套线应符合下列要求。

a. 应平直，不应松弛、扭绞和曲折。

b. 应采用线卡固定，固定点间距应均匀，其距离宜为 150～200mm。

c. 在终端、转弯和进入盒（箱）、设备或器具处，均应装设线卡固定导线，线卡距终端、转弯中点、盒（箱）、设备或器具边缘的距离宜为 50～100mm。

d. 接头应设在盒（箱）或器具内，在多尘和潮湿场所应采用密闭式盒（箱）。盒（箱）的配件应齐全，并固定可靠。

6）PVC 刚性绝缘导管的连接应符合下列要求。

a. 绝缘导管之间可采用同质套管套接并粘结牢固。管口要求光滑。套管的长度不应小于连接管外径的 1.5～3 倍。

b. 采用黏结插入连接时，插入深度为管壁内径的 1.1～1.8 倍。

c. 塑料导管伸入电能计量箱内的长度应为 5mm。

7）电线导管的弯曲处不得产生凹裂，弯曲角度不应小于 90°。管子弯度要求图如图 6-1 所示。其转角处的曲率半径 R 应符合下列规定：

a. 一般应不小于管外径的 6 倍，如只有一个弯头时，应不小于管子外径的 4 倍，如图 6-1 所示。

b. 暗管应不小于管外径的 6 倍。

c. 埋设于混凝土内时，应不小于管外径的 10 倍。

8）PVC 绝缘导管明敷时管卡间的距离应符合表 6-10 的规定。

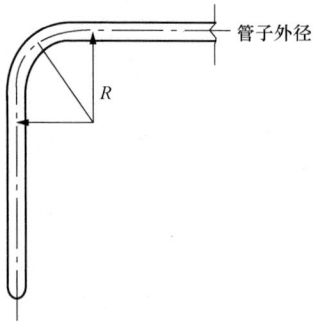

图 6-1 管子弯度要求图

表 6-10 PVC 绝缘导管明敷时管卡间的最大距离 (m)

公称直径	20mm 及以下	25～40mm	50mm 及以上
最大距离（m）	1.00	1.50	2.00

9）穿管的绝缘导线（两根除外）总截面积（包括外护层的截面积）不应超过管内截面积的 40%。导线在管内不应有接头。

6.4 接 地

6.4.1 一般规定

（1）低压配电系统的接地型式：TN 系统（含 TN-C 系统、TN-C-S 系统、TN-S 系统）、TT 系统、IT 系统。

当电源采用 TN 系统时，从建筑物内的总配电盘（箱）、电能计量箱开始引出的入户线路必须采用 TN－S 系统。

（2）要求。

1）为确保人身安全，凡因绝缘损坏而可能带有危险电压的电气装置的金属外壳等，均应与 PE 线或保护中性线（PEN 线）可靠连接。

2）高层建筑应分层设置 PE 干线。层与层之间的 PE 干线不允许串联拱头连接。

3）由农村综合变压器供电的低压配电线路的接地型式宜采用 TT 系统。对安全有特殊要求或纯排灌的电力网可采用 IT 系统。

城镇公用配电变压器的低压配电线路的接地型式应采用 TN-C 系统。

同一台变压器供电的电气设备，严禁同时采用 PE 线和 PEN 线两种保护方式。

4）接户线在引入建筑物处时，应将 PE 线或 PEN 线重复接地。在室内将保护线或保护中性线与配电柜（屏）、控制屏的接地装置相连，宜将 PE 线或 PEN 环接。

5）重复接地的电阻值一般不大于 10Ω。

6）保护接地装置与独立避雷针的接地装置在地下的水平距离不应小于 3m。

7）三相四线制配电系统采用中性线 N 线和 PE 线合一的接地系统（TN - C 系统）时，进户的 PE 线应在进户处与电源的 N 线可靠连接，形成 TN - C - S 系统。N 线和 PE 线上严禁装设熔断器和单相隔离开关。

6.4.2　等电位联结

1. 需用作等电位联结的装置

（1）PE 干线、PEN 干线。

（2）电气装置人工接地极的接地干线或主接地端子。

（3）建筑物内的公用金属管道，如自来水管、采暖和空调管道等。

（4）建筑物结构中的金属构件。

注意：等电位联结中，金属管的连接处应可靠连通。导电部分在进入建筑物时，应在紧靠入口处接向总等电位联结端子板。

2. 要求

（1）当电气装置或电气装置的某一部分的接地故障保护不能满足切断故障回路的时间要求时，应在局部范围内进行辅助等电位联结。

（2）TN 系统的保护干线（PE 线），当采用 TN - S 系统时，应从变压器中性线点（N）处接至低压配电装置的 PE 线的母线（排）处后引出；当采用 TN - C 系统时，应从电源进户处、电缆终端箱内的 N 线连接器引出，引出后应重复接地，重复接地的电阻值不宜大于 10Ω。保护干线（PE 线）保护中性干线（PEN 线）应与总等电位联结端子可靠接地。保护干线（PE 线）在干线与分支的终端处应重复接地。电缆线应在每个建筑物的进线处重复接地。

（3）具有主供、备用电源，保护接地均采用 TN 系统时，保护接地干线分别从主供、备用电源进线 N 线引出，引向总等电位联结端子板。主供、备用电源的保护接地系统分别来自 TT、TN 系统时，负荷可切换至 TT 系统的电气设备均应加装剩余电流保护装置。

6.4.3　接地装置

（1）对接地装置的要求。

1）应是建筑物直接埋入大地、深水中的独立系统中，有电气连接的非可燃、非可爆的金属管道。

2）利用自然接地体和引外接地装置时，应采用不少于 2 根导体在不同地点与接地干线相连接。

3）其接地电阻应符合要求。

（2）人工接地体的敷设应符合下列规定。

1）人工接地体垂直敷设的，可采用角钢、钢管；水平敷设的，可采用热浸锌圆钢或扁钢、复合型钢，也可采用铜管、铜棒、铜排等。

2）垂直敷设时，打入地下的深度不应小于 2.5m。

3）水平敷设时，埋深不应小于 0.6m；接地体之间的距离不宜小于 5m；

4）在有强烈腐蚀性的土壤中，应根据不同的腐蚀介质使用镀铜或热浸锌钢的接地体，也可选用铜管、铜棒、铜排或复合型钢。敷设在地中的接地体不应涂漆。

人工接地体的导体截面应符合热稳定、均压和机械强度的要求，还应考虑腐蚀的影响，其最小规格应不小于表 6 - 11、表 6 - 12 的规定。

表 6 - 11 　　　　　　　　　钢接地体的最小规格　　　　　　　　　（mm）

种类、规格		地上		地下	
		屋内	屋外	交流电流回路	直流电流回路
圆钢直径		6	8	10	12
扁钢	截面积（mm²）	60	100	100	100
	厚度	3	4	4	6
角钢厚度		2	2.5	4	6
钢管管壁厚度		2.5	2.5	3.5	4.5

注　电力线路杆塔的接地体引出线的截面积不应小于 50mm²，引出线应热浸锌。

表 6 - 12 　　　　　　　　　铜接地体的最小规格　　　　　　　　　（mm）

种类、规格	地上	地下
铜棒	4	6
铜排	10	30
铜管管壁厚度	2	3

注　裸铜绞线一般不作为小型接地装置的接地体用，当作为接地网的接地体时，截面积应满足设计要求。

5）接地体与建筑物的距离不应小于 1.5m。

6）裸铝导体不准埋入大地作为接地体。

（3）中性线的重复接地线的安装应符合下列规定。

1）建筑物进户处，应装于第一支持物的下方。

2）除用户有自备发电机另有要求者外，应将接户线的 N 线、进户 N 线、PE 线和第一支持物的接地线连接在一起，并与接地体相连。

3）重复接地线的最小截面积，采用绝缘铜绞线时应不小于 10mm²，并应穿硬塑料管保护，保护管的长度不应小于 2.5m，管子应用管卡固定在墙上，固定点不少于 4 个。

6.4.4　连接要求

（1）接地线与接地体的连接应用焊接或机械连接等可靠方法，连接处应便于检查。

（2）接地线用螺栓与电气设备外壳连接处不应有油漆，连接应紧密、可靠，在有振动的地方应采取防松措施（如用弹簧垫圈等）。

（3）住宅大楼（建筑物）每个进户点一般应有独立的接地装置，接地线应从接地体、总等电位联结箱直接引到底层电能计量装置处。引至各层的 PE 线，当采用绝缘铜线时，截面积应不小于 10mm²；同一幢大楼的保护线应采用同一颜色的芯线，并与相线和 N 线有明显区别。

6.4.5 工艺要求

（1）采用焊接时，搭接长度应等于扁钢宽度的 2 倍（且至少 3 个棱边焊接）或圆钢断面直径的 6 倍（如图 6-2 所示）。采用机械连接时，应在接地线端加金属夹头与接地体夹牢，金属夹头与接地体连接的一面应镀锡，接地体连接夹头的地方应擦干净；或在接地体上烧焊接地螺栓，用垫圈、螺母使接地线与接地体可靠连接。

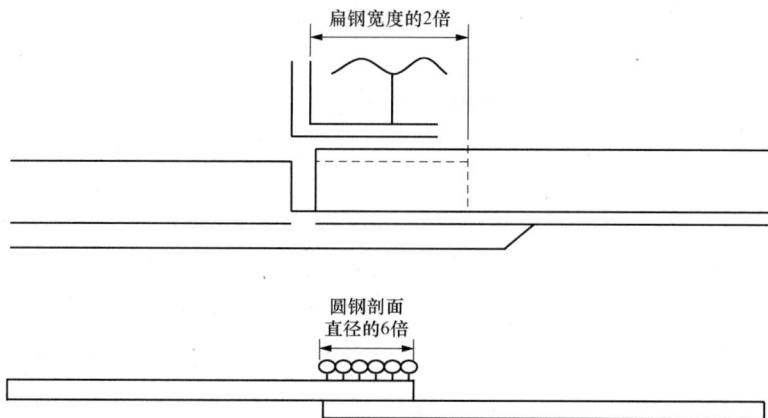

图 6-2 焊接时搭接长度要求

（2）扁钢与钢管（或角钢）焊接时，为了连接可靠，除应在其接触部位两侧进行焊接外，还应焊以由钢带弯成的弧形（或直角形）卡子，或直接由钢带本身弯成弧形（或直角形）与钢管（或角钢）焊接。

6.5 居民住宅电能表箱的选用与安装

6.5.1 电能表箱的选用

（1）单体计量箱的选用应符合下列规定。

1）计量表箱应使用类型、型号和规格的产品。低压用户实行一户一表，有明显的产权分界标志，并在供用电合同中予以明确，合理规避安全风险。

2）单相用电采用单体计量箱，三相用电应采用单体三相计量箱。

3）箱内电气设备应按相应的用电负荷电流选择配置，包括计量表计和用户开关两部分。单相表用户应采用双联自动空气断路器，三相用户应采用三联自动空气断路器，零线选用不带开关的连接端子。表箱进线应由专用"用户分线盒"配线。

4）单体计量箱的安装宜采用户外安装方式，计量表箱箱体应采用抗老化、防水的透明塑料箱，具备防窃电功能。户外安装一般选用塑料单体计量箱，对别墅等高档住宅宜选择不锈钢单体计量箱。对户内安装并需采用嵌入式安装方式时，宜选冷轧钢板单体计量箱。

（2）集中组合计量箱的选用应符合下列规定。

1）适用于多层、小高层和高层住宅的用电计量，以及别墅类等高档住宅采用集中安装计量电能表方式时。

2）箱内电气设备应按相应用电负荷电流选择配置。

3）宜采用户内安装方式。户内安装时，宜选用塑料集中组合计量箱。根据安装环境，可采用悬挂式或嵌入式安装方式。对有特殊要求需安装在户外时，应选择户外型不锈钢集中组合计量箱。

6.5.2　电能表表位的选择

（1）单体电能表箱表位的选择应符合下列规定。

1）单体计量箱表位数为1。

2）为单体计量箱安装预付费电能表时，当电能表额定最大电流不大于60A时，应采用内置式跳闸预付费电能表；当电能表额定最大电流不小于80A时，应采用外置式跳闸预付费电能表。当单体计量箱用于安装外置式跳闸预付费电能表时，应选择带开关附件盒的箱体。

（2）集中组合电能表箱表位数的选择应符合下列规定。

1）集中组合计量箱的表位数应按"表位数≥安装电能表的数量＋1"公式计算并选择。其中，"安装电能表的数量"为每台集中计量箱内安装的电能表数，包含楼道公用计量电能表数；"＋1"指每台集中组合计量箱需预留一只低压电能量信息采集终端的安装表位。

2）单台集中组合计量箱的表位数一般不超过15，超过时宜进行分户处理，选择安装多个集中组合计量箱。

3）由2个紧挨的基本单元组合而成的塑料集中组合计量箱，必须由制造厂在出厂时完成拼装，并安装好2个基本单元箱的进线电源连接。

6.5.3　电能表箱的进线电源

（1）集中组合计量箱的供电电源应按三相电源的进线方式设计。

塑料集中组合计量箱由2个紧挨的基本单元组合而成时，供电电源应从最大表位单元接入。2个基本单元箱电源的连接应优先采用BVR绝缘铜导线连接，可按连接该表箱内的用电负荷进行连接导线的截面。

（2）每个集中组合计量箱宜采用独立供电电源的进线方式。对于分散布置的多个集中组合计量箱的供电电源也可采用链式连接方式，链接数量一般不宜超过2台，链接导线或专用链接件原则上要求与进线电源电缆等截面；当链接导线的截面小于进线电缆的截面时，链接导线的长度不宜超过3m，同时满足连接集中组合计量箱内用电负荷的要求。

（3）集中组合计量箱供电电源应采用上、下垂直的进线方式，其进线电缆（导线）的转弯半径不应小于0.8m。

6.5.4　电能表箱的安装应符合的规定

（1）安装于户外的表箱应采用下进、下出的进出线方式。进户线从墙上固定到表箱电表应用阻燃管套装，下进（表箱）、下出，阻燃管布置应横平竖直，阻燃管进出表箱两边的距离相等，直线阻燃管按每400mm固定，转角前、后各100mm处必须用管卡固定。进线不得有接头。

（2）箱体采用膨胀螺栓固定安装，安装牢固、平整。

（3）当采用嵌入式安装方式时，应采取相应措施减少墙体对箱体的压力。

（4）对集中组合计量箱现场采用二次安装方式的，在重新安装计量箱电气安装板时，应保证底箱与电气安装板一一对应，各部件机构的安装及电气连接应正确、牢固、可靠。

（5）表箱的安装高度为表箱下端距地面不小于1.70m处（以保证表出线及保护管下边沿距地面1.7m），表箱应垂直安装并固定可靠。安装点应通风干燥，尽可能避免雨淋日晒，周围不应有腐蚀性的气体和强烈的冲击振动，在室外墙上布置时宜采取防雨措施。

（6）表箱安装时，应根据用户变化情况预留适当数量的备用表位，防止新扩装用户时的重复改造。

6.6 用电信息采集及相关设备的安装

6.6.1 采集终端的选择

1. 集中器与采集器的适用区域

（1）表箱分散安装的低压居民用户区域。

（2）采用集中表箱或表箱集中安装的用户，但集中总户数较少（≤4）的区域，如别墅、农网或城乡结合区域等。

上述情况下，选择配置集中器＋采集器的方式采集低压用户的用电信息，在配电变压器处安装集中器与采集器进行数据交互，同时采集配电变压器计量点的电量信息，电能表处配置采集器进行采集。分散的低压单独用户用电信息采集示意图如图6-3所示。

2. 低压集中抄表终端的适用区域

（1）采用集中表箱或表箱集中安装的低压用户，且集中总户数较多（＞4）的区域，选择配置低压集中抄表的终端方式采集低压用户的用电信息。集中用户用电信息采集示意图如图6-4所示。

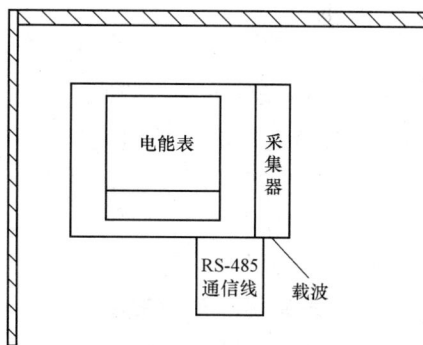

图6-3 分散的低压单独用户用电信息采集示意图

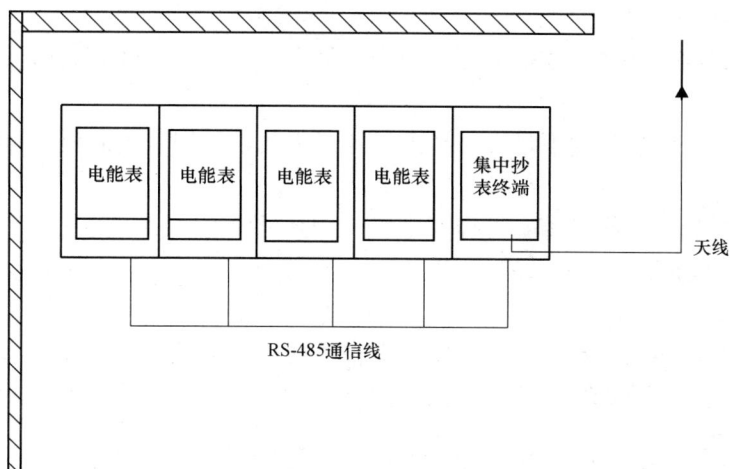

图6-4 集中用户用电信息采集示意图

（2）在已安装低压集中抄表终端，但台区下其他零散的三相用户无法或不便于通过RS-

485 连接的情况下，选择更换为支持 GPRS 无线通信的智能电能表。零散单独用户用电信息采集示意图如图 6-5 所示。

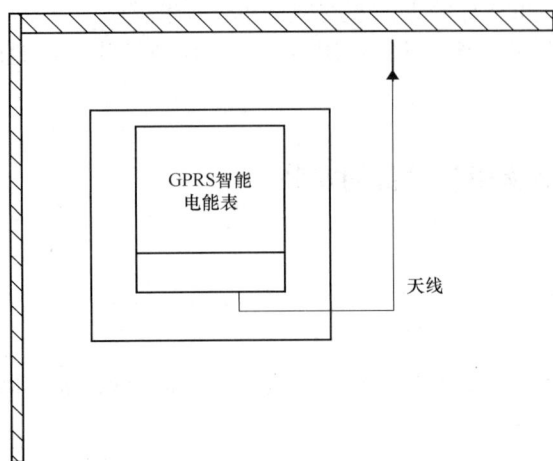

图 6-5　零散单独用户用电信息采集示意图

6.6.2　采集终端箱的选择

（1）采集终端无法安装在原有计量箱内，需配置采集终端箱。

（2）应根据所使用采集终端的类型选择配套的采集终端箱。

（3）宜采用户内安装方式。户内安装时，宜选用塑料箱。根据安装环境，可采用悬挂式或嵌入式安装方式。对有特殊要求，需安装在户外时，应选择户外型不锈钢终端箱。

6.6.3　采集终端的安装

（1）在有预留空表位的计量箱或配置的采集终端箱内安装采集终端。

（2）采集终端的安装位置应避免影响其他设备的操作，安装处应安全牢固。

（3）集中器应安装在配电变压器 400V 侧，集中器统一在箱体内安装，箱体具备良好的抗冲击、防腐蚀和防雨能力，具备专用加封、加锁安装位置。

（4）杆式变压器下集中器的安装应不影响生产检修，便于日常维护；箱式变压器的集中器安装在变压器操作间内。

6.6.4　采集终端箱的安装

（1）安装于户外的采集终端箱采用下进、下出的进出线方式，并采取防止阳光直射的措施。

（2）箱体采用膨胀螺栓固定安装，安装牢固、平整。

（3）便于维护，采集终端箱的安装不应远离计量箱，同时底部高度不得低于 1.8m。

6.6.5　天线的安装

（1）采集终端位于计量箱或采集终端箱内，且无线信号的强度满足通信要求，天线不引出箱体。

（2）在箱内网络信号强度不足时，增配外置式天线，采用表箱面板开孔的安装方式或配备安装支架。

（3）天线馈线最大不超过 15m，裸露电线需增加 PVC 管进行保护。

6.6.6　电缆的敷设

1. 电源电缆的敷设

终端电源应通过熔断器与表箱进线开关下桩头连接，电源线采用 BV-1.5mm 电缆，红色接 L 端子，黑色接 N 端子，进出表箱的电缆有不少于 300mm 的合理冗余。

2. 通信电缆的敷设

（1）通信电缆的规格：箱内 RS-485 通信电缆选用双芯护套电缆（BVS-2×0.4mm），特征阻抗值为 120Ω。颜色采用黄色和蓝色，黄色接 A 端子，蓝色接 B 端子；箱间 RS-485 通信电缆选用双芯屏蔽电缆（BVSP-2×0.75mm），特征阻抗值为 120Ω。

（2）箱间 RS-485 通信电缆屏蔽层的一端需可靠接地。

（3）接线正确，接头要求接触紧密，接触电阻数值小，稳定、可靠，导线无损伤，线头无外露。

（4）户外电缆或外部电缆需增加 PVC 管进行保护、固定。

参 考 文 献

[1] 国家电网公司. 国家电网公司配电网工程典型设计：10kV 配电变台分册（2016 年版）[M]. 北京：中国电力出版社，2016.

[2] 国家电网公司. 国家电网公司配电网工程典型设计：10kV 配电站房分册（2016 年版）[M]. 北京：中国电力出版社，2016.

[3] 国家电网公司. 国家电网公司配电网工程典型设计：10kV 架空线路分册（2016 年版）[M]. 北京：中国电力出版社，2016.

[4] 国家电网公司. 国家电网公司配电网工程典型设计：10kV 电缆分册（2016 年版）[M]. 北京：中国电力出版社，2016.

[5] 但刚，赵云龙. 城市中压配电网接线方式及配电自动化探讨 [J]. 华北电力技术，2007 (1)：18 - 21.

[6] 姚莉娜，张军利，刘华，等. 城市中压配电网典型接线方式分析 [J]. 电力自动化设备. 2006，26 (7)：26 - 29.

[7] 方向晖. 中低压配电网规划与设计基础 [M]. 北京：中国水利水电出版社，2004.

[8] 赵明欣，刘伟，陈海，等. 《配电网规划设计技术导则》解读 [J]. 供用电，2016 (2)：2 - 7.

[9] 凌永标. 面向配电网自动化建设的配网接线方式探讨 [J]. 现代电力，2005，22 (1)：45 - 47.

[10] 王晓文. 供用电系统 [J]. 2 版. 北京：中国电力出版利，2011.

[11] 张东华，张震，张广科. 浅谈县城中低压配电网建设与改造 [J]. 农村电气化，2003 (12)：5.

[12] 李军凯. 配网电力工程的技术问题分析与解决 [J]. 科技创新导报，2012，5 (5)：137 - 138.

[13] 李克斌. 配网电力工程的技术问题分析与施工安全措施 [J]. 沿海企业与科技，2012 (5)：95 - 97.

[14] 解玉庆. 配网电力工程的技术问题分析与施工安全措施 [J]. 技术与市场，2013，20 (5)：158 - 159.

[15] 罗鸿. 10kV 配网电力工程的技术问题分析与解决 [J]. 电源技术应用，2013 (1)：73.

[16] 许楚忠. 浅析配网电力工程技术问题 [J]. 科技创新与应用，2013 (22)：170.

[17] 贺银川. 电力工程安全管理现状及策略 [J]. 四川建材，2014，(4)：259 - 260.

[18] 黄元生，范玉凤. 国内电力工程施工安全管理研究综述 [J]. 山东电力高等专科学校学报，2013，16 (3)：77 - 80.

[19] 帅军庆. 国家电网公司 380/220V 配电网工程典型设计（2014 版）[M]. 北京：中国电力出版社，2014.

[20] 吕维植. 对电力工程施工安全管理工作的探讨 [J]. 科技资讯，2008，(30)：138.

[21] 许超. 配电改造项目施工安全管理研究 [D]. 北京：华北电力大学，2014.

[22] 邹祖冰，蔡丽娟，杨华. 城市中压配电网接线方式探讨与配电网自动化 [J]. 华北电力技术，2003，(1)：15 - 17.

[23] 袁志民. 电力工程建设中风险管理的探析 [J]. 商场现代化，2010 (12)：35.

[24] 陈芳. 论电力工程项目的安全管理 [J]. 中国外资，2013 (15)：231 - 232.

[25] KOH T Y, ROWLINSON S. Relational approach in managing construction project safety [J]. Accident Analysis and Prevention，2012，48 (3)：134 - 144.

[26] CARBONARI A, GIRETTI A, NATICCHIA B. A proactive system for real - time safety management in construction sites [J]. Automation in Construction，2011，20 (6)：686 - 698.

[27] M. Makai, L. Pál. Best estimate method and safety analysis Ⅱ [J]. Reliability Engineeringand System Safety，2011，91 (2)：222 - 232.

［28］国家电网公司．国家电网公司电力安全工作规程（配电部分）［M］．北京：中国电力出版社，2014.

［29］国家电力公司发输电运营部，全国电力系统城市供电专业工作网．10kV 开闭所、配电站、箱式变电站、电缆分支箱典型方案图集［M］．北京：中国电力出版社，2002.

［30］王志斌，龚文平．论电力工程的施工安全管理［［J］．科技资讯，2011（1）：129-130.

［31］北京市电力公司．配电网技术标准：规划设计分册［M］．北京：中国电力出版社，2010.

［32］王静．浅析大型系统工程的标准化管理［J］．信息技术与标准化，2005（4）：39-42.

［33］傅新珠．如何做好电力企业标准化工作［J］．电力标准化与计量，2005，14（4）：25-28.